坚守的力量

——价值投资之道

张亚群 著

中国财经出版传媒集团
中国财政经济出版社
·北京·

图书在版编目（CIP）数据

坚守的力量：价值投资之道 / 张亚群著. -- 北京：中国财政经济出版社，2025. 4. -- ISBN 978-7-5223-3806-4（2025.6重印）

Ⅰ．F830.91

中国国家版本馆CIP数据核字第20254T5M37号

责任编辑：翁晓红　　　　　责任校对：张　凡　时智智
封面设计：卜建辰　　　　　责任印制：党　辉

坚守的力量——价值投资之道
JIANSHOU DE LILIANG——JIAZHI TOUZI ZHIDAO

中国财政经济出版社 出版

URL：http：//www.cfeph.cn

E-mail：cfeph@cfeph.cn

（版权所有　翻印必究）

社址：北京市海淀区阜成路甲28号　邮政编码：100142

营销中心电话：010-88191522

天猫网店：中国财政经济出版社旗舰店

网址：https：//zgczjjcbs.tmall.com

北京密兴印刷有限公司印刷　各地新华书店经销

成品尺寸：170mm×240mm　16开　18.75印张　240 000字

2025年4月第1版　2025年6月北京第5次印刷

定价：58.00元

ISBN 978-7-5223-3806-4

（图书出现印装问题，本社负责调换，电话：010-88190548）

本社质量投诉电话：010-88190744

打击盗版举报热线：010-88191661　QQ：2242791300

不是因为成本低才坚持，而是因为长期坚持所以成本低！

股市的门槛很低，但投资成功的门槛很高，因为投资除了有好公司和资本以外，还需要投入很长的时间，而时间即是生命！

何为认知？认知是挫折中的摸爬滚打、受尽磨难、遍体鳞伤、皮糙肉厚而依然清醒、执着、坚定后保持的理性。

序 1

不动如山，一生不败

巴菲特有一句话："我们一生只需要富一次。"我觉得这句话就是张亚群的人生写照，他一生就富了一次，即购买贵州茅台股票，然后他就实现了财务自由。

巴菲特的话，是针对他一些投资失败的朋友。他的这些朋友都是有钱人，他们所拥有的钱，是他们需要的；他们冒险投资以钱生的钱，是他们不需要的。但是，他们为了自己不需要的钱，输掉了自己需要的钱！

张亚群的成功，就是因为他从不谋求富第二次，他的原则就三个字：不动心。从贵州茅台 2001 年上市至今，近 24 年坚守，张亚群成为以贵州茅台践行价值投资的传奇。

这只是他人生的第二次传奇，而我见证了他创造的第一次传奇。

张亚群的第一次传奇，是考大学。考上北京语言学院英语系，当然不算什么稀奇，稀奇的是他没有上过高中。初中毕业时，他以 6 门功课总分 180 分的"惊人"成绩（我看他书里说的是 200 分，不知道我们俩谁记错了）考进技工学校，毕业后当了一名车间工人。

1987 年，他突然想考大学，就跑到我家来，跟我妈说："孃

嬢，我要考大学！"我妈斜了他一眼："你高中都没读过，你要考大学！"张亚群指了一下我家客厅的沙发，说："我就睡这儿，你和叔叔给我补习。"于是他就在我家住下来。我父母都是高中教师，父亲教他数学，母亲教他英语。

这一年，张亚群从零基础的 ABC 开始学起，仅一年的时间，1988 年他和我一起高考，他数学考了 99 分，英语考了 82 分——此处也必须给我父母这两位"魔鬼教练"掌声了。张亚群从北京语言学院英语系毕业后在一家外贸公司工作。那时候我还在到处闯荡，或者说游荡，因为还没确定自己该干什么，而他的办公室已设在了广州花园酒店，俨然是成功人士了，经常带我"见世面"。

之后二十多年，我也算是努力拼搏，小有所成；张亚群则一直就做一件事——把所有的余钱都买了贵州茅台股票。

他的故事太独特，太传奇了。"一生只做一件事"，是我的座右铭，但是和张亚群相比，我远远没有他纯粹。

不动如山，一生不败，就是张亚群。

华 杉*
2024 年 8 月 18 日于上海

---

* 华杉，中国知名的品牌营销战略咨询专家，上海华与华营销咨询有限公司创始人、董事长，也是一位财经及史哲作家。代表作品有《华杉讲透〈孙子兵法〉》《超级符号就是超级创意》《华与华方法》《华杉讲透〈资治通鉴〉》《华杉讲透〈论语〉》《华杉讲透〈孟子〉》《华杉讲透〈传习录〉》等。营销策划成功案例包括蜜雪冰城、厨邦酱油、晨光文具、洽洽瓜子、海底捞等数十个知名品牌。

序 2

从小草到树王的传奇

我与贵州茅台股票的传奇投资人张亚群先生相识于2022年茅台股东大会（2023年6月13日在茅台镇召开）。我们一见如故，相见恨晚，我与亚群兄在四周之内竟然相聚了三次：第一次在茅台镇，第二次在天津，第三次在贵阳。至今算起来，我们相识也不过一年半的时间。

在与亚群兄认识之前，我曾经在微博上阅读过他的文章，十分钦佩。此次亚群兄将2017—2024年在新浪微博上的文章，重新整理结集成《坚守的力量——价值投资之道》一书出版发行，读者可以透过亚群兄投资贵州茅台股票的成功案例，深入浅出地学习价值投资之道。亚群兄邀请我为此书作序，我欣然接受。

读过此书之后，我想说亚群兄经历了从一棵小草（经历高考）到一棵小树（投资茅台）最后成为树王的华丽转身，堪称传奇。亚群兄在书中说自己一生当中有两个重要的转折点：一个是高考。当年，亚群兄初中毕业之后进入技校学习三年，技校毕业后在工厂工作五年，没有上过高中。在知识改变命运的感召下，亚群兄成功地把握住人生第一个转折点：通过自学以及上补习班成功考上大学。求学中的艰辛、挫折、困难与不屈不挠，读者可以阅读书中《我的大学》这篇文章了解一二。他报考大学的

经历也堪称传奇。其实，我们通过书中《第一次出差》这篇文章了解亚群兄经历了艰苦环境的磨砺；他在工厂工作时进行技术革新，大幅提升了劳动生产效率，这充分说明他非常机敏与聪慧；在备考大学之路上，他披荆斩棘、坚韧不拔。从这些经历，我们不难理解亚群兄开启的人生第二个转折点——对贵州茅台股票的投资，堪称投资界的神来之笔和传奇。

2001年8月27日（周一），贵州茅台股票在上海证券交易所上市交易。

亚群兄将家庭资产的60%，于2001年8月30日（周四）买入全部仓位的90%，8月31日（周五）买入全部仓位的10%。买入贵州茅台股票的最低价格为36.40元，最高价格为37.40元。至今总持股时间只比茅台上市时间少三天，经历了贵州茅台自上市以来全部的上涨与下跌行情。

截至2023年底，亚群兄满仓持有茅台22年。22年的复合回报率为30.95%，其分红总金额是2001年买入贵州茅台股份总成本的近10倍，累计投资回报超过350倍。

亚群兄在书中表示：持有贵州茅台股票的周期是永远（代代相传）。

亚群兄对贵州茅台股票的投资，注定是投资界的经典案例。我很好奇这一行为能否复制、学习借鉴和模仿？

亚群兄在书中反复强调：对自己投资的标的要深入了解，不懂的不要投资，对自己要诚实，谨守能力圈。亚群兄是贵州遵义人，遵义因遵义会议与茅台酒闻名全国、享誉世界。亚群兄从小听说了许多茅台酒的故事与传说，所以茅台酒是国酒的观念根深蒂固。这是亚群兄投资茅台酒的巨大地缘优势。然而，光凭地缘优势是远远不够的，否则贵州人或遵义人个个都是投资茅台酒的高手了。

所以亚群兄还在书中讲述了投资成功需要有正确的认知：

第一，选择世界上最伟大的公司、最优质的股权进行投资（壁垒高、护城河深）。

第二，紧盯基本面（如茅台的产量、销量、收入、利润、分红），其他如股价（估值）涨跌、公司业绩短期波动不重要，选择忽略，风物长宜放眼量。

第三，随业绩增长的分红增长，是账户中现金流入的重要来源——紧盯分红，淡化涨跌（以股息为生，市值代表身价；股票是一张特殊的债券——永续上市且股息持续增长；股票是一个可做传承的领息凭证）。

第四，市场饱和了或者公司的产能达到天花板，业绩还能增长吗？相信货币超发的力量，选择有定价权的公司，跟得上通货膨胀的速度（货币是水，选择救生圈资产），实现业绩永续增长。

第五，在前四点的基础上，选择长久期投资，坐享时间复利——要选择投资复利的公司（内在价值持续增长的公司），不要频繁换股，波段操作实现账户复利增长。

第六，以上五点构成了投资中最重要的因素——长期永久确定性，投资百分之百能赢，永远不败。

我们都知道，巴菲特的老师格雷厄姆提出的价值投资被许多投资者奉为圭臬，格雷厄姆同时给出了衡量股票内在价值的方法——股利贴现模型（DDM模型）：

$$V = \sum_{t=1}^{\infty} \frac{D_t}{(1+r)^t}$$

其中，V 表示股票的内在价值，D_t 表示第 t 期的股利，r 表示投资者要求的回报率。

定性看，从这个公式中我们不难看出：

第一，提高股利可以提升股票内在价值。

第二，降低投资者要求的回报率可以提升股票内在价值（回报率反映了投资者对风险的预期。通常，风险越高，回报率要求越高；反之亦然）。

第三，长期持股可以提升股票内在价值。

上述投资成功的六点正确认知，完美地诠释了股利贴现模型中的这三点。原来，亚群兄的投资精髓与格雷厄姆的价值投资经典殊途同归。

本书更多精彩还等待读者去阅读，我在这里就不一一"剧透"了。

最后，祝愿本书能够成为读者投资道路上的一盏明灯，照亮前行的方向。一个人如果在正确的方向上不断积累，坚持只做正确的事情，不漂移不动摇，知行合一，坚持一生，无论他做什么，都会取得非常大的成功！

天津仙童投资　张晓君

2024 年 9 月 20 日于天津

前　言

　　投资，是一门既简单又深奥、既有趣又充满挑战的艺术。在投资的世界里，有很多人将其视作一种简单的低买高卖的行为，而忽略了成功所需要的高门槛。单单看贵州茅台（600519.SH）今日的股价，它是众所皆知的股王，然而，近24年坚持贵州茅台股票的投资却并非易事。

　　在人生的不同阶段，我的生活里都有茅台的影子，超过三分之一的时间，贵州茅台股票与我相伴。从2001年全仓买入到每年的分红再买入，始终如一地相信贵州茅台的价值，坚定地持有自己钟爱的股票。从不在乎其股价的波动，更关注企业价值和发展前景。贵州茅台于我，不仅是一种投资手段，更像是一种信仰。

　　投资茅台最重要的根本，就是茅台的护城河，也是简单的七个字：未来长期确定性。它的内涵包括质量、产能、产量、市场、价格、市场和消费者认可度、业绩、利润、分红以及茅台的文化底蕴及与之相关的人文精神与工匠精神。从一开始买入贵州茅台股票，我就笃定以永久为期限来持有，从不追逐短期股价涨跌的投机利润。20多年的时间里，经历了涨涨跌跌和风风雨雨，我始终坚持增持的原则，并将贵州茅台的分红当成派股来操作。历经20多年的分红加仓，2023年利润分配后，我的持股成本降

为 –169 元/股。对贵州茅台股票的投资不仅给予了我和家人经济上的回报，更让我享受到了投资带来的满足感和幸福感。截至2023 年 12 月 31 日，我的贵州茅台的年度分红已经是 2001 年投资总金额的 9.5 倍以上，投资资产增值 350 倍。过去的 23 年，贵州茅台股票年复合增长率（CAGR）超过 30%。

于我而言，投资贵州茅台是一段既艰辛又充满希望的旅程，是充满执着和信念的人生经历，也是一生不舍并传承后代的事业。今后余生我还将与它为伴。

本书并没有炒股或投资的秘籍或方法，而是试图传播一种执着的投资信念，传递坚守的力量。这种力量就像一盏微弱但永不熄灭的火苗，能帮助有缘的投资人在漆黑迷茫的夜晚，找到并坚持自己的方向，最终找到内心的"茅台"，所投皆如愿，不仅收获丰厚的投资回报，更能收获丰满的人生！

作　者

2024 年 10 月

目　录

2017 年

茅台与投资，一生的事业 …………………………………………… 3
关于股票和房产的话题 ……………………………………………… 12
选股标准（创新是否选股的标准） ………………………………… 15
散户的三个典型特征 ………………………………………………… 17
茅台酒的开瓶率与茅台产能 ………………………………………… 17
茅台股价的特性、投资与情怀 ……………………………………… 19
PE、新高与调整 ……………………………………………………… 21
投资中的贪婪与恐惧 ………………………………………………… 24

2018 年

注册制、好公司与讲故事 …………………………………………… 29
茅台酒市场表现和年度成绩单 ……………………………………… 30
年报与北向资金减持 ………………………………………………… 31
投资——天道不酬勤 ………………………………………………… 32
投资进化三部曲 ……………………………………………………… 34

MSCI 与茅台	36
分红记录与 2017 年度股东大会归来	37
关于经销商制度	38
关于资产收益率	38
关于茅台产能	39
迎春与冬梅	40
持股时间与持股成本	40
投资与低买高卖	42
两次改变命运的机会	42
基金减仓，是利好还是利空	43
关于茅台半年报告	43
猜中走势	44
一个教训与"两融"	44
上市持股 17 周年记	48
关于数据	49
关于茅台酒度数	49
股市寒冬	50
因为长期坚持，所以成本低	52
流水的兵	54
股市"大 V"与"小散"	54
涨价	56
与群友一组有意思的问答	57
调整的痛	60
茅台酒的魅力	60
做"T"和"两融"与一个忠告	61
再谈估值	63
2018 年年终总结	66

价值投资的定义 ………………………………………………… 66
投资不博 ………………………………………………………… 68

2019年

2018年的收益和2019年的展望 ………………………………… 73
茅台的未来是参天大树 ………………………………………… 73
关于"两融"的问答 …………………………………………… 74
老生常谈 ………………………………………………………… 74
股价涨,浇凉水 ………………………………………………… 75
驳渠道存酒数据伪概念 ………………………………………… 76
持股茅台感悟 …………………………………………………… 77
杠杆 ……………………………………………………………… 78
关于不看市盈率的答疑 ………………………………………… 79
渴不饮盗泉水,热不息恶木阴 ………………………………… 80
价值投机、低估值陷阱和高估值假象 ………………………… 82
钢钎剔牙 ………………………………………………………… 84
茅台不恐高与股市的标志性事件 ……………………………… 85
每一滴茅台酒都是顶级酒 ……………………………………… 86
内生性价值增长的故事 ………………………………………… 87
身边朋友与茅台的小故事 ……………………………………… 89
总是应验的投资名言警句 ……………………………………… 89
2018年年度股东大会有感 ……………………………………… 90
投资,我厌恶风险 ……………………………………………… 92
茅台未来预期与茅台酒的直营直销 …………………………… 93
投资三重境界 …………………………………………………… 97
茅台和其他酒 …………………………………………………… 97

投资往事	98
股东价值观与"黄牛"	99
涨与跌	99
自主投资	100

2020 年

2020 年新年导语	103
茅台的明天,永远会更好	104
无法复制的茅台与宏观大势	105
背后捅刀子的茅台经销商	107
引进外资的酱酒产业园,是招商引资还是急功近利	107
假把式与真投资	108
中报后的走势	110
快钱与一生一次富有——持股茅台 19 年悟	111
茅台酒的地位与投资的最佳时机、方法	115
股东监督与茅台股份的社会责任	117
投资——剩者为王	118
投资不与任何人攀比	121

2021 年

2021 年展望	125
茅台涨跌的逻辑与抱团	126
CNN 对茅台的关注	127
单一持股的风险	127

目 录

投资中人与人的差距 …………………………………… 128

再答买入与涨跌 ………………………………………… 129

年夜饭的调查 …………………………………………… 132

关于财务自由 …………………………………………… 133

社会上的茅台怪状 ……………………………………… 133

投资茅台不比快慢，只比谁跑得远 …………………… 134

正本清源：关于茅台的踩曲工艺与茅台的社会怪状 … 136

茅台股东"茅粉"与"茅黑" ………………………… 137

茅台上市与管理合规合法 ……………………………… 138

成本、涨跌、困惑与技术分析 ………………………… 140

技术分析与复盘 ………………………………………… 143

浓香和其他香型酒的优点 ……………………………… 143

通胀与通缩、比特币与黄金 …………………………… 144

投资的机会成本、失误和教训 ………………………… 146

摒弃定向增发 …………………………………………… 147

上涨和下跌无缘由 ……………………………………… 147

数据分析与投资水平的等级 …………………………… 148

酱香型白酒的缺点和劣势 ……………………………… 150

茅台酒基酒和成品的质量波动 ………………………… 151

持股如何应对茅台滞涨 ………………………………… 152

反驳某经济学家关于茅台和金融企业可怕论 ………… 153

慢慢变富 ………………………………………………… 157

上涨无逻辑 ……………………………………………… 158

业外资本介入酱香酒的疑问 …………………………… 159

涨跌、加杠杆与茅台的周期性 ………………………… 160

茅台的股息与持股动机 ………………………………… 163

上市20周年有感及寄语茅台新当家人 ………………… 165

投资是耐力赛 …… 166
投资寓言——巨人与凡人 …… 168
杠杆与花旗的故事 …… 170
对茅台当家者的期望 …… 171
茅台的天花板与其他酒 …… 172
劝长者莫炒股 …… 173
价格双轨制与聚合营销 …… 175
对牧原股份、保险业以及医药行业等的认知 …… 176

2022 年

好公司、好标的与选股四标准 …… 183
不该空谈茅台美 …… 184
投资茅台——以不变应万变 …… 185
要学会自主投资 …… 186
2021 年年报有感与无感 …… 186
飞天茅台酒出厂价及零售价市场化改革的一点痴想 …… 187
如鲠在喉的价格双轨制 …… 190
经销商、黄牛与 i 茅台 …… 194
解忧茅台及"519"的两个含义 …… 195
关于认知范围及茅台、片仔癀和银行的几个问题 …… 197
世间最难的两件事 …… 199
股价、分红与确定性 …… 199
提价与等待 …… 200
茅台的确定性 …… 201
茅台和其他上市公司分红额的误导 …… 203
投资的独立思维 …… 204

被折腾的茅台 ·· 205
模糊的正确和精准的谬误 ·· 205
建仓的时机 ·· 206
2022 年总结 ··· 207

2023 年

投资与宏观——与群友交流记录 ·· 211
不持有不分红的公司 ·· 211
分红与股息率 ··· 213
为 2023 年 5 月 19 日的业绩说明会给董事会的邮件 ··············· 214
两手茅台股份股票的意义——答群友问 ······························· 216
茅台的估值和买入时机等——答群友问 ································ 218
假利好和股市中的消息 ·· 222
茅台"揪心"巧克力 ··· 223
价值投资无须关注每日的股价变化 ······································ 224
茅台的投资价值与年轻人不喝茅台的答疑 ···························· 224
茅台股价与业绩 ··· 227
红酒、洋酒与茅台酒的不同感受 ··· 227
一次不太靠谱的预测 ·· 228
给投资群群友的忠告 ·· 228
茅台的消费场景——回复一位来自证券行业的"茅友" ··········· 229
再论投资加杠杆 ··· 230
2023 年特别分红后的猜测 ··· 231
关于茅台回购 ··· 232
茅台股息率的计算方法 ·· 233
两种人 ··· 233

| 茅台股份分红总额与募集资金总额的倍数误导 | 234 |
| 三言两语总结 2023 年 | 235 |

2024 年

茅台股价和市值涨跌的意义	239
关于片仔癀与大盘涨跌	239
关于高股息股票	240
关于投资资本增值	241
昙花一现的酱香拿铁、茅台冰淇淋和酒心巧克力	241
无法实现的百家姓酒与拆股	243
参加股东大会的目的与买酒	245
"坤沙"还是"浑沙"	247
持股茅台要"悟悟悟"	247
投资与投机	248

人生和投资路上的航标

致姑姑胡元霞老师	255
纪念我的父亲	258
我的大学——逆转命运的旅程	261
我的大学（续）——第一次说英语	269
第一次出差	272

| 致年轻朋友——代后记 | 276 |

2017 年

2017 年

2017 年 10 月 13 日

茅台与投资，一生的事业

2017 年 7 月，有幸在微信上认识了一众有志于价值投资的"茅粉"，一见如故，相见恨晚。在各位鼓励下，我将多年投资茅台的经历和心得逐步发至微信群中。热心群友逐条整理，完整呈现了 16 年来我投资茅台股份的历程。在此，对各位群友提出的问题和提供的资料表示感谢。

（一）价值投资思想萌芽

已经有好多朋友问过我 2007—2008 年、2012—2013 年两个时期是如何度过的。其实，自从全仓贵州茅台，我每天都一样过。最艰难的时候其实还不是这两个时期。1992—2002 年我经历了多次人生和股市投资的跌宕起伏，像是在伸手不见五指的夜里摸索前行。1994 年离开广州到上海工作，搬家时把所有股市的资料一起遗失了；同时，以前工作的积蓄全部交给了股市这所学校作学费，只留下了 50 多股深发展，价值 400 多元人民币。

1997 年香港回归后，我再次回到广州，这时抱定此生不碰股票的信念。第二年在广州买房，整理书箱时，我意外地找到了股东代码证，于是找到我开户的地方，被告知我开户的南方证券已经没有了，全部股民资料归到了另一家证券公司。到股市打开账户一看，有一个惊喜！1994 年的 50 多股价值 400 多元的深发展变成了如今价值 6000 多元的 200 多股。当时依然抱着此生再不碰股票的想法，卖掉了剩下的股票，觉得自己就像一个悲壮的武林中人，金盆洗手，远离江湖。

但我也常常在想：为何以前每天去柜台交易却亏得血流成河，而三年不动却涨了 15 倍。是不是以前自己错了？但不知道错在哪里，也不

知道怎么做才对。当时不知道有巴菲特，也不知道什么价值投资。只有短线、中线、长线的说法。只是觉得长线才能赚钱。

但是一个信念在心，就是此生不再碰股。心里的萌动被一次次地浇灭。

只读报不买股，当时公司楼下有一个报摊，每周的《证券周刊》，我只要不出差，必买。

当时我在广州公司的几位同事堪称股坛高手。我观察了两三年伊利股份，在和这几位高手吃饭聊天时，建议他们买入，当时是1998年前后。我告诉他们伊利股份持股10—15年后可退休，当时他们都是30来岁的人。遗憾，他们未采取我的建议，到今天还在重复当时的短线买卖。

这大概是我最初价值投资思想的萌芽。其实我只看过一本关于投资的书，叫作《聪明的投资者》，是在远离股市的阶段看完的。

（二）全仓买入贵州茅台股票

到2000年底有了一定的积蓄，想着做什么样的事让资产增值，于是我又产生了进入股市的冲动，但已经完全不信任何股评了。

2001年，经过近7年的股市休眠，进入股市的冲动实在是压不住了，我就瞒着家人，偷偷揣着银行卡到了证券公司。但定下了一个准则，那就是：放在股市的资金即使全部消失，全家的生活质量都不会受到任何影响，并且这笔钱在可预见的将来是不会动用的。于是将一半的现金放进了股市。我一直在看，在观察比较、思考，好多次将某些股票代码输入了电脑，只要一敲"确认"就可以买入，但每到最后一刻就会想：这个公司我了解吗？买了会不会吃不下睡不着？虽然不影响生活，但毕竟是自己和家人辛苦攒下的。

直到贵州茅台上市。贵州茅台在2001年8月27日上市，我因为出差美国一个月，错过了贵州茅台的发行和挂牌。

因为茅台来自我的家乡，就像我的家人一样，我对它有一种与生俱来的亲近感（其实这是不理智的感情用事）。但更重要的是我看了茅台上市招股书和财务报表，记得当时每股收益大概9毛多，是我观察的企业中最好的；另外，我对茅台酒厂和贵州酒厂都有相当的了解，所以在8月29日和30日两天，毫不犹豫，以平均37.8元/股全仓买入茅台股票，再次开始了股市之旅。

但是，我的买入价竟然是之后三年多时间里贵州茅台的最高价，自从买入后，贵州茅台股票开始了长达两年半左右的漫漫熊途，最低跌到了20元/股。而与此同时，很多垃圾股却好似气球一样高飞。家里人知道了我把一半现金买了茅台股票并且亏掉了一半，这对我还是有压力的。

当时虽然有长期持股的打算，但是想法没有得到验证，同时这次的缩水和第一次股票亏本有很大的区别：以前资金量小，占比却大概是80%，这次资金量大，占比达到资产的近一半。数目大了，更心疼，但更让我感觉不安的是怀疑自己是不是又错了。

挨到2003年中，有机会到国外工作几年，毅然就走了。每到股市上遇到问题时我就有一个机会离开一段时间，离开股市，就远离煎熬。要说在股市里有运气，也许这就是我的运气。

（三）不懂不做，是价值投资的前提

转眼到了2005年，贵州茅台开始进入牛市行情，年中到了50元以上，这时股市资产盈利回到正数，我以前的想法逐渐得到验证，更加坚定了长期持股的信念。回头看第一次1994—1997年，深发展经过3年涨了15倍，这次经过3年多，茅台开始有了正向收益，在此期间，我把茅台每年的分红都在第一时间全部买成茅台股票。

我从一开始建仓贵州茅台就抱定长期或者永久持股的打算，所以不看短期市盈率（PE），现在也不看。每年分红后留下当年各种预算，如

果有余钱，出手就买。回头看，没有一次买入是错的。

我在国外期间，中国股市迎来了2007—2008年股改前后的大牛市，以及随后而来的金融危机引起的熊市。股改后，茅台股票10送10，再加上大股东送股，从45元/股启动，到2008年1月达到上市以来的最高点——230元，这时经过6年分红派股，我的资产已增加了近15倍。这时家人想买大房子改善生活，在我的坚持下，动用了银行存款，而不是卖茅台股票交首付。这时的茅台PE达到历史最高水平，接近100倍，同时开始了第二次"大熊"。当时我一位任职基金经理的朋友根据技术分析理论，告诉我茅台开始长达数年的熊市。而我这时已经形成了自己的投资思想，于是2008年7月分红到账后，我毫不犹豫，全部买成茅台股票。

2008年11月茅台股价跌至84元/股附近，而这是茅台从此以后的大底，再没有如此低的价位。我个人账户年底资产从年初高点缩水68%，投资资产剩下30%左右。

这时家人抱怨、朋友惋惜，也有人幸灾乐祸、冷嘲热讽。而此时我在股友和炒股的亲戚中大声疾呼，清掉其他股票，全仓茅台。结果可想而知。于是我形成了自己的股市原则之一：不荐股——不接受别人的推荐，也不为别人推荐。我相信投资是极其私人的事情，就像婚姻，冷暖自知，不足为外人道。

从那时起至今多年过去，我只向两个人推荐了股票。第一是没有任何股市经验的小妹，她苦苦要求了两年多时间，并"威胁"说，如果我不管，她就乱买了。而我除了贵州茅台，没有其他任何标的，于是在2013年底向小妹推荐了茅台。当时股价大概是120元/股。小妹没有股市背景，一直犹豫，并四处打听这个股票可不可以买。

这是几乎所有初涉股海的人共同的心路历程，一怕高，二怕跌。小妹终于在2014年4月茅台触底反转后在140元全仓了茅台。至今经过两次送股和四次分红，股市资产增长了近4倍。

另外一位朋友是以前我在股市休眠时向他推荐过伊利股份的同事，经过 15 年，这位朋友最大的成绩就是股市资金的金额没有减少。我们常在一起吃饭聊天，股市故事是少不了的话题。这位朋友夫妇都是理财高手，靠房产投资已经具备了财务自由的能力，比我小 5 岁，却是满头银发，疾病缠身。于是我建议他们改变一些投资理念，摒弃固守的观念。2016 年 4 月他们以 240 元左右的价格将部分资产买入我推荐的贵州茅台，占股市资产的 8%。遗憾的是在 2017 年 6 月，贵州茅台 470 元时这位朋友换仓海康威视和其他股票，他从来没有在一只股票上持仓一年多，赚了近一倍，他已经守不住了。这就是价值投资的不易。他在房产投资上稳如泰山，十年如一日的耕耘，收益不小。

有群友问 PE 接近 100 倍，不但没有卖茅台股票，且把分红全部换成茅台股票，我的依据是什么？

长期以来我已经极少看大盘或股市的情况了，我也是到后来才知道贵州茅台的 PE 到了 90 多倍。即便偶尔看看股票，在贵州茅台各个财务指标中，我几乎从不看 PE，而是研究其生产、库存、销售、市场反应。我对茅台酒的关注从几十年前就开始了。那时没有投资一说，只知道茅台酒很贵，买不到。知道茅台酒生产存放需要 5 年，是国酒……我只能说茅台于我，不是赚钱手段，我就是信它。相信很多人会觉得可笑和不可理解。

所以投资持股茅台，不需要时时关注它的股价、PE 等，而是要弄懂和理解投资的对象。不懂不做，这是价值投资的前提。随着企业内生价值成长，自己的投资资本也一起成长，这才是价值投资的核心。

（四）价值投资者首先是一个坚定的爱国者

2008 年 11 月茅台见底后，逐渐缓慢爬升。我还是一如既往，每年分红到账，马上买成茅台股票，既不看 PE，也不看股价，到账当日开盘即按买 1 挂单将全部现金买入茅台。然后退出账户，等明年分红。有

人也许会问价值投资是否也应该等股价回撤时买入才符合巴菲特的折价理论？这对建仓前一直研究一个标的的投资者没错，而我进入股市18年，历经多次所谓的牛熊和股市洗礼，已经形成了自己独有的投资理念。经过近10来年的分红派股，持股成本已经是不到20元/股，而贵州茅台股价，每个交易日的上下浮动经常是小于1%。我只是将分红当成派股来操作，不在乎几个点甚至十来个点的波动。试想现在茅台复权价格2500元/股以上了，10年前你的买入价是130元/股还是150元/股有区别吗？我觉得没区别。况且，我从不预测股价的顶或底，也不关心股价中短期的走向。我更关心10年、15年或30年后的情况。这需要对标的绝对了解，对其有信心，更有对国家强大、制度优越、人民富裕程度的提高等充满信赖。这绝不是假大空的豪言壮语。任何一个价值投资者，必定首先是一个坚定的爱国者，如果他不爱国，对国家和社会制度没有信心，绝不可能将自己的未来交给国家的股市。另外，我从不相信我有预测股票涨跌趋势的能力，以前曾经有过抄底的打算，结果踩空，所以几乎每次加仓茅台，加仓部分都会被套，有的甚至被套相当长时间。而我很享受这样的被套，把它当成订婚戒指或金项链一样的东西，套并快乐着。

（五）风口浪尖上的茅台

2012年年中，贵州茅台到了阶段高点，大约266元，年底，突然爆出了酒鬼酒塑化剂超标的事件。凭直觉，这是一起针对茅台酒的恶性恶意做空，因为当时，只有茅台、五粮液是融资融券标的，酒鬼酒根本没有进入"两融"清单。果然，半个月后，爆出水晶皇送检茅台酒的消息。我在做贸易过程中常和那家检验机构在世界各地的分支机构有业务往来，我从网上找到水晶皇的报告单，交给有业务往来的部门，请他们核实真伪，没有得到"报告真实"的肯定答案。同时，基于对茅台酒的了解，我相信真的假不了，假的也真不了。基金经理朋友建议我清仓，可是我走了相反的路——有钱后加仓茅台。并从 2013 年开始买入实物茅台酒，记得第一次买的茅台酒是 1200 多元/瓶，共买了 3 箱 6 瓶装的。以后每年买进一至三箱不等。后经过澄清，茅台塑化剂事件逐渐平息，但紧接着限制"三公"消费。我感觉到这次股价会有较长时间的调整了。而这时，我的持股成本进一步降低，并且 2014 年开始靠每年的分红已基本实现财务自由。

2012 年底，随着塑化剂事件的逐渐平息，"八项规定"也出台。一时间茅台酒被推到风口浪尖。我于 2014 年、2015 年多次访问茅台酒厂，所看到的一切让我倍感欣慰。茅台人没有抱怨沉沦，他们默默地承受着压力，同时不断完善生产、管理、工艺等，在销售和市场方面进行脱胎换骨式的改革，这为茅台今后的继续发展奠定了更加坚实的基础。

（六）持续一生的事业——投资并持有茅台

2012 年以后的 5 年多时间，是茅台蓄势待发的准备期，而对贵州茅台投资者却是异常难熬的一段时间。期间发生的很多事，当时好似惊涛骇浪，现在回过头来看却是茅台这艘大船远航时遇到的一朵小小浪花。

2017 年后，茅台股价开始在大牛市中爬升，连攻 200 元/股、300 元/股、400 元/股、500 元/股、600 元/股、700 元/股几个整数关口。高歌猛进，一发不可收，绝尘而去，迄今 2100 多元/股。虽然中间经过若干次的反复，对我却丝毫没有影响，因为我不再靠股价的涨跌赚取差价，而是依靠茅台每年的分红就能收到"大红包"。

2014 年以后，我便离开了原来工作的公司。靠着茅台给我的"大红包"，我心安理得而平稳地生活，每天打球、看书、听音乐，陪着儿女慢慢长大。

2014 年以后，因为分红的大部分收入用于生活、旅游、教育、孝敬老人以及每年买入茅台酒实物等，我逐渐减少了分红加仓。直到

2020年分红以后，我再度开始增加贵州茅台的持仓。多年养成的一个习惯以及根深蒂固的想法就是：闲置的现金最好的去处就是加仓买入贵州茅台。

如果说人都要有一个持续一生的事业，于我，便是投资并持有贵州茅台。

（七）坚守贵州茅台的起因

再说说我是怎么发现贵州茅台，并在这一只股票上全仓坚持了近20年，而且毫不动摇的。

人的一生往往只有一个故事贯穿始终，而茅台酒和茅台股票则是我故事的主线。

茅台酒可以说已融入我生命。我的家乡是贵州遵义，外婆家就住在遵义会议会址隔壁临街的老木屋。童年的记忆里，遵义乃至贵州有两样东西在全国甚至全球有名——遵义会议和茅台酒。这两样伴随我生命的历程和足迹。在以后多年的学习和工作中，无论我走到全国或世界的哪个地方，想起家乡，我就会想起它们。

年幼时，父亲因为职业的关系，几乎滴酒不沾，但是他有机会接触到各种遵义产名酒，对它们如数家珍。在我大概十来岁时，一次陪父亲出差途中，父亲告诉我，茅台酒被称为中国的国酒。"茅台是国酒"，从此便是我根深蒂固的记忆。记得有一次半夜，父亲回到家，我从梦中醒来，看见父亲神秘地拿着一个军挎包，他从包中拿出两个上下一样粗的陶瓷酒瓶，一个包着牛皮纸，另一个则已打开，透着掩不住的酒味，悄声对我说，这有一瓶半茅台酒。那是我家里第一次有茅台酒，那酒瓶，是那么不起眼，那么淳朴敦厚，像极了慈父，也像极了家乡的山、水、人（以此段文字缅怀仙逝四周年的父亲）。这瓶普通的飞天茅台，是父亲留给我的最后一瓶酒，弥足珍贵，将一直陪伴着我。

后来母亲的工作性质更是跟酒密切相关——物价局白酒品评及定

价。记得常听母亲说起的一个酱香型酒不成文的定价标准之一，除了空杯留香持久等以外，便是与茅台酒对比口味和香气的相似度。茅台酒一直是标杆，总在被追赶，却从未被超越。

20世纪80年代后期，我到北京求学。学校里留学生和外教居多，平时交流中各国名酒是少不了的话题。虽然茅台酒在市场上根本无法看到，更买不到，但是大多数留学生和外教都知道茅台酒。问我的家乡是哪里，我会描述好长时间，他们往往不知所以，而当我说到来自茅台产地时，总会听到这句："I see"。

工作以后，我离开了家乡，走南闯北，漂洋过海，即使不喝酒，但如果有可能也都会带上一瓶贵州的酒招待亲朋，董酒、珍酒，最爱还是茅台。到国外工作时随身带着两瓶茅台酒，当时贵州茅台没上市，酒价是100多元一瓶。和朋友聚会时只要拿出茅台酒，在异国他乡，朋友的眼里透出的是对祖国、对家乡的思念，往往舍不得多喝，两三杯后就喊着换酒，茅台留待下次相聚。

2001年8月底，我在国外出差一个多月回到广州看到报纸上的消息：茅台股票上市了！那时我离开股市有几年时间了，一直在找机会重新回到股市，经过几年的思考和观察，内心已经有了明确的概念，异常笃定。于是第二天来到证券公司，按照当时贵州茅台的股价，我把家庭资产的近60%（包括房子和其他所有资产），一次下单，全仓买入茅台股票。从此，我知道，茅台已不仅是产自家乡的美酒，而且已经是我生命的一部分，会一直伴随着我及我的子孙后代。

现在虽然儿子、女儿还未成年，但我也像当初父亲一样常常和他们聊一下茅台酒的故事。而小女儿则每天数着，我喝了几杯茅台酒。一旦第三杯倒出，酒瓶会马上被她拿走。要再喝，等明天吧！

2017 年 10 月 15 日

关于股票和房产的话题

（一）股票和房产应该如何选择

一直有朋友问我，关于股市或具体到贵州茅台股票，跟房产相比，应该怎么选择投资方向？甚至有人说要卖房买股，或者卖股买房。这个话题涉及的因素太过复杂，别说三言两语，恐怕是工商管理硕士（MBA）的毕业论文都无法完整解答的难题。这个问题也远超我的能力。相信群友们都有自己的策略，只是和大家分享下我的看法。

关于房产有两种情况。第一种是自住。这种投资因人而异。对于事业小成者，追求生活稳定，又有一定积蓄或资产，买房不失为一个明智的选择。毕竟安居才能乐业，此生安处是我家！人最终的幸福感往往来源于安定。这类房产无疑有超过任何其他投资的价值。但对于职场"小白"，追求事业的发展，不如把余钱投入资本市场，而且不必太计较盈亏。赚了，赢资本；亏了，赢教训，今后少走弯路，好过做"房奴"。

第二种是纯投资性房产，无论在几线城市。有大量的投资者手握巨量房产，很多人靠房产投资理财，实现了财务自由。至于说现在入市是否能继续取得超额收益，我认为这跟股市预测属于同类。但我的理解是，股市的涨落会有更大的不确定性。现在来看，今后的房产再现前十年那样的上涨存在一个巨大的问号。上海、北京、深圳有些区域房价在前十年上涨了十几、二十倍，达到 10 多万元/平方米，已经透支了今后相当长时间的收益。但是房价会不会大幅回落？我认为可能性不大。其他不说，我认为在一定程度上房价平稳是社会稳定的积极因素。试想，手握巨额房产的老百姓，谁不希望社会稳定。一旦社会不稳定，无论是房产还是其他资产，都将会瞬间大幅贬值甚至归零。但是个人应该衡量自己的经济承受力，不能超过自己的支付能力而盲目加杠杆买房。一些人本来收入不错，也有很好的生活，但在相对高点跟风买房后，租售比太低，不足以覆盖成本，使生活质量严重降低，得不偿失。

人们生活水平不断提高，对茅台酒这类优质产品的渴求会不断提升这些企业的价值。基于这点，所以我只要有资金，就会追加投资茅台股票，而不是投资房产。当然也不会把全家人的住房换成股票。无论如何，自己和家人生活幸福才是人生的最终目标，所谓的事业成功只是追求幸福的手段之一。

总之，投资须谨慎，不懂不做，确保本金安全。

（二）选择适合自己的投资风格

如果你家只有一栋房子，无论股票的价格有多低，都不应该把房子卖了投入股市，这也是一种杠杆，这个杠杆的另一端压的是一家人稳定的生活。回头去看，那时我如果卖房买茅台股票似乎是对的，但是谁能保证以后在希望买回房子时股价就一定会涨？如果股价走到了另一端，则生活一定会受到非常大的影响。稳定安心的生活是多少金钱都无法买到的。投资的目的是改善生活，而不是让生活变得没有着落。"心安即是强大"！所以在房和股票的问题上，不管是以前、现在还是将来，我都不会把我和家人住的唯一的一套房子卖掉来买股票，无论股票的投资价值有多大。当然如果有好多套房子，那是另外一回事，那就要看自己的投资风格。

就像之前博文里面提到的那位同事，他们夫妇俩投资房产做到了财务自由，但在股票投资方面就乏善可陈。而我自己在房产投资方面也趋于保守。有房子自己住着，还有房子给父母住着，就非常满足。多余的钱全都投入茅台股票。这个方式适合于我。我所在的地方在过去10年，房子涨了4~5倍，如果加上按揭算杠杆3倍的话，收益大概是15倍。但是房产投资耗费比较多的精力。而买入贵州茅台股票以后，该睡睡，

该吃吃，该旅游旅游，这才是一种真正的财务自由的状态，而那位同事靠房子做到财务自由的同时，几栋房子都要打理，有很多烦心事，有时甚至焦头烂额。那不是我想要的一种生活状态。而且房产投资增值后如果不出售，就无法享受红利。贵州茅台上市至今18年不到，正处"青年"，今后前途无量，所以还是抱定茅台。而贵州茅台股票不仅有账面持股的资产增值，而且每年的分红让生活有了充分的保障。这大概就是我选投资贵州茅台而不选投资房产的原因。

房子还是股票，这是一个永远无解的问题，没有谁能够准确而简单地说清楚。有人投资房产，有人投资股票，只要生活安心，就能自得其乐，没有什么不好。

就贵州茅台本身来看，我投资17年时间，加上分红投资增值，资产总值增长为160~170倍。而且今后5~10年茅台每年以10%~15%甚至20%的增长率增长，是值得期望的大概率事件。

（三）看好了就当机立断

有一个老乡在异国他乡，一直计划买房，但是他的预算总是比平均房价低10多万加元，每年房价在涨，他的预算也在涨，而且涨的幅度都差不多。但是这么多年过去了，他们老少三代六口还是住在当初买的一栋小房子里。几年前我曾经建议他把预算提高，比房价高5万~10万元，就可以挑房。但回答是一声叹息：如果现在房价是多少多少，我肯定就买了。

这些天看到同样的说法：如果茅台现在的股价是300元，我一定会全仓买入。我的问题是，如果真的300元，你会买吗？我相信如果真的300元你也不会买。那时你或许同样在想，股价再低些我就买。什么时候买还是卖，看好了，就当机立断。要不这个问题会伴随你的整个股市生涯。买入并持有一只优质股票，比如贵州茅台，没有估价贵不贵，只看认知配不配！

（四）买房还是买股，因人而异

是买房还是投资股市，一直都有不同的看法。

朋友在 2015 年时买了一栋房，当时的价格接近 900 万元，首付 30%，加上其他费用，约 300 万元。按 2015 年的股价，这笔钱可以买入贵州茅台大概 15000 股。

同一区域，相似房子，现在的成交价是 1700 万 ~ 2000 万元人民币。而 15000 股贵州茅台的股票如果没卖，现在持有的应该是 16500 股，这些年的分红，有 100 多万元。

当然，朋友享受了近 500 平方米的大房子，一家人享受天伦之乐，其乐融融，这是多少钱都买不到的。而如果买入贵州茅台股票，则资产从 300 万元到 3300 万元，同时还有每年十几万元到几十万元的税后收入，许多人都可以做到财务自由。如果是我，选择毫无疑问是后者。其他人怎么选，应该是因人而异，各有所好，各取所需吧！

2017 年 10 月 18 日

选股标准（创新是否选股的标准）

一直以来，很多朋友问我，作为价值投资，我的选股标准是什么？

这是一个既复杂又简单的问题。说说简单的一面：我选股标准最重要的一点就是公司创新的问题。我不太认同大多数人的观点，好公司需要持续不断的创新能力。而我认为好的公司不需要投入巨额的资金（利润）到新产品开发中。像明清时期的晋商，他们积累第一桶金的产品是人人都需要但是不需要创新的食盐。在美国股市的历史上，第一牛股其实不是苹果、英特尔，也不是波音，或通用电器、福特汽车，而是

拥有万宝路的菲利普莫里斯。这家公司这个产品，纵横世界近百年，消费者对其产品的黏性无与伦比，消费者包括赤贫阶层，也有富豪，经济好坏都不受影响，现在仍然是美国股市的传奇。可以肯定，以后很多高科技公司或类似波音、通用这样的公司会一波一波更替，而菲利普莫里斯这类的公司会像永不枯萎的千年老树开花结果。中国股市的历史只有美国的不到五分之一，可以预见今后数十年，中国股市一定会有菲利普莫里斯这样类型的公司。贵州茅台即是最佳代表，而且贵州茅台的某些特性远比菲利普莫里斯更佳，如库存产品无保质期且无限增值等；同时，也不需要消耗股东巨额的利润去创新和研发。跟上百年历史的菲利普莫里斯相比，茅台正当少年。

这里我只是从价值投资的角度按自己的标准来描述最佳投资标的的某些特性，我非常赞同那些创新型的公司，如苹果、华为、阿里巴巴、比亚迪、Tesla、福特、波音，它们为人类进步作出了巨大贡献。在这里我们所说的投资，不涉及人类发展等高度，只是讨论投资标的的长期确定性和可持续性。

另外，朋友问银行与金融行业的投资价值。银行这种企业的生意模式是永续性的，但银行的业态是不停变化的，早期的银行还附带镖局。没有任何一家银行具有垄断性的竞争优势，客户没有黏性。大多数银行没有与同行拉开距离的核心竞争力，而且资产规模巨大，这是优势，也是劣势。同时银行业容易产生坏账，也是不可控的因素。当然这不在我的能力圈，也许我没有发掘到亮点。

总之，无论是对其他公司还是贵州茅台的投资，要点是本身品质如何，未来确定性怎样，和盘子的大小没有太多关系。就像小象生下来时比最大的兔子大百倍，不能因为它比兔子大，小象就不长了。

小象的未来是大象，绝不是大兔。

2017 年 10 月 20 日

散户的三个典型特征

在股市中有种典型的散户形态，有三个特征：

一是永远在被套和解套中挣扎；

二是他可以被动在一只垃圾股套 3~5 年，但绝不主动捂一只绩优股哪怕一年；

三是想把每一只上涨股票的钱都赚到，而且非常自信他有这个能力，差的只是运气，总在猜测顶和底，每次都在顶买底卖。

我不理解的一个行为就是他们所谓的"逃顶"或"抄底"。常有人炫耀，什么时候他"逃顶"或"抄底"成功，最初我特别佩服这样的高手。但折腾了多少年以后才知道，真正的投资是不去预测"顶"或"底"的，而应该是把预测"顶"和"底"的功夫用来研究投资的标的公司。

以前、现在及将来，股市中热点总是层出不穷，引人追逐，像流星，像焰火，赢得人们的赞叹和欢呼。而贵州茅台是太阳，它的存在不被欢呼和赞叹，而是福泽众生。价值投资之道不追逐闪逝的流星和美丽的焰火，而是沐浴永恒而温暖的阳光。

2017 年 10 月 20 日

茅台酒的开瓶率与茅台产能

（一）一个伪命题——茅台酒的开瓶率

茅台酒的销量和股价一样屡创新高，于是大家开始讨论，有多少是

渠道存货,有多少是民间存货,然后再创造出一个新词:开瓶率。在我看来这样的讨论基于一个伪命题。全国茅台的消费和储存就好像阳光下一块巨大的干海绵,而茅台酒的供应就像一杯水,倒在这块海绵上,一部分被蒸发(喝掉)了,有一部分被海绵吸收储存起来,可是没有人知道究竟有多少被蒸发了,多少储存起来了?没有任何人会得到确切数字,所有人都在猜。对茅台酒这样给人带来愉悦和满足感的产品,喝是消费,藏起来以后喝,甚至放着向朋友炫耀同样是消费。另外,今年的酒放5年再喝,这算哪年的开瓶率呢?

(二)茅台的产能为什么不能无限增长

茅台紧俏买不到,为什么不能把赤水河的水都做成茅台酒?这是多少股民、酒民心中一个巨大的问号。其实茅台酒核心产区的面积非常有限。离开那片地区,所产的酒质量明显下降,无法达到茅台酒的标准。20世纪70年代在遵义的董公寺建了一个茅台酒厂异地试验厂,当时所有酿酒的设备、原料、人员、勾兑老酒,连窖泥都是从茅台酒厂运过去的,也严格按照茅台生产工艺生产。当时我10多岁,记得很清楚。第一批酒酿出来时,大家都以为成功了,确实是好酒,但是经过品评,异地试验酒和茅台酒的质量相比虽然同为酱香,酒质却不同。后来宣布茅台异地试验失败,工厂改为贵州珍酒厂。几乎与此同时,在气候、地质条件与茅台镇相似的湖南、江西等一些地方,也有人先后建了仿茅台的试验性的酒厂,均宣告失败。有些酒厂至今还在生产,而且还以与茅台的渊源为卖点。茅台的核心产区附近地形为两边山地夹一河,地形崎岖,赤水河两岸山地绵延,茅台酒厂内也是依山而建,地势高低起伏,建设难度跟四川盆地及洋河、汾酒等地区不可同日而语。核心产区内环保要求严格。同时,茅台酒与其他香型酒,尤其是浓香、清香等酒生产储存工艺不同,需要长时间存放窖藏。其他酒从投料到出厂短则20多天,长则半年,甚至新工艺酒当天原料入库可以当天装瓶出厂。茅台酒

2500吨的产能需要至少10000吨的酒库。根据多年的勘查研究，茅台酒的产区范围极限产能如果全部建设，最多可年产8万~10万吨茅台酒。但是，环境需要维护和冗余量，竭泽而渔将得不偿失。茅台酒厂的建设，自从上市以后全靠内生性循环，加上生产周期漫长，所以茅台的产量是不可能无限增长的。估计还需要15~20年，茅台将达到产能的天花板。牛饮不是茅台的风格，品茅台需要小杯，慢品。

2017年10月21日

茅台股价的特性、投资与情怀

（一）茅台股价的特性

我一直不说茅台是长跑冠军，我认为是登山冠军。

很多股票可以被理解为跳高冠军，一瞬间可能会跳得很高，但是你必须有极高的能力才能卖在越过横杆的前后区间，否则跳多高就会跌多深。而贵州茅台，就像一个孤独的登山者，慢慢地一步一个台阶，有时还会走到两峰峦之间的山谷，或在某处露营一段时间。但是无论如何，它会再次启程登上更高的山峰。这是我的理解，也是我的信心。

一位朋友说近期他把其他股票换成茅台，并准备动用杠杆，因为他观察茅台一段时间了，一直舍不得换。以前他曾问我可不可以买茅台，我都是让他自己决定，自己舒服就买，他一直犹豫不定。最近看到股价涨势如虹，按捺不住了，不仅换仓，还要加杠杆。我的原则是既不劝买也不劝卖，但是我今天破例了，对他说：第一，对换仓加以肯定，并建议他锁仓至少5年；第二，对杠杆部分马上取消，无论他现在有多看好茅台股票，如果要用杠杆，宁愿买实物茅台酒。但愿他听进去了！茅台

涨了,还不少,于是一片欢腾,"茅粉"们奔走相告,纷纷庆贺,喜形于色。那位朋友还问我茅台的顶在哪里?我告诉他,"我肉眼凡心看不见"。但是任何股票无论将来涨多高,在涨的过程中都要符合1:20的法则,就是如果连涨5天,将来一定会有调整100天的时候。所以涨,别得意;跌(调整),别泄气。风雨过后,脚下有泥泞,天边有彩虹。

心平气和持有,心安理得收获,无论经营还是投资皆通此理。茅台,不管是股票还是酒本身,从来没有把其他国内公司当成对手,也从来没有想要去碾压谁。无论是过去、现在,还是将来,有许多公司或股票在某一阶段会"碾压"茅台。但是从开始投资茅台至今,我一直意志坚定,只因为茅台无与伦比的确定性和宽阔的护城河。借用一句广告语:"总是被追赶,从未被超越!"

(二) 投资与情怀

投资与情怀,这两者好像风马牛不相及。而我一向认为,作为价值投资的追随者和践行者,没有情怀,无论如何难以成功。价值投资者,首先必先是一个坚定的爱国者,他不赌国运,不做空自己的国家,因为他的命运和他所投资的公司、市场与国家是血肉相连的。作为价值投资的典范,巴菲特从不做空他的国家,不赌国运,"两房"(房利美和房地美)危机时,他大手笔买入富国银行等公司。这是投资者的睿智,也是一种爱国情怀。

价值投资的情怀,既然是个人情怀,必定与众不同,且包罗万象。凡能引领人生及投资之路,皆为情怀。

茅台股价又创新高,有人说茅台是神话,我觉得茅台是一段佳话。其实无论中外,比茅台涨得高涨得快的股票比比皆是。为什么我没买,两个理由:第一,那些股票我看不懂(超出了我的能力圈);第二,茅台的前景清晰,有宽阔的护城河,有无与伦比的确定性。我愿意拿着未来10年只涨5倍的茅台每夜安枕入眠，每日纵情山水。我自知，哪个是我的；我自律，不懂绝不碰。投资不能试错！

2017年11月11日

PE、新高与调整

PE，行内人常说的估值，即市盈率，无论是价值投资者还是投机者耳熟能详。就连价值投资的典范——巴菲特都说，要买好公司和好价钱。那什么是好价钱？PE低的就是好价钱。

可是对有些公司，看PE来决定是否建仓或卖出或加仓，却不那么好用。这个公司就是茅台。茅台30倍PE时，有人喊太高，可我在100倍时把所有的现金加仓了茅台，人人都说我捡了个天大的便宜。两三年前八九倍时，有人大喊茅台太贵，应该再跌一半甚至90%。也有人在十几倍时卖掉了，二十几倍、三十倍时又后悔得唉声叹气。冥思苦想后终于明白，买与不买，卖与不卖，跟PE没有关系。记着老祖宗教训晚辈的一句话：好货不便宜。尤其是像茅台这样的。

若干年来，我若干次说，今后茅台股价会到一个你想象不到的高度。至今这个观点没变。买还是卖？持有还是减仓？看你想赚什么钱。是企业内生性价值增长带来的自身投资资本成长的收益（价值投资），还是股票波动的价差低买高卖（投机）？从1993年初开始，我经历了几乎所有的牛熊市。自从2001年买了茅台，我的血液里已经浸入了价值投资的DNA。茅台于我而言成了信仰，涨与跌，都只意味着数字的变化，我只看5年、10年、20年后分红有多少，分红多我便可以买入更多的茅台股票。茅台酒或股票都是可以代代相传的珍品。

茅台酒价飞天，股价看来也要飞天，希望茅台慢慢走，走得稳。茅

台涨了又涨，有人担心会不会像上一次有人眼红了又捏造出什么剂之类的负面消息引起舆论关注，成为众矢之的。居安思危，说明投资者的成长和成熟。相信再遇到调整，大家一定会泰然处之。因为我们深知，茅台的天在天上。

之前的塑化剂事件让茅台的品质更加清晰地展示在国人面前，可谓真金不怕火炼。而反腐并非反茅台，提升了老百姓对国家的信心，也提高了老百姓的消费能力，相应提高了对茅台真实的市场需求，从而为茅台今后的长期发展掀掉了天花板。可以说茅台上市16年来一直在跑道上滑行，正蓄势待发。

调整、下跌与无休止的等待，才是投资的主题。

从2017年11月3日开始的调整，相信会让很多人痛彻肺腑，也有人兴高采烈。5个交易日茅台股价从719元一下降到了635元，跌了80多元。沪深股市3419家上市公司，股价在70元以上的共计60家。茅台市值降低了1030亿元，这个数值不可谓不大。但是看茅台本身，2001—2003年，茅台股价从40元左右跌至19元多，并长时间低位运行调整数年，市值跌去50%。2007—2008年，从210多元调整到80元左右，市值跌掉60%多。其他还有多次20%以上的调整。这次刚11%左右，在茅台的历史上这算多吗？对茅台本身来讲，这个调整，无论是何原因，只是在登上万仞高峰途中的喘气。

2017年初以来，茅台连克400元、500元、600元、700元的整数价位，一路上涨。究其原因，其基本面持续向好，产品长期供不应求，出厂价有提升预期，中外机构和散户投资者看好，等等；当然也有短期投机在兴风作浪。全球股市400年，有一个股市铁律，即5%∶95%，任何一家公司，无论其股价将来涨多高，在从低往上涨的过程中，上涨的交易日数占全部交易日的5%以下，盘整和下降的交易日占95%以上，概无例外。2017年以来茅台股价60多次创了新高，更别说上涨的交易日了。所以调整一下是正常和健康的。

各方面信息显示茅台的基本面良好，长期看没有利空的基础。

最近的调整对心态会有影响，上涨时持股容易，下跌或调整时，尤其是其他股票涨，自己的股票在下降或调整时，心平气和地持股更难。关于持股策略，作为散户投资人，我认为不宜以基金为标杆。原因如下：一是基金投资和个人持股目的不同，基金需要追求客户收益的最大化，以回报投资人和争取更多客户；二是基金具有散户所缺乏的调研能力，可以说在这种调研能力支持下，基金具有相对于散户的先知先觉能力；三是基金具有巨大的影响力，在某种程度上可以影响媒体或舆论。这些特点对基金本身是优势。但是任何基金在操作前是不可能将操作策略公开的，散户投资人如果跟随基金的策略，其实存在着风险。在持股茅台前开始，我就不再盲目听从和跟随基金的策略及股评，一切基于公司财务报告、市场调查和自己的各种研究结论。多做功课了解公司和市场，相信自己。找到一个适合的人可以相守终生，好公司也是一样。还是重复一句，心安即是强大，安坐高台观虎斗，静卧桥头望水流。

有朋友问，为什么我买茅台赚钱，他买就亏；又问是不是该割肉清仓。茅台真不是一个可以让人快速盈利的股票。单看产品，最普通的飞天茅台，生产周期也要5年。如果连茅台的一个生产周期都等不了，想要快富，建议别碰茅台，甚至别碰任何股票。

从2001年满仓茅台，我经历了所有的"牛熊"轮换，刚建仓时亏掉了一半。近4年多的时间，磨心，磨神。以后两次大的回调，最多达百分之六七十，我反而心平气和了。每次分红加仓，几乎无一例外被套，有几次甚至被套挺长时间。现在回头看，套的都是金项链。有闲钱时我会随时加仓。所以割不割肉，自己看着办。

做投资，进而价值投资，最重要的素质是什么？会买？会卖？我看最重要的是会等。

最近看一本书：《华杉讲透〈孙子兵法〉》，其中有一句话，用于价值投资再贴切不过："不能等待，是巨大的性格缺陷。"我改改："不能

等待,是投资的致命缺陷。"经常听周围的股友说,买入了某某牛股,但是没赚到钱就卖了,因为不想被套牢,也等不了那么长时间。持股等待确实是一件挺难的事,尤其是在持股标的下跌或横盘时,对多数人来说是折磨。但是等待又是成功投资者的必经过程,能等待也是成功投资者的必备素质。

我其实是一个不太会买的人,我只会一个笨办法——捂紧股票,等。牛市我等,熊市我也等。已经等16年了,还要等多久?不知道,也不想知道。一定要有个期限的话,我只能说云开雾散,天荒地老,赤水河干!

2017年12月28日

投资中的贪婪与恐惧

茅台股价又站上了700元/股,好几个朋友给我留言感谢我,说帮助他们建立了坚守茅台的信心,也克服了以前对下跌和调整的恐惧感,在投资的路上走出了成功的第一步。谢谢大家的信任。投资之路还很长,最终是否成功,或何时能成功,还需要时间的检验。无论哪只股,涨一跌二十。我发微信或微博,能读到的朋友很多,但是能坚守的,相信只是极少数。最终能跟随价值投资的理念登上成功巅峰的,更是少之又少。所以自己内心的信念,才是你最终成功的根本。成功了,归功于你自己;不幸失败了,也别归咎于别人。做投资,心态平和很重要,既不贪婪,也不恐惧;既不喜悦,也不悲观。

巴菲特的名言——别人贪婪时恐惧,别人恐惧时贪婪,基于一个前提:其有足够的资源对贪婪和恐惧的对象提前进行非常透彻的研究。所以当别人贪婪时,他可以说是恐惧,并提前减仓甚至空仓;反过来别人恐惧时，他也能从容加仓。但是作为 A 股小散，我们没有也不可能拥有巴菲特同样的资源，你几乎不可能在别人恐惧时贪婪，或别人贪婪时恐惧。往往想这样做的，都变成了别人恐惧时，你更恐惧，别人贪婪时，你根本毫无知觉。最终你会变成别人砧板上的鱼肉。所以不看别人脸色，不动如山，才能最终脱颖而出。

之前提过的那位前同事，2016 年在茅台股价 470 多元时赚了差不多一倍卖了，问我现在可不可以再买。我说如果我是他，我不买，因为我不懂它。不懂的东西，拿不住，偶尔幸运赚点差价，早晚会全吐出来，甚至吐更多。就像卖掉茅台后买的海康威视。

在股市十几、二十年了，还在追涨杀跌，探消息，找概念，在我看来是一件脸上挂不住的事。

我从不劝人买还是不买，只是说如果在那个状态我会如何做。我觉得很多人都不适合做投资，比如我的长辈亲戚，对他们来说，最好的投资，是存款和自己的健康；我也认为绝大多数人不适合炒股，包括我自己。

关注我微博的朋友问我，为什么老不见我发新的博文，是不是卖了没告诉大家，毕竟现在行情不好。

首先，我卖不卖其实无所谓，只要你看好就持有，不看好则随便。做事、做投资，千万别看其他人，别抄作业连滴在作业本上的墨汁都照搬。自己要笃定，走自己的路，才能成为成熟的投资人。

其次，现在的行情走势，涨涨跌跌，对 2018 年甚至以后年度收益和分红看不出会有任何影响，茅台生产正常进行，茅台酒在市场上依然一瓶难求，没有离开的理由。

以前在上涨时，大大小小的所谓价值投资者，总在重复巴菲特的那句名言，可是我现在感觉到大众恐慌时这些人更加恐慌，纷纷夺路而逃。这些只是伪价值投资者。

2018 年

2018年3月1日

注册制、好公司与讲故事

注册制是这一两年来的热点话题，其实，注册制什么时候实行，对持有茅台等待每年分红、陪它继续成长，一点都没有影响。在欧美股市，注册制已经存在了好多年，投机者大有人在。投机和投资，像一对连体孪生双胞胎，关键看你怎么选。以为实行注册制后，所有的投机者都会踏上价值投资之路的想法是不切实际的。许多人或公司擅长讲各种各样的故事，别被蒙住了双眼。

越是好的公司，确定性越高，故事越少，投资亦然。

很多朋友问过：是怎么发现茅台，并从上市后第三天坚持到现在的？A股还有没有第二只茅台？现在茅台的价格还有没有买入的价值？茅台估值100倍你也买入，是不是违反价值投资的思想？等等。每一个问题都可以写出一篇长长的论文。

我就第二个问题——A股还有没有第二只茅台来回答。这个问题的核心简单地说是一个价值或长期价值发现的问题。就茅台这只股票来说，别说A股，即使在全球股市也是独此一家，因为地球上只有一个茅台镇。但是我相信在A股、港股或美股，还有许多公司和股票有着巨大的投资价值。问题是我们作为散户小投资人如何用有限的资源和分析能力去发现这些价值？

中国的小股东散户有一个最大的爱好——探听消息，进而炒作消息。于是有很多公司，为了迎合小散的这种投机取巧心态，就刻意编故事，找概念，放消息。这从A股开市以来一次又一次出现，一直在发生着，但没有一个可以被小股东自己去考察证实。

而真正有价值的公司是不屑于编造故事的。确定性越强的公司（股票），其价值发现的过程越是简单。哪家的酒最好喝，哪家的房屋质量最好、卖得最好,哪家的电器最多人用……在生活中的每一刻都可以发现价值。比如茅台酒,很容易且直观地就会得到信息,甚至也可以去茅台镇旅游,看看工厂生产、仓库出货,不难发现是否有投资价值。再有每季度、年度的报表报告是否有价值、是否值得投资,答案就显而易见了。就像巴菲特投资可口可乐的最初灵感之一,来源于饮料售卖机四周地上的瓶盖。

想找第二只茅台就不用浪费时间了,这个茅台是唯一的。但是在A股或全世界的股市,相信还有和茅台一样有长期投资价值的公司。擦亮慧眼,别道听途说找概念听消息,那些不是价值,是害人的坑。

我认为,茅台几乎永远等不到低估买入的时候。当茅台被低估时有其他股票被更低估,不买的人还是不会买,永远都在犹豫。

2018年3月27日

茅台酒市场表现和年度成绩单

春节旺季已过,各个名酒的市场表现各异。有些地方茅台酒价格还是高于厂方要求的官方零售价。

对飞天茅台,每瓶1499元是厂家建议(官方)零售价,但是当产品极度供不应求时,供应方具有主动提价能力,分销商批发价常常就会高于工厂的官方零售价。于是就会出现市场上批发价高于(官方)零售价的情况。这种情况出现时通常都是处于卖方市场。

而批发价(零售价)与出厂价倒挂的情况通常都出现在供过于求的买方市场,买家们具有相对议价能力,于是批发价,甚至零售价会低于出厂价。价格倒挂对市场是有较大危害的:首先,产品的品牌形象会大打折扣;其次,经销商(供应商)的利润长期处于亏损—补贴(如果有）的临界状态，对渠道伤害极大，从而经销商的忠诚度也会受到打击。好在茅台是一家极其有责任感的敦厚企业，从未对任何业内竞争对手的渠道和产品进行过恶意的渗透吞并，反而对处于劣势的竞争对手宽容提携，共同经营。

从市场上各个酒类产品的需求和价格走势，我很容易得到结论：在有闲钱时该加仓哪家公司。

几个股友也在问我，茅台的业绩怎么样？今年估值多少？值不值得再买？而我的想法有点不同，我等的是分红数字，然后算账，留下生活所需，买够一年内自己喝及招待朋友的茅台酒等，剩余全部加仓茅台股票。

有朋友超前了，今年的分红还没到手，就在问明年业绩如何，分红多少？好吧，算一算。大概盈利：每股 28~31 元，分红预计 14~15.5 元/股。拭目以待。另外买茅台，看估值往往会让你错失机会。看到的茅台的估值，好像南极、北极海上漂着的冰山，当泰坦尼克撞上冰山后，人们才发现，原来他们看到的其实只是很小的一部分。有时候，没看到的东西，不是因为它不存在，而是人的眼光有限。

2018 年 3 月 28 日

年报与北向资金减持

有朋友告诉我今天茅台股价大跌，打开手机看，果然跌了 4.57%。任何一只股票都要遵循股市法则，有涨就会有跌。而且涨跌之比，从交易日看是 1∶20。但就茅台来说，每轮的下跌和调整，我的理解都是新高的前奏。有人问：调多久？我答：爱调多久调多久，与我无关。

茅台亮出历史上少有的亮丽年报，股价却大跌 4.57%，也是少有

的一个跌幅。究其原因之一，是因为茅台的毛利率跌到 90% 以下。似乎盈利能力下降，进入衰退通道。

这真是一个南辕北辙的解读。茅台多年来，一直以超过 90% 的超高毛利率称雄 A 股，甚至全球股市。但现在毛利率的下降真是茅台股东的一大幸事。这是因为茅台这驾马车终于有了第二匹马，虽然还是小马驹，但终有一天这匹马驹会长成为一匹日行千里的宝马。这马驹就是茅台酱香系列酒。如果某一年酱香系列酒因为销量巨大而把茅台年报总毛利率拉低到 80%，甚至 70%，茅台的日子该多好。

茅台的机构股东，包括合格境外机构投资者（QFII）和国内的各种公募、私募基金，常常因为各种原因增增减减，进进出出。一众小散怎么办？买还是卖？

是否卖出茅台，从投资来说，应该只看茅台长期基本面是否已改变。股价波动、基金持股的增减，丝毫不会影响我。我想这也是长期看，我的业绩好过基金的原因。反复退出、进入，好比一条肥鱼，被切成很多段，只吃了其中的一部分，有肉的身子反而抛掉了。当然有人或许只喜欢鱼头和鱼尾巴，而我喜欢从头至尾全吃掉，这当然就需要更长的时间和耐心。

2018 年 4 月 13 日

投资——天道不酬勤

茅台股价又回到 700 元/股以下，这段时间好像是在拉锯。

从 2017 年初开始，茅台开始波澜壮阔的上涨后，一直没有像样的调整。这样的磨盘，磨掉不坚定的投机者和杠杆，为以后的上涨清除障碍，长期看是好事。

就个人而言，这样的调整，在我持股多年的经历中，实在是平常至极。从炒股到投资，到后期有三重境界：不动、不看、不想。我早就不动了，也可以做到比较长时间不看，但离不想还有一段距离，还得修炼。

从2月1日至今，一共有27个下跌或整理交易日，13个上涨交易日，按照几百年来无数只股票遵循的1：20交易日铁律，过去、今天和将来，茅台股价一直在下跌和调整的夹缝中上涨。一个上涨的交易日，在过去或将来一定会有20个或更多下跌或调整交易日相伴。茅台、腾讯、苹果概无例外。

只有经历了下跌的煎熬，你才能心安理得地享受上涨的喜悦。况且，作为价值投资的绝佳标的，茅台本身业绩的成长才是我们应该关注的。股价涨涨跌跌，随它吧。看远点，茅台从不负人。天道酬勤，在买入并持有茅台后就不再适用。

持有茅台多年的体会：不动（手、眼、心）则赢。

记得在20世纪90年代中期时，在黔东南的大山森林里工作了相当长时间。每年秋冬，树木枯黄，落叶归土，万物萧疏。直到春暖花开，万物又再迸发生机。春去秋来的轮回里，小树苗一个个年轮积累着，长成大树，遮天蔽日。股市，或茅台何尝不是如此。在一个个的上涨、下跌的轮回中，不停向上努力生长着。

在中国股市投资茅台，唯一有效的操作是不操作。不动如山，任凭风起云涌，潮涨潮跌。

对各种波段操作，我既不反对，也不鼓励，唯有佩服。这是我进入股市初期的典型做法，在持有茅台的过程中，曾经也有过一两次想要用波段操作使得利益最大化，试着换了3%~5%的茅台股票，买入8元的西藏城投。但结果是坐立不安，心里极其难受。因为买入西藏城投的原因和逻辑是坊间的各种利好消息，但是没有长期的确定性。最后在西藏城投开始上涨前换回茅台，从此心里波澜不惊。价值投资的几大特征：质优（基本面），长期确定性，集中持股，长期持股直至公司发生质变。

任何投资每人都有不同的理解和做法，我并不反对波段，只是我不做而已。因为我的理解是：100次波段操作，对99次，只要一次错，可能就导致100次全错。我没见过波段操作全对的人。波段操作最常见的一句话是：上次这波上涨或下跌，我应该这样或那样。以前这样做，我从不知道当时的操作是在高点还是低点，对与错是过后才知道。当然我的想法和做法只适合我自己而已。自己穿的鞋自己试。

股市自出现以来，从来没有过特殊情况，从世界股市最早的那天开始，战争、灾难、政治动荡一直没停过，今后也会一直有，所以股市的上涨或下跌，哪一次能界定为特殊？哪次有人能置身事外？只能以不变应万变，才能立于不败之地。

2018年5月9日

投资进化三部曲

记得儿子两岁左右，刚会走路不久，我带他去了一个游泳池。只见他摇摇晃晃走到水池边，我一不留神，他一脚踩进游泳池里，我赶紧跳进去把他捞了上来。他高兴得哈哈大笑，觉得自己无所不能。

慢慢地，儿子长大了，游泳技术也越来越好。有一次也是到社区的游泳池，旁边有一组救生训练的学生在潜水，儿子就学他们，也潜到水池底，而且待了一会儿才冒出水面。结果他满脸通红咳嗽呛水，把满肚子的食物全喷在水里。游泳池当天关闭，换水。社区中心一周内还时不时打电话来问，孩子有没有问题。

随着年龄渐长，儿子游泳技术突飞猛进，无论在什么地方游泳都像浪里白条，自如自在。而这时他却小心翼翼，每到一个新的地方，总要反复观察周围，水面、水下及周围的人群，然后一步步下水，熟悉水情后再游个痛快。

儿子游泳的经历，分为三部曲：觉得自己无所不能——不知自己不是无所不能——知道自己有所不能。

这个三部曲，可谓股市投资进化的写照。遗憾的是许多人一辈子都在第一部挣扎，也有人会走到第二部，极少人会进化到第三部：知道了自己的能力圈，成为价值投资理念的追随者。

第一阶段，也是三部曲的第一部，初出茅庐，觉得自己无所不知，无所畏惧。见水就想游泳，却不知水有多深，是不是有漩涡。见山就要登高，也不管山上有没有豺狼虎豹。追涨杀跌，忙忙碌碌。红着眼，到处探听各种消息，所有热点板块和股票如数家珍。数年，十数年，甚至数十年如一日，总在被套和解套中挣扎着。

第二阶段，经过牛熊市的转换，读过数本技术分析的书，不再到处探听消息和热点。看重各种技术指标，对股市和个股上涨、下跌的路径、逻辑、走势门儿清；也开通了创业板和"两融"，摩拳擦掌，随时准备实现财务自由的梦想。在模拟炒股时，总能买在低点卖在高点，建立了十几只或几十只的股票池，已经不屑于追涨杀跌，而是做波段操作，且常常成功。但最终未实现财务自由，是因为百分之几次的波段操作运气不好做反了，被证券公司平仓。

第三阶段，又经过若干年的股市锤炼，有些人终于进化了（一开始就探得价值投资门径的特例除外，他们不需要进化）。步步为营、谨小慎微是其特征。知道敬畏，知道自己有太多的不懂、不会和不能，于是常常不动不看，甚至也不想股票的事了。股票池只有手指头数量的几只，不再相信股评、热点、大咖，看重公司的长远性，赚的钱几乎都来自分红，而非股市涨跌的差价。有相当多这样的投资人实现了财务自由。

少数走进第三阶段的人都经过第一阶段和第二阶段，但是大多数第一阶段的人进化不到第二阶段，更奢谈第三阶段了。

2018年5月16日

MSCI与茅台

从2017年下半年以来,尤其是最近一两个星期,明晟(MSCI)、中国指数成了股票市场的热门话题。

记得以前读书时,经常唱《国际歌》里有两句我最喜欢的歌词:从来就没有什么救世主,也不靠神仙皇帝。借用这句我改改:要投资成功的幸福,全靠我们自己。

MSCI来还是不来又会怎么样?它能增加茅台的利润,还是格力的销量,或平安的投保率,还是减少银行的坏账?所以投资是否成功,是否真正价值投资,千万别寄托在其他外来因素身上。自己怎么做才决定你能走多远。

MSCI纳入A股已经是好久以前的事了。翻出以前的一个截屏,对比韩国和我国台湾股市纳入MSCI以后的表现,跟A股纳入MSCI以后的不同。

韩国和我国台湾股市及GDP的体量不够大,因此受到外围资金影响的可能性较大。在A股市场,想要投资长期化,实现财富稳定增长,多研究投资标的更靠谱,公司基本面不好,一切都是虚妄。

对茅台,关注茅台酒自身为第一。我自己可以说100%关注茅台酒自身。非要把其他无关因素套在茅台上,最终是自寻烦恼。茅台上市至今,有很多人都买了,但最终没能拿住,都是因为想得太多太复杂,最终丢掉了。

一家公司、一只股票是不是有投资价值,取决于这家公司本身的内在价值,而不是外来资金的态度,如果MSCI,把酒鬼酒纳入它的A股指标,去除掉茅台酒,这样难道我就会换掉茅台酒而买入酒鬼酒吗?显然是不可能的。别指望任何其他国外的金融机构或者基金等来A股送钱。

2018 年 6 月 14 日

分红记录与 2017 年度股东大会归来

一年中，今天无疑是我最大的节日。茅台给我送来一年的收获。这段时间做义工忙着孩子们夏令营项目，也得开始计划还可以加仓多少茅台股票。茅台做它的业绩，我做我的。

这次分红后，我的持股成本降到了 -25.5 元/股。估计明年会到 -40 元/股左右。期待。

2017 年度股东大会归来后有些思考。

茅台股东大会回来后，我几乎所有可用的时间都用在了夏令营义工项目。2017 年山西一个营 18 人还有人协助，2018 年贵州两个不同地方、不同时间的营，人数加倍，独自一人进行。工作量比上一年大了好多倍。虽然辛苦点，但是看到孩子们纯净的眼光和对贵州山水的向往，累点也值。

虽然茅台镇和茅台酒厂我去了若干次，但去茅台开股东大会还是第一次。从 2016 年我就开始计划 2017 年股东大会的行程。行前，太太若干次问我，有必要去茅台开会吗？对茅台有什么不放心吗？大老远风尘仆仆去一天。

我对茅台几十年的了解、十几年的持股，对它的一切即使不能说了如指掌，但大多数的信息起码也是烂熟于心，好像还真没有太大必要去。但是对一个茅台股东和铁杆"茅粉"来说，茅台镇永远都是心中的圣地。有人问我股东大会后的想法，第一个想法是下一年还会去。

2018 年 6 月 15 日

关于经销商制度

股东大会期间和之后，总听到一种说法：茅台酒出厂价和市场终端零售价的价差太大。茅台可以增加直销和网商，或直接取消经销商制度，所有的钱自己挣。这好像有点道理，似乎为茅台自身和股东考虑。但是茅台能发展到今天，除了自身的努力与素质，经销商的配合与付出起到了非常关键的作用。现在情况好了，利润高了，不愁卖了，把经销商全干掉，所有的钱全都自己挣？969 元/瓶的出厂价，可以卖到 1969 元/瓶，甚至更高？那叫过河拆桥，兔死狗烹，鸟尽弓藏。市场是变化的，下次再有低谷和风暴时，如果你是经销商，试问，这样的公司，你还会和它同甘苦共患难吗？股东几秒钟之内，就可以把股票抛售一空。而经销商或许只能与茅台一起生，一起死。所以茅台绝不会取消经销商，而且会让经销商过得更好，但是也绝不会让经销商成为无法控制的暴利阶层，一定会加强管与控。如何控制与协调？需要智慧。相信茅台管理层有这个智慧。另外市场经济，各个环节都有其分工和职能。每个环节守其本分，赚自己的钱，才能长远。"一个好汉三个帮"才是正道。杀鸡取卵岂是发展之道？

2018 年 6 月 26 日

关于资产收益率

股东大会上，有几位股东提出，茅台应该提高资产收益率，有那么多的现金留在账上，不如理财增加收入。

好在茅台管理层这么多年来把账上的钱没管出什么大乱子。有句话说，世上最难的是把别人的钱放进自己口袋，把自己的想法装进别人的脑袋。这管理层如果折腾，一不留神，自己的钱装入别人的口袋，却是世间最容易的事。

500多名股东去开会，比上年多了一倍，在各种股东福利的号召下，相信下年参加的人数会再创新高。这么多人去，可不仅是为了买酒的福利，更为朝拜一家伟大的公司。这样的公司投资价值自不必再说。

2018年6月27日

关于茅台产能

有很多人都在关注茅台酒的产能问题，或是核心产区一旦建设饱和再也没有扩充空间，就会触及茅台的产能天花板了，就会发展停滞。多年来我也在忧心这个问题。股东大会上的一个细节瞬间让我的这个担忧烟消云散了。

股东大会议程中有个关于坛厂厂房改建成存酒库的项目。所有人都知道，茅台酒生产中最重要的两个部分是酿造和储存。制曲和发酵都需要核心产区的微生物参与以及产区里的气温、湿度等。但基酒和勾兑好的未瓶装和瓶装后的半成品及成品存储则不再需要微生物的参与了。换句话说，核心产区外的广大地区，都可以成为基酒和成品酒的存储地。

于是乎问题迎刃而解，若干年后如果茅台的现有生产设施不能满足中外市场的需求，那么占厂区面积大半的所有酒库都可以在短时间内改建成制曲车间、窖池、蒸馏和其他生产厂房。存储、勾兑、装瓶、物流、办公统统搬到核心产区外。

至于糯高粱和有机小麦，只要肯出钱，想要多少有多少。

哈哈，想得挺美！

2018年6月18日

迎春与冬梅

有不少股友对我说过,遗憾没能早认识和投资茅台,醒悟太晚。其实就像前几天读到的一篇文章,在价值投资的世界,年轻人凤毛麟角。巴菲特11岁就购买了第一只股票,也有年轻后辈刚过而立之年就走上价值投资的路,好似早春开出的花很美,但秋菊、冬梅一样香、一样美。

投资是以代为时间单位的事业。早几年晚几年,只要走得稳走得长,最终区别不大。关键是:不怕走晚,只怕走错。巴菲特绝大多数的财富都是60岁以后才挣到的,因为以前走过的弯路,年长了才变直。

2018年6月21日

持股时间与持股成本

朋友们关注比较多的是持股成本,如何使持股成本降到负数?

投资,成本绝不止资金一项,投入的智力、精力很多。这一点每一个股民都有直接的体会。但是除了资金以外最重要而且比较少被人提及的成本——时间,却少有人关注。

无论中外,好股、牛股成百上千,也不乏有眼光、有见识的人。可听到最多的声音是:"这个股票我十多年前也买过,只是没拿住。"为何没能拿住?不愿意集中时间成本。巴菲特说过,价值投资就像在有厚厚的雪、长长的坡上滚雪球,而且集中精力只滚一个或少数几个雪球。如果心猿意马,三心二意,再长的坡再厚的雪,雪球也滚不大。

所以我的答案有了——一直在厚雪长坡上只滚一个雪球。

2018 年

就像我之前提过的，对茅台这样的公司，看市盈率（PE）的方式不适用。即使有时 PE 好像有点高，但是持续快速增长的净利润也会同样快速地将 PE 降到一个合理的位置。这么多年来茅台即是如此。

有一位网名"观沧海"的博友问："我想到一个问题与你探讨。在美国如果四十年前认识巴菲特，并把资金交给他理财，不用自己辛苦去投资，也财务自由了。这等好事，在目前的中国找到这样的投资家概率是很小的。那么从现在开始继续长期持有茅台股票，能相当于在美国找到了四十年前的巴菲特吗？如果是，我们就省心省力了，随着时间的流逝，就会有不菲的财富复合增长。谢谢！"

我回答说："看你如何想。其实四十年前，没有多少人认为巴菲特是伟大的价值投资家。只是四十年后他成功了，人们才发现，原来巴菲特在四十年前就有投资的眼光。可是时间是单向的，无法回溯。是否能成为中国的巴菲特？为什么要成为巴菲特？成为你自己就挺好！坚持走正确的路，相信每人都有成功的可能。我从来没有想过要成为谁，我是我。甚至都不去学谁，相信自己是对的，同时是最好的！在投资这件事上，没有谁能真正成为谁的老师。

现在持有茅台能不能成为 40 年后的巴菲特？我不知道。对我来讲，在现在和可以预见的时间段里，没有比茅台更好的投资标的，所以我会一直持有。我现在还在加仓茅台，以我加仓的现价看，2018—2029 年，分红的年复合增长率在 2017 年基础上平均增加应该不低于 15%；2029—2039 年，分红增长率为 10%；到 2039 年时，持股成本收益率为 16%，前面 19 年不算，6 年回本（前 19 年的分红算作资金利息）。2039—2059 年，我现在无法预计，就算从 2039 年开始不再增长，对我来说，现在开始持有四十年，后 30 年买入资金回报率为 16%，每 6 年左右付清一次我现在加仓的本金。这样的回报，想着，今晚梦里一定会笑醒好多次。"

"观沧海"："好，我们就把贵州茅台看成四十年前的巴菲特、三十

年前的伯克希尔哈撒韦，紧紧抓住不放。谢谢！"

又有朋友问："现在的分红，大概几年可以收回一次当年投入的本金？"

我认为，以前年份分红就不算，等2018年度分红到手，相当于本金回来三次，相信以后会越来越多。预计2022年时的分红，相当于当年投入本金的5~6倍。希望如此。这便是长期坚守的回报。

2018年7月7日

投资与低买高卖

有朋友问："我想请教的是，价值投资究竟是买入茅台或其他优秀商业模式的公司，还是像某些知名基金经理那样所谓低估买高估卖。谢谢！"

我答："作为小散，无法像那些股市大咖一样精确判断高估、低估的时点和趋势，只能采取笨办法，死死拽住好不容易找到的茅台，10年、20年、30年不动。事实证明，笨办法比他们一点都不差，甚至更好。我的理解，低买高卖，实为投机，无论持有时间多长，无论他是谁，都一样。"

2018年7月16日

两次改变命运的机会

我是幸运的，至少抓住了两次改变命运的机会。考上大学是一次，那另一次呢？当然是茅台！

北京—贵阳—遵义—娄山关—茅台—北京—南京—镇江—上海—……

信马由缰，漫步天涯。以前看金庸武侠小说和听单田芳先生评书时，对那些一驴一葫芦云游四方的僧道游侠心存羡慕，不问生计，没有目的地。完全是兴致所致，想去哪儿去哪儿，想走多久走多久。身后有茅台，何惧？

2018 年 7 月 23 日

基金减仓，是利好还是利空

多少年来，我早已不看关于基金的这些信息了，要不是有人发给我，还真不看。对笃定永久持股茅台等分红的我，某些基金是否持股茅台，对我一点参考价值都没有，反而让我去股东大会时订不到酒店，排长队才能买到配额酒。这种短期逐利的所谓股东，有不如没有。

2018 年 8 月 1 日

关于茅台半年报告

有朋友发信息问茅台半年报如何，现在能不能买，股价会怎么走，等等。

我比较关注长期业绩，5 年、10 年，甚至更长时间。对短期的业绩只能猜。其实茅台公司预披露过半年业绩在 350 亿元左右，毛利为 89%~90%，半年每股净利润为 14~14.5 元。通常茅台的好业绩公布后都会下跌的。

关于长期走势,我已经不止一次阐述过,这里不赘述;也没有肉眼可以看见的天花板,买不买我也不建议,各位自己定。我现在不买,因为该买的已经买了。生活费绝不用来买任何股票,包括茅台。

2018 年 8 月 2 日

猜中走势

收到群友私信,说我猜中了茅台的走势。其实我最不擅长猜。茅台公布增长业绩会跌,这几乎是一点悬念都没有,一如既往如此。茅台的将来,一定会更好,也毫无悬念。

2018 年 8 月 6 日

一个教训与"两融"

一位在湖南的朋友,2007 年以 480 万元人民币进入股市,11 年过去了,经过折腾,成功地留下了 180 万元,其他的 300 万元交了学费。

对这位朋友的遭遇,我表示深深的同情和可惜。300 万元,可以建 15 所希望小学。或者当时在京、沪、广、深买房,现在资产增值,或许在 5~10 倍。但这位朋友进入了他陌生的股市,用错误的方法追涨杀跌,探听内幕消息。据他说,买的股票,一般都今天买进,明天卖出,最多不超过一周。如果有内幕,持有时间会久一些。

他持有 5 只股票——茅台,平安,美的,格力,招商银行。7 月初买入茅台,被套,已经有割肉清仓的打算。

听到这些,我真的心情沉重。希望这位朋友能够顿悟:再走以前的路,剩下的180万元离18万元就很近了。他现在手里的任何一只股票,坦率地说都不适合"炒"。希望他能记住:"炒股",如刀尖舔血,九死一生,也包括"炒"茅台。

以下是关于技术分析与"两融"问题答群友问。

问:大盘创出年内新低,但成交量出现地量,这是否见底的标志?

答:猜顶测底,这是需要神力才可以做到的事!20多年来我从没有成功过,每次我猜是底,股价继续跌,我猜是顶,股价又不停涨。你说怎么办?

问:什么是真正的技术分析?

答:让你的钱财清仓的最快途径。

问:股票被套怎么办?

答:这个问题应该在买入这只股票前问自己。另外还应该问的是,这钱我10年之内不用,生活水平会不会受影响?这钱占家庭资产比例有多少?这家公司我了解吗?这家公司有没有前途?这家公司的产品是否有广大的受众?……当一系列的问题都有答案后,第一个问题就不是问题了,否则一辈子都在问是不是该割肉。

问:你身边有人靠"炒股"发财吗?

答:有,很少,凤毛麟角。但是别人赚钱亏钱和我一点关系都没有,赚了他不给我,亏了,我也不会补贴给他。唯一能做的,是管好自己的钱袋和手,别让自己的钱跑到别人的口袋里。

问:现在什么样的投资比较靠谱?

答:正确的理念,靠谱的公司,良好的业绩,10年以上不动用的闲钱,然后不太好的记性(忘掉了密码,10年后再想起)。一定会有惊喜在等我。

问:股市中如何看资金流出流入?

答:我向来视而不见。再说别人的钱流进流出,和我一点关系都没有。我只管我的股份没流出就行。别人的钱别人做主。

问：如何在股市中生存下来，不会被淘汰。

答：如果是我，会列一个关于感兴趣的公司的问题列表，每次建仓前先回答这些问题。有了肯定的答案（自己学习调查，而非道听途说）后才考虑建仓，做想做的事。若干年后，我一定会生活（不是生存）得很好。

问：新手如何从股票历史数据中获取信息？

答：关键信息不仅从股票历史数据来，更重要的是从公司基本面来。公司表现如何？产品市场如何？业绩怎样？前景怎样？管理如何？等等。问题问得越多越好。问题越多，越具体，答案越是接地气，最后得到的越是关键信息。反过来只关注股票的历史走势，分析各种指标、线条，最终会陷入投机的深渊而难以自拔。

一孔之见，并非投资建议。究竟哪种方法适合哪个人，还得自己摸索。

问：买进一只股票最好的时机是什么？

答：有一笔多年（至少5年）不必动用的闲钱，买了股票，不会影响生活质量，并且对要买的股票有相当的了解，并确认确实有非常好的前景和确定性的时候，就是买入股票的最好时机。

以上各点，缺一不可。

问：不管股价？茅台2008年买入，5年后怎么样？同仁堂买入5年又如何？招行买入5年赚钱了吗？

答：注意关键词，对我来说，至少5年，5年不够再等差不多3个5年。

问："十人炒股九人亏"的典型原因到底是什么？

答：那九个人都认为自己比其他人更聪明，而且能战胜市场。他们的耳朵都能听很远，各种若有若无似真似假的消息不绝于耳，而且手指特别灵巧，善于根据听到的消息敲击键盘买进卖出，同时耐心比较差，不愿意等待，对各种指标、曲线、热点有特殊的癖好。另外那一个人，通常缺乏以上"优点"。

问："小散"该怎样辨别主力的"险恶用心"，从而守住牛股斩获收益呢？

答：不跟他玩。"小散"的资源、资金等，玩不过"大鳄"。见过一些"大户""小散"，总在猜庄抓主力热点，现在要么转换了投资方式，要么被彻底割了"韭菜"，离开了市场。

问：别人致富经验可以复制吗？

答：就像一双别人脚上的旧皮鞋，你问他是不是舒服，得到肯定答复后，你也买了一模一样的一双，不合你的脚，反过来你会埋怨别人告诉你的不对。

买鞋，投资，婚姻，无不如此。适不适合你，一定得自己试。别人试的，多半没用。

问：这段时间茅台跌成这样，一点你的信息都没有，还有心思旅行？

答：茅台，或股市涨跌跟我是否旅行没有一点关系。该分多少红，和股价也无关。所以为什么要关心股价，该走走。茅台股价波动，随它。

问：800元买的茅台能不能再回来，我可以解套。否则撑不住想要割肉了。

答：对这样典型追涨杀跌的小散户心态，忠告是远离股市才能得以生存。说实在的，我也不认为我能帮到你。有人认为买了茅台、平安、格力、美的或云南白药，就变成了价值投资者。这是对价值投资的极大误解。无论是否价值投资，股市没有坦途。但愿你且行且珍重，早日解套，从此远离股市，这里不适合你。

近来听说市场不好，刚才看看，贵州茅台股价果然只比2017年同期高出160元。如果2017年8月买入，经过这次大跌，上周五最低点卖出，一年什么都不做，收益30%。

本来我是既不看股价,也不高卖低买,但是有股友问我的看法,这便是我看茅台的方式。从 2017 年 8 月到现在,涨了 34%。反过来,从前段时间 800 元左右调整到现在的 634 元,确实下跌不少。但是那年从 40 元到 20 元下跌 50%,又从 230 元到 80 多元下跌 65%,所以今天下跌 21%,只是一种挠痒的感觉。

前两天,开车从遵义到成都,路上碰到了一阵倾盆大雨,能见度降到 10 米以下,我只好减到 15 公里的时速。慢慢往前开,翻过一座垭口,豁然开朗,雨过天晴,天边露出一道美丽的彩虹。

想想,人生、投资、事业无不如此,无一例外。我在等待中迎来阳光和彩虹。

2018 年 8 月 27 日

上市持股 17 周年记

17 年前的今天,茅台上市,但我正在国外出差,错过了。8 月 29 日回到广州,看报纸知道茅台上市了,于是第二天和第三天(2001 年 8 月 30 日和 31 日)赶到证券公司,将账上能用的现金一次下单,全仓买入茅台,均价 37.6 元/股。没想到这是之后近 4 年时间里的最高价,最低价时跌到大约 19 元/股,被深度套牢,这是一个痛苦的煎熬过程。但是回头看,我真心感谢这几年的套牢,好像孙悟空在炼丹炉里的煎熬,熬出了火眼金睛,熬出了真正的脱胎换骨。所以 2005 年茅台回到 50 多元/股后,解套了,我也没有丝毫的动摇,反而更加笃定对茅台和自己的信心;也是这次煎熬,成全了我,经历了茅台上市后所有的涨跌,获得所有的分红。有朋友说,我只是幸运碰到茅台这只大牛股,其实还得加上我耐熬,我能等。十多年后,不知道现在茅台的股东还有几人没换手，如果没换，我在茅台等你。

有人问："如果不是茅台，而是中石油呢？"我答："还真中过中石油，开盘后就卖了，我不了解中石油，它不是我的菜。"

2018 年 8 月 31 日

关于数据

和朋友聊天时，关于茅台的各种数据及市场情况等，我都会大量引用茅台的各种报告和媒体上大量信息，少有自己再去从头整理。最多是每到一地，去找茅台自营店或专卖店，以及有茅台的商超或柜台，跟店员、老板了解下销售情况，和买酒的顾客聊两句。主要数据，我只看年报、季报中的产量、销量、收入、利润及分红等少数几项，做到心中有数，差不多就行。要不然那么多年如一日纠结于数字，日子就过得没味了，以后路还长着呢。有的朋友对茅台的各种数值、指标了解得真不算少，但是不能长期守住。没有坚定的信心是最大的原因。枯燥的数据和坚定的信心，后者才让人走得更远。

2018 年 9 月 11 日

关于茅台酒度数

茅台喜宴上市，掀起了中低度酱香型酒的热潮。股东大会后，我曾经说过，要讲讲茅台降度的问题，但一直没有说。经过核实后，现在可以揭晓了。

茅台七轮次取酒，所有基酒酒精度必须在52度至54度。而固态法酿酒，尤其是酱香型酒不能加其他任何东西，包括水进行勾兑和调整酒精度。那茅台的中低度酒，包括43度和38度酒是怎么调出来的呢？这是我一直迷惑的。经过多次了解核实，直到上一次到茅台的酿酒车间看到取酒的过程才最终揭晓。原来每轮次取酒精度合格的基酒后，还有部分酒精度比较低的副产品，叫尾酒，这部分尾酒的度数在10度至40多度。除了酒精度低外，其酒体香型等和合格的基酒一致。这种茅台各轮次取酒后独特的尾酒，便成为低度茅台酒和其他低度酱香系列酒必不可少的组成部分。

53度，是酒和水分子结合的最好浓度。酒的陈化与醇化，都需要在这个度数下才能有效进行。所以43度或38度的酒，无论存放多久，都不会有太大的酒质提升，也就没有了很大的收藏价值。另外43度酒口感和饮后感受，与53度相比是不一样的。好还是不好，每人的感受不一样。但是习惯上，大家对53度飞天认可度最高，认为只有53度飞天，才算最好的酒。

2018年9月13日

股市寒冬

总有人形容现在是股市的寒冬，但是跟2017年同期相比，持股茅台一年以上的依然有不错的收益，这算寒冬吗？拿茅台久了，我只感到有春、夏、秋，无冬。如果把股市或股票的长时间调整与下跌称为寒冬的话，那股市就一直都是寒冬，只是偶尔吹点暖风。

以前我一直都在提，尤其在2017年茅台红火时，强调任何股票都有涨有跌，且下跌的交易日数是上涨交易日数的20倍以上。但是茅台，它一直都是在登山，过了这沟，又会有道岭。这样的风光才好看。

再次重申我的原则：无论茅台在哪个价位，是牛市还是熊市，切记：不融资，不借钱，短期要用的钱别动，也不为别人理财；即买即忘，随它去。

投资，源于自己的需求，用自己的钱，与他人无关。

不能等待，是投资的致命缺陷。

这几天看到大家对股市表现极度悲观，甚至很多以前自称"茅粉"和价值投资者的，也表现出对茅台股价波动的悲观情绪。在我看来，这样的"茅粉"或所谓的价值投资者多半是伪装的。

反而是前段时间茅台酒做促销，降100元，排长队的人络绎不绝；还有在酒博会上买茅台酒等得晕倒被送医院的人，他们才是真正的"茅粉"。

回头看股市，茅台股价在800元左右时，好多自称价值投资者和"茅粉"的人兴高采烈地说要加仓，可真等到茅台股价回调到600多元时，他们却不敢加仓了。

从茅台半年报公布开始，预示着茅台的三季报和年报数据将会一如既往地增长。作为自诩为价值投资的"茅粉"，面对短暂的与业绩背道而驰股价，不知道应该是庆幸呢还是悲观？

现代股市已有400年，涨与跌贯穿着始终，今后还会交替进行下去，而且涨一天一定会在过去或将来跌至少20天，这是铁律。无论哪只股票、哪位股民都无法幸免。承受不了，只有远离。

价值投资，并非在某个价位买入某个标的，然后再持有一段时间。价值投资应该基于自己的认知范围和能力圈，挑选具有长期甚至永久确定性的公司，用长期不用的闲钱买入股份，然后投入时间，随着标的内生价值增长，以获得自己投资本金价值增长的过程。价值投资有几个关键词：认知、能力圈、长期或永久确定性、长时间、价值增长。

以上是对当前股市调整和股友反应的一点看法，绝非任何投资

建议。

总有人问：茅台，或某只股票怎样？现在我能不能建仓买入？

今天来个一次性了结：

当你问任何人这个问题的时候，无论这人是谁，也无论你得到的回答是什么，这时都不是你买入任何股票的时机，买什么，一定亏什么，买多少，一定亏多少。但是有一天如果大家都来问你，他能不能买某只股票的时候，你就可以随心了。

2018 年 9 月 28 日

因为长期坚持，所以成本低

对茅台的业绩，无论何时我都不悲观，而且任何时候悲观都是错的，这是我 17 年来持股的心得。因为我没有理由去悲观。前几天有位朋友问我怎么看加税、消费降级等问题，我的建议是，找一家茅台专卖店或自营店，告诉店员你要以一瓶 1499 元或像其他酒一样的优惠幅度买一箱飞天茅台酒过年，并要求店员送货上门。如果店员巴结着你，给优惠，倒茶，上座，送货上门，那你就可以开始减持或者清仓了。对于像茅台这样的公司，股价或业绩的波动，我看不到悲观的理由。虽然业绩不达预期，但是对茅台这样的公司，多少年了，就像海上的冰山，你以为你看到了全部，其实看不到的还有很多。

前几天茅台遭遇跌停，到收盘时都未打开，这是上市以来的第一次。但我的看法是，茅台的长期基本面没有发生根本变化。就像我一直强调的，每一个上涨交易日，或前或后，对应着 20 个调整或下跌的交易日，任何股票或公司皆无例外。这次从 800 元左右开始的调整，是因为 2016—2018 年上半年连续上涨，是为以后重回上升通道做铺垫。和前几次大幅度的调整相比，这次从最高点下来才调整30%。唯一感到遗憾的是，我一直保持满仓状态，无钱加仓了。否则2019年7月我会拿到更多分红。如果把这次调整看成冬天的第一场雪，也许后面还有更大的酷寒风雪，但是我信农谚：瑞雪兆丰年。

我是个不会买不会卖只会等的人。每次加仓被套已成惯例，但是每次加仓从没错过。现在没钱加仓了，等2019年分红到手再见。

这次调整，有好些朋友问我是否减仓，或割肉。当我说不会动时，另一种说法又来了，说你的成本那么低，你当然站着说话不腰疼，不怕调整，可以不动，我要是买到你一样的成本，2017年分红是你当初投入成本的3倍了，我也可以不动……

没见成本通过频繁买卖降低，反而有人成本越做T越高，或做掉了手中的持股，甚至亏掉本钱，从此离开。我的低成本是守出来捂出来的。10多年几乎没有交易。证券公司客户经理换了好多茬，都说我的交易量连最小的散户都不如。

2001年时，我一次性在38元左右全仓买入后，不久茅台股价直接跌了近50%。那是最难熬的时光，熬了4年。2008年，从230元跌到80多元，我反而没那么难受了，但是有点后悔，后悔如果在230元卖了，80多元我再买回，岂不是白赚了3倍？过后一想只有上帝和神仙事先才知道230元是顶，80多元是底，心里一下就释然了。2012—2014年茅台股价又从200多元跌掉超过50%，我居然麻木了。这次跌了300元接近40%，感觉好像与我无关，我反正不靠赚差价来付生活费。真正是：静卧桥头望水流！

至于好些朋友问"茅台股价还会回来吗？""什么时候回来？"我不知道，但是如果你问我，明天还会天亮吗？我肯定回答：会的！天还会亮。

不是因为成本低才坚持，而是因为长期坚持，所以成本低！

2018 年 11 月 1 日

流水的兵

关于管理层换人：茅台股份公司虽然没有拿到国酒商标，却有国酒之实，无数双眼睛在盯着，容不得茅台出问题。所以茅台的管理层怎样交替变换，其实影响不会很大，铁打的营盘流水的兵，只要茅台的生产、工艺、老酒、勾兑等一直按照传统，按照季克良先生这代匠人总结出的工艺来，茅台就不会出大问题。上市以来，有多次股份公司和集团公司各级别管理层的变换，对茅台始终没有什么长期大的负面影响，这是越来越清晰的。

2018 年 11 月 2 日

股市"大V"与"小散"

茅台股价涨了，又跌了，这是众所周知的事实。可是有件事我认为是不可理喻的。无论茅台或股市涨还是跌，总有人不满意，跌了，亏钱的不满意，涨了，踏空的不满意。

在投资上，其实需要学习的并不多，最重要的是靠自己修炼。就像一位博友的留言：唐僧去西天取经，真经在天竺，真经更是在路上，在九九八十一难中。成不成，全靠你的悟性和耐性。

在投资这个事情上，没有谁可以真的成为别人的老师，也没有谁可以真的从别人那里学到投资的真谛。否则这个世界不会只有一个巴菲特，而是人人都成为巴菲特了。价值投资是一件孤独的事情。我写的东西，只是给大家谈一下投资的经历，而不希望每个人都来学习投资甚至炒股。比如说加仓投资不择时，很多人可能无法理解，但是我就是这么做的。所以只对自己是对的，对其他人就不一定。这也是我一向强调：投资，就像是自己脚上穿的鞋，自己的鞋还得自己去试，不能让任何人来试你穿的鞋。这也是为什么这么多年以来，我身边有很多人知道我投资茅台，只持有茅台，但他们都没坚持，只有我一个人坚持下来了。

这些文章是想传播投资的理念和思想，而不是任何投资的方法。投资之路，就像小马过河，别听松鼠的，也别听老牛的，听自己的，自己去蹚水，自己去试。这么多年以来，没见过身边有一个人是靠学别人的投资经历而发财致富，做到财务自由的。

对所谓"大V"的关注太高，其实是自身修炼不够。媒体等每天都有各种各样的信息。真真假假，虚虚实实，正好满足股市小散们探听各种消息的好奇心。如果自己买的某只股票，和某位"大V"说的股票一样，立刻觉得找到了知己。如果那只股票碰巧又涨了，自己的股票市值增加了，更是觉得这位"大V"与自己想到一起了。如果某天这位"大V"悄悄清仓了，过一段时间才爆出来，那可不得了，必定会口诛笔伐一番。

其实想清楚了，没人会来做你的送财童子。他说他的，说得天花乱坠，不买；说得一文不名，不卖。无人能奈我何。听别人的赚了钱，你不分给他；亏了，为何要怪罪人？毕竟是你自己掏腰包买的，没人逼着你。

所以，走自己的路，让他人说去吧！

茅台股价又创新高，引来各种各样的羡慕嫉妒恨。

在投资时要相信自己，自己才是自己的"大V"！茅台，除了投资绝佳外，还有一种功能——专治各种不服。谁让茅台是飞天牌的呢！

投资，不关别人的事，纯粹是自己的事。只有经历摔打皮糙肉厚了，才会战胜自己。

有人问我，将近20年持股茅台，竟有超过90%的时间是下跌和调

整。如此煎熬，怎么过来的？

在持股的过程中，我也只是在最初有点煎熬。过后回头看，也就释然了。拿着茅台，哪有什么过不去的坎，迈不过的沟？所有以往踩过的坎，都是上升的台阶，所有跳过的沟，都是一次次的跨越。

再一看，这哪是什么煎熬？竟成了修炼和享受！

一直以来，我都抱有一个观点，投资是自己的事，赚了，不会给人，亏了，没人帮补窟窿。也常说，投资像买鞋，自己的脚舒不舒服，自己试了才知道；投资又像婚姻，看别人谈的恋爱依葫芦画瓢来找对象结婚，甚至请别人替你谈恋爱，能幸福长久才怪！所以，现在说某某"大V"唱多做空忽悠人，我看实在怪不得人。自己没主见，一天到晚四处探消息，看主力，拜"大V"。这样不如退出，投资还是炒股，这样的人都不适合。

2018 年 11 月 6 日

涨价

2018 年以来，在一定范围内，又有茅台酒要涨价的呼声。说不涨，损失了上市公司和股东的利益，因为出厂价和市场价差异巨大。

茅台酒已经远远超出了酒的范畴，可以说全国各地绝大多数人从不喝茅台酒，也不知道茅台酒卖多少钱一瓶，但是如果茅台酒涨价，他们一定知道，一定关心。茅台酒从某种意义上来说，是国内物价的风向标。所以茅台酒价格，涨不是，不涨也不是，每一届茅台管理层在这个问题上都慎之又慎。

可以说全国有14亿双眼睛在盯着茅台。在涨价和放量这两个问题上管理层如履薄冰。作为股东，我真不希望茅台出任何事情，所以在涨价的问题上，希望谨慎为上。

没有管制，完全的供需调节，其实是原始小农经济时的状态，全世界凡是有规模的工农业产品、粮食等，都有某种程度的管制。在美国，可口可乐的价格围绕一个中枢调节，零售商适度促销后会恢复原价。乱调价，会受到可口可乐公司的惩罚。

茅台如果不顾一切地涨价，是拔苗助长，甚至是自毁品牌，2018年初价格从819元涨到969元，已经是不小的增幅。以后茅台一定还会涨价，也一定还要涨价，但最好的策略是同行、消费者和国家相关部门来逼着茅台涨价。如果茅台不涨价，大家都不高兴，这就水到渠成了。

关于渠道利润太高的问题，三言两语根本说不清楚，总之，渠道赚钱是好事。茅台有今天的辉煌，经销商和渠道功不可没，而且经销商和渠道利润丰厚到一定程度，会倒逼出厂价上涨。这样目的也就达到了。作为股东需要耐心，需要等待。相信茅台，相信自己。

对茅台股份，其核心问题不是茅台酒涨不涨价或者经销商是否赚钱，而是茅台酒出厂价和市场价违反市场经济规律的多轨制运行，才是围绕茅台产生的所有问题的根源。

2018年11月19日

与群友一组有意思的问答

问：怎么判断茅台什么时候会是底部？

答：账上有闲钱的时候都是底部。以前如此，以后如此。但是别人千万别学我，学也学不会。

问：茅台价格低迷，你在做什么？茅台还会涨回来吗，会不会像以前其他的高价股一样，一去不复返，被永远套在高高的山冈上？

答：这是个傻问题，无论我的回答是什么，你都不会满意，也会不停地再问。就像前几次调整时，也有人问过我。我只能说，跟着你自己的内心，并相信你自己的选择，是走是留，看你自己的选择。

无论市场怎样，我什么都不打算做，不动，不看（或极少看），也不想。一年又一年，等分红。对茅台这样的公司，只有市场需求、产能产量、业绩分红是确定的增长因素。

问：请问银行也是永续经营的行业，许多银行的分红率比茅台还高，如果只要分红，为何不买入银行而死守茅台？

答：我自认为懂茅台，认为可以预见未来的茅台确定性更高，所以坚定持有茅台。只买我懂的，这是原则。并非说银行不好，而是认为适合自己的，就是最好的。

问：只持有茅台一只股票，你是如何规避风险的？

答：我一直都强调，炒股，尤其是杠杆炒股，风险非常大。最近又看到一个曾经在炒股大赛中拿过几次第二名、第三名的大"牛散"资产归零，更加印证了我的看法。另有一些朋友为了规避风险，采用的方法是分散持股。这在股市中可以说是 99.99% 的人的做法。还有人持股跨度极大，食品、制药、采矿、船舶、航空、银行、医疗、电子、军工，等等，无所不包。究其原因都是为了规避风险，觉得持股行业多、跨度大，东边不亮西边亮，总有一个行业赚钱。20 世纪 90 年代初入股市的前期，我也有过这样的经历，手持几只甚至几十只个股。如果某个交易日一两只碰巧涨停了或大幅度涨了，就觉得自己牛得不行。但大多数时间泥沙俱下，偶尔一只涨一只跌，也是盈利抵消，最终输多赢少，白辛苦一场。

自从持有茅台并经历了几次牛熊后，才醒悟规避风险的途径，不仅是不用杠杆，也不仅是试图快买快卖，或是分散持股，而是一旦看准就拿稳，不动，让时间来为我降低风险。在任何一个股市，也只有时间能让风险降低。

而看准，看的不是这个股票明天、后天有可能会怎样，而是这家公司将来一定会怎样。这便是确定性。这也是我拿着茅台这么多年而且还会更多年坚守的逻辑所在。

还是重复那句话：不能等待，是投资的致命缺陷。市场中的一切风险都像是衣服上的褶皱，而时间则是那把神奇的熨斗，足够长的时间可以熨平所有的风险和褶皱。

这里所说的等待，是看准后果断买入，然后长时间拿稳，随着时间流逝，让你持股的企业为你创造价值，而不是等待择时。当然择时并不是不好，等得到好股好价，是所有投资人和投机者的梦想，但是很难。

问：请问你持有多少股，成本大概多少？持有茅台有做过波段或T吗？您如此看好茅台，为何不融资做多？

答：我持股比多的少，比少的多。分红基本够生活费。现在成本大概是－26元股。波段和炒作是刚进入股市时的前几年做过的，现在已经不干这种傻事了。至于融资做多，因为我胆小，怕死，不贪，也不爱赌，所以在投资上从不冒险，也不融资融券。我是风险的极度厌恶者。

问：您的成本真是负数吗？怎么可以做到？

答：我回复你的问题，只想告诉你我的一些做法，并非为了炫耀，所以信不信由你。至于如何做到，可以说靠的是捂、熬、磨、等、忘。也许你没有经历过，无法体会到，但确实如此。找到业绩好、分红多的好公司好股票，买入后，让时间为你投入的资本增值，早晚有一天，你也会做到负成本。

祝你投资好运，顺利，有耐心！不贪，不赌，不放弃！

2018 年 12 月 6 日

调整的痛

从 2017 年年中建茅台投资交流群以来，2018 年这次调整是遇到的第一次。其实这样的调整，还无关痛痒。今后还会有更大幅度、更长时间的调整或横盘。只有经历若干次那种暗无天日、欲哭无泪，感觉生不如死的下跌和横盘中的绝望后，"小散"才会蜕变成真正的价值投资者。路还长，且行且珍惜，且行且谨慎。这次还仅仅是小试牛刀。如果承受不了这样的磨砺，早退早好。

有人问，你让大家承受磨砺，自己是不是想找人接盘，像其他基金一样溜了？忽悠其他人留在山冈上？

我手里的茅台股票也许将来会被卖掉。但何时卖掉，为何卖掉，卖掉多少，各种问题，目前还未列入我的考虑范围。我现在做的还是分红到手留足生活费后，余钱不择时加仓茅台股票。但是我想提醒任何一位关注我微博的朋友，我买不买、卖不卖、留不留绝不是你作任何决定的依据。像小马过河，自己过河，自己蹚水，别管松鼠或者老牛怎么样了。这才是正道。

投资要明白一个道理，任何股票，股价都是在下跌和调整的细小缝隙中不经意间上涨的。

2018 年 12 月 8 日

茅台酒的魅力

群友发来茅台酒在日本街头的巨幅户外广告照片，让我想起早年经历的一些点滴。

茅台酒在日本可以说是家喻户晓,知名度非常高,20 世纪 90 年代初我在外贸公司做业务员时,和日本的几大公司做过业务。他们的买手到贵州来,我们必用茅台酒招待,他们会带些日本清酒。那时我不喝酒,不知道日本清酒什么味。只记得有一次接待住友的一个课长,在贵州饭店——当时贵州唯一的一家三星级酒店吃饭。我拿出两瓶茅台酒,那个日本客人就用日本味的中文说"茅台酒",高兴得手舞足蹈,红光满面。然后不再看一眼他带来的日本国酒——清酒。那天晚餐的话题就是他用难懂的日本英语说他知道的茅台酒在日本的故事。

第二天游览黄果树瀑布,我在子弹头旅行车后备厢放了一箱茅台酒。晚餐时除了司机跟我,其他四个人喝了三瓶茅台。

第三天签完合同,这位住友课长带着两瓶茅台酒兴高采烈地回去了。过了几天,我居然收到另外几家日本商社的传真,有丸红、伊藤忠等,之后的过程大同小异,洽谈、见面、互访、签合同。那一年我成为公司利润最好的业务员。公司也是全国第一家将所经营的有色金属产品大量出口的外贸公司,创汇和利润在同行业屈指可数,名列前茅。除了业务能力、产品质量好外,我们签订的价格是同行中最高的。我相信茅台酒的助力必不可少。

2018 年 12 月 13 日

做"T"和"两融"与一个忠告

最近茅台股价有企稳回暖的迹象,好几个人发短信给我,说做"T"。另有一"小散"做了几次成功的"T",得意之色溢于言表,俨然股神重生。还有的说"两融"已在路上,最近两个月交易,5 倍杠杆

下收益资产接近翻倍，正准备抵押房产扩大"两融"的规模。让我郁闷无比的是这几个人，都给我发来感谢短信，说因为读了我的微博受益匪浅，所以取得这样的业绩。这真是让我啼笑皆非，欲哭无泪。

我不接受这样的谢意。

昨晚，我把微博短文从头至尾重新检视了一遍，没有看到任何一篇短文里有提倡做"T"和"两融"的，相反一贯都说我自从持有茅台前几年开始，已经不再短炒任何股票，更别说做"T"和"两融"。猜顶测底做"T"，借贷"两融"，在我看来那是只有上帝的神力才可以做到的事，或者真有视死如归的勇气才会做的。而我在猜顶测底做"T"炒股以及"两融"这些事上，可以说是愚钝、胆小、怕死的。

有群友问：请教您一个问题，我 781 元/股买了 1000 股茅台，我是不是买在最高位了？我不急用这钱。谢谢各位！另外，我愿意等，愿意持有茅台 10 年甚至更长时间，愿意在茅台 500 多元/股加仓。这样做，我会越陷越深吗？

我答：茅台股票，如果你不想持有 5 年、10 年甚至更长，干脆就别买。茅台，要么不买，买了以后就不要再管什么估值了，5 年、10 年、15 年，甚至更长时间为期限，就安心地拿着。茅台是一个超长期持股的好标的。所以如果不是急用的钱来买的，拿着就拿着，该干什么干什么去。茅台的一个生产周期最短 5 年，年份酒是 15 年、30 年、50 年、80 年。至少要有拿一个最低的年份酒生产周期来持股，要有为儿孙种银杏树的那种心态。

如果是急用的钱，我不会用来买茅台，也不会用来买任何其他股票，甚至不用来投资。我处理这种急用的钱的最好方式就是把钱存在银行。一句老话说，"手中有粮，心中不慌"。

很多年以来，我这种现金储备都要以 3～5 年为期限，只有到了现在茅台的分红足够每年的生活费以后就以一年为期了。超过这个期限的余钱，我就用来加仓茅台股票，除此以外是不能用来加仓的。只有这样的投资，我心里才不会发慌。所以对茅台股价的涨跌无所谓，因为不靠这种短期的投机赚取差价，而是靠分红来维持我的生活。投资的目的是让生活质量提高，如果买入以后因为短期要用的钱全部用来买股票了而心惊胆战，生活质量降低，那就是得不偿失。这也是为什么有那么多人总是在被套和解套中挣扎，因为他们急需用这个钱，他必须解套以后把钱拿出来。被套应该理解为被子上面的套子，带来的是温暖，而不是让人胆战心惊。

所以在买入茅台股票或者买入任何股票以前，我的建议是先衡量这笔钱是做什么用的，多长时间之内要用。如果是短期要用的，最好别动。

不止一次有人对我说，嫌自己持股很少，是小股东。没有人生来就是大股东，我也是小股东，将来还是小股东。安于做小股东，才不会去赌博，才不会去融资融券，才有机会有可能逐渐变成稍大一点的股东。见过很多人不甘于做小股东，老想以小搏大，以弱胜强，这个世界没这种事儿。想用买彩票的心态去投资、去赚钱，那就只能去买彩票。

2018年12月16日

再谈估值

买茅台或者是买其他的股票，考虑估值，没什么不对。但是为什么我不考虑估值？考虑估值，我就会患得患失，不知道什么时候应该买还是卖。持有茅台以后，我就不再考虑所谓估值和市盈率了，反而觉得很轻松。多年不考虑估值，一点都不耽误我的成本是负数。而且前些年茅台股份的利润和业绩快速增加，有些年份复合增长率达50%，甚至百分之七八十。初看它的估值好像是高，但是到了第二年，快速增加的业

绩就把估值拉了下来。在那种情况下，如果考虑估值，患得患失，反而错过了机会。和市场上的其他股票相比，茅台的估值从来都不是最低的。从来都有比茅台估值更低的股票，比如说银行股、钢铁股，等等。这些股票的估值比较低，但是业绩没有增长，所以它们的估值过若干年也还是那么多，这也是那些股票股价为什么涨不起来的原因。而茅台估值好像是高，但是业绩快速增加，估值就被拉了下来，然后股价又悄悄涨上去，同时估值又高起来。

我以前有过一篇博文就是讲估值的，对于很多股票来讲可能用估值成本这个算法来买股票是对的，但是对茅台、对我不适用。

因此估值对我没有意义。我靠的是企业持续发展的良好收益来提升我的资产价值。茅台越来越多的分红让我很安心，让我的生活过得很好，这就足够了，而不是用股票价格涨跌的价差来赚钱，我自认为也没有赚那种投机的钱的能力。

估值等同于股价。盯着股价、估值，想买得便宜，本来没错，但是人的能力有限，我是做不到。所以不看股价、估值，有钱就买，让时间来为我创造财富。假如茅台酒从今天开始停产、停售，茅台库存基酒的价值会每年自然增加至少8%（包含自然挥发部分），每七八年价值翻一倍。何况茅台每年产量还在提升，库存量每年在增长。对这样一个公司，用简单的估值理论来衡量买卖，岂不是一叶障目，不见泰山？

不是说估值对投资无用，而是对投资茅台没用。见过微博或公众号里，茅台估值不离口的所谓"大V"们，没有一个是最后不卖飞的。对茅台论估值，要么错过没买入，要么错卖卖飞了。总之是不持有或没有能力持有茅台的人特别关心茅台的估值。持有茅台超过一定的时间，比如三年、五年的人，你跟他说，茅台估值太高，卖吧！他一定认为你要么没安好心，要么是个"菜鸟"。其实市场上大谈茅台估值的，确实是这两类占绝大多数。

降低估值的途径不外乎两个：一是股价跌，二是业绩涨。第一个存在不确定性，尤其是对于茅台。第二个是茅台的确定性。投资茅台，期待股价跌而放弃业绩涨，这便是舍本求末。有人说有第三个途径：业绩大涨的同时股价大跌，不是更好吗？是更好，不过这通常是在梦境里出现。

对于不以低买高卖、投机赚差价的股东，不用纠结股价什么时候涨，什么时候跌。不妨问自己：就算股价涨了，到2500元/股，3000元/股甚至更高，你会卖掉吗？卖掉以后要么后悔，要么在更高的价钱追涨买回。当然如果有人加了杠杆，那是另外一回事儿。

另外我感觉有点不明白的是，茅台股东里面很多人，一方面盼望有钱以后多买点茅台股票，另一方面又天天盼着股价上涨。如果去海鲜档口买龙虾，价格跌了我会多买一些，价格涨了，我肯定会不高兴，因为价高了，就会少买，甚至不买。但是在股票上情形却不同。即便是声称长期持股、价值投资的人，也成天盼着股价涨，当然这也没什么错，但这与价值投资折价买入的理论不就矛盾了吗？

所以，持有茅台，就放平心态，投入了本金，相信复利的威力，再加上另一项投资成本——时间，就一定会得到丰厚回报。

有感而发，不成为任何买入、持有或其他投资建议。该怎么做，拍自己脑袋，还得自己做主。

不知道从什么时候开始，我特别反感"估值"这个词。一说"估值"，就显得高大上。其实在茅台上谈论估值的人，不知道有几个是取得好的收益的。真正有收益的，都是不看估值一买十年以上。但从几十块拿到两千多还不打算卖掉的是极少数。

2018 年 12 月 22 日

2018 年年终总结

又到年底了，自觉不自觉，都会作总结。

我每年就是等分红，不靠股票的买卖来赚取差价，所以也没有盈亏这种说法。只要贵州茅台每年分红，我都觉得是赚的，股价的涨跌无所谓。

在持有茅台以前，每年、每月、每周，甚至每天我都会想亏了多少或是赚了多少，每天都过得很累。看了一下日历，茅台到今天为止，上市已经 6327 天，而我持有茅台也已经 6324 天。我不用操作，不用想盈亏，经历了每一次涨跌，收获了每一次分红，已把股价起起落落视为家常便饭，心中笃定。

船到中流水更急，人到山腰坡更陡。遇到水流得急的时候，船自然行得慢，但是如果不停地更换不同的船，我相信是到不了目的地的。所以好不容易上了茅台这条大船，我为什么要不停地换？我会跟它一直不停地逆流往前行。有时会快，有时会慢，有时遇到激流险滩还会往回撤一点，调整航向，再继续往前。但无论如何，我相信茅台这艘巨轮一定会把我带到我的希望彼岸。

2018 年过去了，2019 年谐音是"爱你依旧"，我的茅台，我的酒！

2018 年 12 月 23 日

价值投资的定义

价值投资，并不是随便买一只或几只股票拿着不动。在买入前，应该有长期的研究和跟踪。买入的公司必须有未来，有长期的确定性，有非常好的基本面，有宽深的护城河或高高的城墙。最重要的是，投资一家公司，一定要懂它，知道它做什么，为谁做，做多久，如何做，谁来做，为何做，还有谁在做？做这些东西的内在价值是什么？它的竞争力在哪里？再过5年、10年、20年，甚至更长时间以后，是不是还可以继续生产？等等。而且这些问题的答案，绝不基于道听途说和天方夜谭一样的故事，必须有第一手的容易获取的资料。如果有家公司说，它有金星上的宝石资源，或太平洋海沟里的油气，或巴西亚马逊河流域的森林，或包医百病却未能临床证实的家传秘方，那么无论故事多么动听，都要远离。因为它说的这些你无法去证实。而有些公司的情况非常容易了解，一出门走到大街上，走进超市里，走进餐馆里，走进百货商店，你就可以了解到它的情况。当你对这些情况胸有成竹，真的是懂了的时候，还必须有闲钱，不能借钱，不能贷款，不能卖房，买入这个股票以后，很长一段时间内，你不会因为买入这个股票生活品质下降。那就是投资的时候了。所以前提条件是不懂不做，要做必须懂。

我在买入茅台股票以前可以说对茅台有二三十年的了解。茅台在没有上市的时候，在我很小的时候，我就开始接触它，耳濡目染，在我的生活中有点点滴滴的呈现。而且在投资茅台以前，因为茅台还没有上市，炒过其他的股票，那些经历都给我很多教训。所以茅台一上市，我就第一时间在能买的时候就买进了。在茅台上市以前，我在贵州饭店的六楼上班，当时有两家公司的发行仪式是在那里举行的。一家叫黔凯涤，另一家是黔轮胎。当时这两家公司在贵州饭店举行了很多活动。在二楼有银行的营业厅，有很多人拿着麻袋或箱子装着的现金去买认购证或者是股权证。就我对这两家企业的了解，我一定不会碰。但是茅台就不一样。我了解它，觉得它有无与伦比的确定性，所以茅台上市不久我就全仓买入了。我觉得这就可以阐述我的观点——不懂绝不做，没有确定性，即使懂了也绝不做。一旦做了，就绝不后悔，长期坚持，拿着等

它地老天荒，等它海枯石烂。

2018 年 12 月 24 日

投资不博

对于资金量大小需要博的问题，我不是太赞同。资金多少算多，又多少算少？对有些人来讲，1000 万元、5000 万元甚至 1 个亿，也是小资金；而对大部分普通人来说，也许 1 万块钱也是大资金。有很多人一直在股市里不停地博，过了很多年，他的资金还是那么多，未见增长。我的一个亲戚，在 20 世纪 90 年代初中国股市刚刚开始的时候就入市了，那时他差不多有五六万块钱。这么多年来，他对各种技术分析、各种指标、各种术语、各种技术操作方法了如指掌。但是 20 多年过去了，他能做到的最好的成绩就是他的资金量没变少，没亏。今年夏天我和他见面的时候，谈起此事，他依然对博、对技术分析、对炒股说得头头是道。但他没有想过，为什么近 30 年过去了，他的资金量还是那么少，没有赚钱。不要说 20 世纪 90 年代初，就是 2001 年茅台上市的时候，他如果把资金全仓买入茅台，一直放到今天，每次分红，继续买入茅台，到现在为止他的收益至少也在 150 倍。五六万块乘上 150 倍，怎么样也不能说那是小资金了吧！所以对所谓的小资金的股东来说，当资金量小的时候，要逐渐进行资本的持续再投入，逐渐找到自己投资的体系和方法，逐渐变大。"博"有可能成功一两次，但绝不是真正的成功。投资一定不是一夜暴富的手段。

昨天茅台股份公司的一纸公文，像在一潭死水里投下一枚石子，激起的涟漪引来了欢呼，有人在猜测年底前或春节前，茅台股价要到多少。

以前我在北京上学时，曾教过同学骑自行车，她能上、能下、能踩着踏板往前走，但是老摔倒。我发现她的眼睛盯着的是车轮下三米以内的距离。于是告诉她：看远点，想骑得远，骑得快，甚至得极目远眺才不会摔跤，才行得远、骑得稳。投资也一样，尤其是价值投资，眼光能看多远，决定你能走多远。

我看这份文件，不是什么大不了的利好消息，所以不会过分解读。

我认为关注的不应该是放量和提价。而酱香系列酒和飞天茅台销售渠道的整治和重组，才是未来 3～5 年的关注点，是利润增长的最大源泉。因为放量是一定的，每年都会有 10%～15% 的增幅。渠道的扁平化重组是茅台酒利润增长的最有效手段。电商、自营直销、大型连锁商超直供，等等，在出厂价和零售价不变的情况下，会将渠道利润最大化留在股份公司。而且这样的整治和重组影响深远，且一劳永逸。茅台的酱香系列酒，对扩大酱香酒市场占有率起集团作战的效果，飞天茅台如精锐部队，可以突击占领最高点，取得最好最大的战果。这才是酱香酒的关键作用。

等渠道的整治和重组完成，酱香酒引领了中低端酒类消费，飞天茅台再放量提价，则水到渠成。

这才是让人憧憬的未来确定性。任重道远，前景美妙。

2019 年

2019 年

2019 年 1 月 14 日

2018 年的收益和 2019 年的展望

跟大多数人不同,我的收益只看茅台的分红。只要茅台在分红,我的收益永远是正的。股价的涨跌无所谓,几乎从买入开始,我就已经不看茅台的股价来衡量每年收益了,我知道自己靠炒股的差价赚钱,真没那个能力,只能长时间傻"捂"。年底时,也有人找我,说把一笔年终奖交给我理财。我推不开,只好说,理财期限以 20 年为最短期限,不保证赚钱。最后对方知难而退了。因为他知道了,原来我真不会炒股。

关于 2019 年的展望,简单,肯定比 2018 年好,而且一年比一年好。对茅台,我深信不疑。

2019 年 1 月 20 日

茅台的未来是参天大树

有人问:茅台这么大体量了,感觉增长会放缓。您怎么看?

我回答:小草对小树说,你都那么高了你还要长吗?树说:我们是不同的物种。我的高度你无以仰望,我的未来是参天大树。哪怕不再长高,也要浓荫四盖,遮天蔽日,惠泽一方,那是我的职责所在。

2019 年 1 月 21 日

关于"两融"的问答

有人问我，融资资金比例多少比较安全？

我认为 100% 安全是底线。陷阱和机会，在股市就是一对 99.99% 相似度的孪生兄弟。2008 年茅台股价从 230 元跌到 80 多元，哪怕 30% 的融资比例也会爆仓。

这不是悲观，是警钟长鸣。我对茅台从来没有悲观过。

在股市历史上，有过 1 倍市盈率、零点几倍市净率的股票，无数杠杆投机人破产。A 股不到 30 岁，还从来没有碰到过真正的经济大危机，今后大风大浪还多着呢。当那种情况发生时，比的便是谁在最后一刻还有一口气在。投资最重要的不是在某个时候赚了多少钱，而是永远记住：剩者为王。

2019 年 1 月 30 日

老生常谈

有人说我，我的博文要么不更新，一更新就是老生常谈，没有什么新意。永远的话题就是茅台，然后就是不卖、持有，再就是不用杠杆、不借钱不贷款，再加上一个长期持股。

因为投资，尤其是价值投资就是一个没有新意、枯燥无味的事情。我就是要把对的方法不停地重复，把一件简单的事情坚持不懈地做几十年，这样就会成为赢家。

在股市要追求新意，往往会变成一种赌博。而投资尤其是价值投资，讲究的是确定性。确定性是 5 年前就能看到，现在能看到，将来也还是一样能看到。因为过去、现在和将来都一样，所以就熟视无睹，当然就觉得没有新意了。

以后也是一样，我会坚持这些老生常谈，一步一步地走下去。

2019 年 2 月 1 日

股价涨，浇凉水

茅台股价又接近 700 元了，涨了，那我就会泼凉水。

以前我就说过，茅台，一定会涨到一个一般人想不到的高度，但绝不是马上。涨得急，投机资金一定会获利回吐，引发波动。有人说是看 PE，但是对长期投资持有的真正价值投资者来说，这样的上下波动只会增加心理不安。与其这样，不如让它慢慢涨。5 年、10 年后，茅台每股收益达到 60~100 元时，股价不涨都难。那是水到渠成的事。

所以，建议每次当期望茅台股票价格上涨的时候，问一问自己涨了以后怎么办？是卖出？还是不动？是靠赚股票价格涨跌的差价，还是长期拿着，等着茅台每年分红，做一个坚定的长期价值投资者？如果长期拿着不卖，有钱的时候还会再加仓买进，那股价涨得越多，能买的不就越少吗？这样股价涨了，你还会高兴吗？所以涨不喜，跌也不忧，做到了，你就会和股市里面 99% 以上的"小散"们不一样。与众不同才是成功的第一步。

春节后第一个交易日，茅台就走出了一个不错的行情。刚过完年，算是茅台给各位一个红包，高兴高兴，所以就先不泼冷水了。对价值投资者来说，需要的是一种理性，是一种修炼到一定层次的心性。到那种程度，就几乎不会受任何波动的影响，做到涨不骄、跌不焦。无论和风

还是暴雨,都稳若泰山坚如磐石。

有人问我,这么多年我是否在茅台上做过短线?

我回答:自认为能力超群时,谁没有做过"韭菜"?我现在胆小怕事、谨小慎微了,这种傻事早不敢做了。

2019 年 2 月 12 日

驳渠道存酒数据伪概念

茅台酒昨天涨价了。有人说,茅台酒如果长期供不应求或者市场价格处于上升期,许多人会囤货,形成大量社会库存,到一定量后,一些事件会触发短期供需逆转,茅台酒厂销售量会短期下降,所以茅台也是有周期的,不应无尽头地乐观。

关于社会库存,或囤酒,以前我们有过多次的讨论,这纯粹是一个臆想出来的伪命题。囤酒存酒,本身就是消费的一部分。相信很多人家里都有几瓶或几箱茅台酒存货。有几个人会因为涨价多了把这些酒拿出来换钱?关于渠道存酒,以前说有多少万吨,不知道这数据是从哪里来的?再加上一个臆造的所谓开瓶率。

作为股东,不懂不做,对上市公司进行各种调研是必修功课,但是千万别走偏了,会走火入魔。研究公司基本面、产品、销售、经营等,需要有正确的视角和方法。一切调研,要么来自亲力亲为的观察、收集、整理,要么来自公司面向公众的公告,或权威机构的报告。对于未经证实的传言,要有孙悟空一样的火眼金睛。

2019 年 2 月 14 日

持股茅台感悟

回头看看从 2001 年下半年开始到现在的投资经历，恍惚间都在怀疑这个人是不是我自己。我常常回读自己以前的文章，每一次都有感悟。我从 1993 年春节后踏入股市，到现在已经有 26 年了。从投资茅台股票开始算起也有 17 年半的时间，我有差不多 1/3 的时间和茅台紧紧连在一起，见证了茅台的成长和壮大，经历了茅台上市以后的每一场风雨、几乎每一个涨跌。和朋友聊起过去这二三十年的生活，茅台始终是无法绕过的一座风光绚丽的山峰。如果说人的一生是一次旅行的话，到老了我定会说不虚此行，因为有家人、朋友和茅台相伴。

我被问最多的一个问题是茅台还有下一个吗？茅台的确定性来自哪里？或者是怎样找到另一个像茅台一样的投资标的？

这几个都是老生常谈的话题。首先茅台不可能还有下一个，不否认以前或以后都会有比茅台更有投资价值的股票。但是在我能力圈之外的东西，我肯定不会去碰。现在的茅台就是下一个茅台。

关于茅台的确定性来自哪里？这个问题已经谈过很多次。想从另外一个角度再说说茅台的确定性。其实茅台有一个最大的确定性是茅台不需要创新。当然如果把新瓶装老酒叫作创新的话，那茅台的创新比任何一家公司都不逊色。但是茅台的核心产品或者是核心竞争力是不需要创新的，茅台的创新在 100 年前就已经完成。可以确定的是茅台今天生产的产品在 10 年、20 年甚至更长的时间后还会持续生产，并且得到消费者由衷的喜欢和热爱。这也是茅台为什么有那么良好的现金流和每股未分配利润的原因。当然其他一些消费品公司也不需要消耗利润来创新，比如蒙牛、伊利、海天味业，等等。但是茅台还有一个奇妙的特征，就是产品库存增值。而且时间越长增值越多，这更加提升了茅台的确定

性。在这里并非否定科技公司科技创新是社会发展的中坚力量,只是讨论创新这个因素在投资标的中的影响。

再一个问题就是怎样去找到另一个好的标的?以上面这一条作为基准的话,会首先考虑这家公司是否需要投入巨额的股东利润进行创新?或者是创新的效率如何?如果创新在今后是无法预料的效果,那么无论投资或持股,一定会非常谨慎。现在看来在 A 股 3000 多家公司中能够有茅台这样品质的标的,可谓是凤毛麟角,我暂时没有找到第二家,所以也无从推荐。

2019 年 2 月 19 日

杠杆

加杠杆,所有这样做的人都认为他能驾驭。因为回头看 K 线,或以前的每日分时图,何时涨何时跌,似乎一清二楚。所有所谓的复盘,都是基于过去的历史,用于推导未来的走势。但是市场总是变幻莫测,而且让任何人都难以预料。所有爆仓的杠杆,都是没等到期望的那个走势。

投资这个领域,市场就是天。绝不要相信人定胜天。所有在股市生存下来,或是最后成功的投资者,都不是战胜市场的,而是服从于市场、跟随于市场的长命者。在股市要存活得长久,切记四个字:终身不败!

2019 年 2 月 22 日

关于不看市盈率的答疑

有不少人质疑我买入茅台股票的时候不看市盈率（PE），这不符合价值投资的做法。

按照价值投资的基本定义，是在一个比较低的估值买入或者是用一个很低的价格买入高价值的优质公司。比方说公司的价值是 1 元，以 0.5 元/股或 0.2 元/股的价格买入公司股票，并长期持有，当公司 1 元的价值达到 5 元价格的时候就把它卖出，美其名曰"价值回归"。但是在我看来这其实是一种投机行为。

我所理解的价值投资是关注于公司内生性价值的增长。如果要关注 PE 的话，也许买入的时候并不低，但是公司业绩的快速增长可以把它的估值很快拉下来。

比如一家公司第一年每股利润 3 元，股价 90 元，PE 为 30（= 90 ÷ 3）倍；

第二年，公司每股盈利增长 50% 到 4.5 元，如果公司股价不涨，PE 变成了 20 [= 90 ÷ (3 × 1.5)] 倍；

如果第三年公司每股业绩再增加 50%，这时 PE 会到 13.3 倍。如果在过去的两年，在公司盈利复合增长 50% 的情况下，公司的股价每年也复合增长 20%。到第三年的时候，PE 只有第 1 年的 60% 以下。如果第一年觉得 90 元时价格或 PE 太高没有买入，第二年和第三年虽然 PE 在降低，但是股价也在上涨。到第三年时虽然买入时的 PE 比第一年低大约 36%，即：90 × 1.2 × 1.2 ÷ (3 × 1.5 × 1.5) = 19.2 倍，但付出的价格却高出 44%，即：90 × 1.2 × 1.2 = 129.6 ÷ 90 = 1.44 倍。

看似 PE 降低了 30%，相同股份数付出的金额却更高。当然这只是用小学算数来计算的结果。买卖股票还有很多其他因素需要考虑，不在

本文讨论之列。

而如果买入时公司价值1元，股价可能是5元/股，若干年后，公司价值成长到5元甚至更高，股价也会涨到也许25元/股或者30元/股。在过去很多年，茅台经常都是处于这样的情况。这也是为什么过去这些年我在加仓茅台酒的时候，不看PE的一个主要原因。因为关注点是公司内生性价值的增长，而非估值的变化而获取的买入卖出价差。

另外，好的公司便宜的价格，这样的事情可遇不可求。一个散户股民在资源有限的情况下很难发现这样的机会。于是在发现好公司时，比如说茅台，便以能出得起的价格来买。这个价格并不一定是一个绝对数低的价格。但是若干年后回头来看，买的价格是非常值得。而且买入以后便不再去关注，只等下次分红到手有闲钱的时候再次买入。所以也不会有心理负担，不会担心踏空。心安即是强大。

2019年2月25日

渴不饮盗泉水，热不息恶木阴

今天所有的股票都涨了，只有茅台在调整或者是下跌。本来这是极其正常的事，这么多年来茅台大多数时间都是不合群的。但是大部分人已经按捺不住了。有人蠢蠢欲动，很想换股赚点钱，然后回头再买更多的茅台股票。

我投资持有茅台多年，深知熊市持有茅台相对容易，因为在熊市，几乎99.99%的股票都比茅台跌得多，如果茅台跌50%，很多公司会跌去80%~90%，甚至更多。但是在市场转牛时，很多股票翻几倍，茅台也许滞涨，天天看着心急火燎，百爪挠心。于是就想换股。

其实，茅台为什么会成为中国股市的第一高价股，成为中国A股的标杆，并不是茅台在每一次牛市比其他股票涨得多，而是因为茅台在每一次熊市都比其他股票跌得少，甚至其他在跌时茅台还在涨。所以，持有茅台的长期投资者，要比的也不是每一次牛市比别人赚得多，而是每一次熊市比其他股票亏得少或者不亏，并且知道这基于茅台的内在价值和长期确定性。这才是真正的赢家。而总是想和市场博弈的人，最终欠市场的，市场一定会毫不犹豫地收回去。

巴菲特绝不追求短期的超额收益，而是坚持半个多世纪超长期的稳定、稳健增长。什么样的增长是稳健增长？我的理解是，大家赚钱时，不一定赚最多，而当大家亏钱时，他一定亏得最少，甚至别人亏钱时，他还在赚钱。于是才有54年复合增长率19%的成绩。

对茅台，现在的加仓着眼于10年以后的股息，就算以现价买入加仓的部分，5~10年以后的分红股息率也可以达到10%，甚至更高，这就已经是非常好的投资了。我从来不奢望在短期内有百分之几十甚至翻倍的增长。只有这样的心态才可以抵御外来的其他诱惑，这也是我这么多年从没有把手里的茅台股票丢掉过的原因；而且只有着眼于分红，才拿得住茅台。

其实我从来都希望在股市里人人都能赚钱。但是赚钱要有赚钱的理性心态和方法。

无论熊市、牛市，都记住一句话：渴不饮盗泉水，热不息恶木阴。

这个星期以来随着大盘逐渐上扬，茅台的股价也在往上走。有券商给出了900元甚至900多元的目标价。其实对茅台来说，股价走高，只是早晚的事。但对真正长期投资茅台的人，这样的上涨没有太大意义不说，分红到手后可以买进的数量又少了。而且游资进出，炒作的频率也增加，所以特别怀念2004年5月至2006年7月，茅台股票每股每天上涨0.5元、0.8元或1元，涨两三天调整一两天，一步一个脚印，感觉每一步都非常踏实、稳健，而且有业绩的支撑，涨上去就牢牢地站住了。那种上行，是一条缓缓上扬的斜线，看着让人心里特别踏实。那次

一直走到股改前后，从那以后再没有回到过以前的价位。

有朋友问我，茅台分红率有多少？明确地说，茅台每年的分红和现价比例从来就没有高过。如果现在买入，可以拿到手的 2018 年度的分红股息率，估计不会超过 2%。但是从长期来看，我在三年以前买入加仓的部分，股息率在 5% 左右，10 年前买入的股息率在 15% 左右。如果是在茅台上市的时候买入并一直持有到现在，那么恭喜，你的成本为负数，股息率无法计算。

2019 年 3 月 1 日

价值投机、低估值陷阱和高估值假象

（一）价值投机

股价涨了，有很多人按捺不住了。

也许对价值投资的理解不同，有些人理解的价值投资是 PE 低时买入并持有，PE 高时卖出，然后找另一个 PE 低的标的。我一直把这看成估值投机，而非价值投资，例子很容易找到。这种伪价值投资，常常会产生低估值亢奋和高估值焦虑。

低估值亢奋的行为表现为他认为 PE 低时，四处筹钱加足杠杆建仓加仓。看到 PE 升高时，又生怕不能落袋为安。于是在自认为高 PE 时清仓出局。

而我理解的真正的价值投资，是关注企业内生价值的增长，买入时可能 PE 并没有处于绝对的低位，随着业绩的增加，股价也会逐渐上涨。所以长期动态 PE 不会有太大的差异。但是因为关注公司内生价值的增长，因此对股价的涨跌早已无所谓了，涨的时候认为理所当然，心安理得，不急不躁；而股价跌的时候，反而可能暗自高兴，因为如果有钱，就又可以买入更多股份了。这样的价值投资才可以走得很远。

（二）低估值陷阱和高估值假象

为什么长期以来我持有和加仓茅台从来不看PE呢？因为看PE进行投资决策，也许不是真实的全部。看不到的那部分叫作：低估值陷阱和高估值假象。

首先说说低估值陷阱。

低估值陷阱存在两种情况。第一种情况是，有一些公司在刚上市时，或者在大股东需要减持套现，或者进行再融资，或者兼并重组，或者有其他种种原因时，大股东需要把业绩做得好看。于是，通过种种手段，人为把业绩做高，使得PE看起来很低，吸引一大波不明真相的散户或其他股东大量涌入以抬高股价。一旦大股东的目的达到，上市公司可能马上翻脸，真实的业绩现出原形，跟风买入的散户纷纷被埋入其中，难以翻身。为什么说是"埋入其中"而不是"套入其中"呢？如果是"套入其中"，也许还有解套的机会，因为"套"只是暂时的，只是时间长一点或短一点而已。但"埋入其中"，则永远都无法逃脱，欲哭无泪。这种低估值陷阱也可以叫作低估值坟墓。一旦踩入这样的低估值陷阱，埋进这样的低估值坟墓，唯一的希望就是下辈子重新投胎、超生。

第二种情况是，有一些上市公司估值看起来很低，但是，公司没有成长性。没有护城河，没有核心竞争力，公司的发展也没有活性。这样的公司如千年老龟，永远冬眠。投资者一旦买入这样的公司，会长期没有任何收益。所以，这种低估值陷阱，也可以叫作低估值圈套。陷入这样的低估值圈套，就像陷入了泥潭。唯一解脱的希望只有断臂求生，割肉逃跑。前一段时间有朋友说过，买入几只股票放了10来年，结果亏损30%~50%才脱身。

其次说说高估值假象。

有些公司年报或业绩报告里没有很好地体现业绩,但是,因为公司前景很好,它的股价被先知先觉的进入者抬高,而使PE处于一个相对高的位置。但是因为公司具有良好的发展前景和未来确定性,有较强的竞争力,有宽阔的护城河和高高的城墙,使得公司可以取得非常良好的业绩。经过若干年的发展,PE会被快速拉低到一个正常的位置。但是好货无低价,这样的公司会被很多慧眼识珠的人将股价抬高,PE或许又会升高。长期来看,PE、业绩双双走高,良性循环,延续下去,使得公司快速发展。如果投资者只关注公司的PE,这样的公司就会错失掉。这种情况便是我所说的高估值假象。这样的高估值假象,让很多人看不清楚,不敢投资。或者买入公司的股票却浅尝辄止,就好像钓到一条肥美的大鱼,舔了一口鱼鳞,便把它扔掉了。过了若干年回头看,才知道自己白白错失掉一个伟大的公司以及让自己真正富有一次的机会。

有人说:就未来5年发展来看,现在茅台属于合理估值,再长远看,目前价格远远不到卖出的地步,对于"茅粉"来说,什么时候买入都是对的,因为他们买的不仅是股权,而是收藏品。

我回复:从10年前甚至更久前,到10年后甚至更长时间以后,这段话的每一句都适用。

2019年3月29日

钢钎剔牙

有人这几天用茅台做"T",引起大家的热议。我认为拿茅台做"T",就好比长着满口洁白如玉、整齐划一的好牙,可以大块吃着肉、大碗喝着酒,却非要拿着大铁锤和钢钎,来剔塞在牙缝里的肉碎吃。肉碎吃没吃着还不知道，结果满口的好牙，全被敲打碎吞进自己的肚子里。最后大块肉、大碗酒全都享受不了了。偶尔咧嘴笑一笑，露出的是一口假牙。是不是真的很幸福？只有他自己才知道。

2019 年 4 月 3 日

茅台不恐高与股市的标志性事件

花小钱，买金玉，当然是求之不得的天大好事，低价买好东西，是人人都期望的事，但是好货在便宜时人们未必识得它的价值。即使识得一、二，也未必会买。于我，我只知道好货不便宜，便宜无好货。作为有志于价值投资的 A 股小散户，甚至只能用 10 元买价值 5 元甚至 3 元的公司，然后投入时间，等买入的标的内在价值逐渐升高。这是这么多年来我与茅台一起走过的路径。

学习价值投资，也不能完全照搬一些理论，应该把价值投资的理论与中国股市的具体实践相结合，走中国特色的价值投资之路。邯郸学步、东施效颦往往适得其反，所以走自己的路，别人的路留给别人，才能达到目标。如果只是机械套用价值投资理论，相信一定是一事无成。

对于茅台来说，我强调的是其的内在价值，而非股票价格。

茅台董事长曾说过，五粮液股价上 100 元/股，是一个标志性的事件。这有点意味深长。相信茅台在不远的将来，也有一个标志性的事件会发生。在不远的将来，茅台的股价一定会上 1000 元/股，甚至更高。而这就不仅是茅台的标志性事件，而将是中国股市的标志性事件，甚至是中国股市的里程碑事件。

非常期待这个历史时刻的到来，它一定会发生。但是又希望这个时刻的到来，慢一点，再慢一点。因为茅台股价的上涨，不是跳起来摘桃。如果这个桃子在高处要摘，那么一定是脚踏实地，一步一步爬上高高的山坡去摘。这个山坡，就是茅台不断提升的业绩。只有在业绩的支撑下，股价才可以一步一步地往上走，摘来满满的一筐、一堆，甚至一车桃子。如果硬跳起来摘，那么桃子能否摘得到，甚至还没有碰到这个桃子，又掉了下来。因为跳起来，脚底没有支撑，跳多高就会跌多深。所以，我希望茅台的股价和茅台的业绩一样，脚踏实地，一步一个脚印地往上攀登。

2019 年 4 月 19 日

每一滴茅台酒都是顶级酒

有消息报道，说要在茅台酒厂一车间做顶级的小批量产品。这个做法值得商榷。

一直以来，喜欢茅台酒的消费者都相信，在茅台酒厂的范围内生产的茅台基酒，无论是一个世纪的厂房，或建成后三五年的车间，质量检验合格后都是顶级的。最终的成品酒质量更大程度取决于老酒，就算老车间产的酒，如果没有足够的醇化、陈化时间和优质的老酒勾兑，产品质量不会比其他车间的好。现在，在一车间做顶级的茅台酒，颠覆了一直以来大众以为是常识的认知，即一车间产出的才是顶级好酒，其他车间的酒都或多或少有缺陷，都不是顶级的好酒。所以这只能算是一个有缺陷的创意。应该强调和宣传茅台的核心价值是原料，15.75 平方公里的核心产区，还有用于勾兑的老酒库存，以及茅台人引以为豪的工匠精神。最不应该强调某几个车间产的酒会比其他车间的好。这正好踩进了五粮液和老窖优质酒产能不足、从而怪窖池的套路。茅台的每一瓶飞天、五星，都是好酒，都凝聚了茅台国酒文化的精髓和茅台工匠们的精湛技艺。如果一定要做顶级的小批量产品，也应该用现存基酒和一定比例与特别年份的老酒勾兑出来，而不是靠几口老窖池、一两个老车间酿出好酒。应该继续一直以来大力宣传的：在茅台这一亩三分地，产出的都是顶级好酒。最终的产品质量差异化，源于无价之宝的茅台老酒库存和不同的勾兑要求。这才是茅台的光明大道啊！

茅台股份的老酒库存是岁月积淀和凝结的精华。以此为基础的15年、30年、50年、80年的年份酒，任何其他酒厂都不可能做得出来。因为它们没有这样的老酒存货，即使包装上标了，消费者也不会信。这些是中国白酒的塔尖，无人可以撼动。

茅台酒一直在被模仿，被追赶，但从未被超越。任何时候都不应该颠倒过来。顶着宝石桂冠的茅台不需要邯郸学步，更不要东施效颦。

一车间，就把它当历史文物和博物馆，让大家参观吧！

2019 年 4 月 27 日

内生性价值增长的故事

20世纪90年代，我在贵州的黔北和黔东南山区经营一些木材原木方面的业务，很多时间都在山里林子和当地的林农、林场职工等打交道。经过多年的开发，在交通比较方便的地方，森林资源已经采伐殆尽。有一次，在山里碰到一位50来岁的林农。他以8万块钱20年分期付款的代价，承包了4万亩的荒山来开辟一家新的林场。我碰到他的时候，是他林场开业的第3年。在他林场的小屋子里面，我们一起吃饭喝酒，和他谈了关于林场的一些事情。

在我看来，在荒山里面开这样一个林场，是不太有前途的一件事情。他的一家人加上他请的一些民工，一年中在5000亩的荒地上种下

了各种树木。有苗木，有阔叶林、针叶林，也有一些果树。我问他，你种这些树木多长时间才有效益？是不是没有什么价值？这位林农给我上了内生性价值增长的一堂课。

他说，现在是辛苦一点，把 4 万亩的荒地分成 8 块，每年在一块地上叉种上几种选出的树种，当然有些地方也种上像烟叶这样的经济植物。就树木来说，一旦成活，每年林木都在生长。平均种树成本 3～5 毛钱一株。成活第二年每棵苗木就值一块多钱。每年只要注意森林防火，在阳光雨露的照耀滋润下，这片林子的价值每年都在增加，而且越是往后，每年增加的价值越多。可以说一次栽种，终生收获。

这件事给我留下了极其深刻的印象。种下树木，让树木自己生长，从而带来价值，4 万亩的林地，数百万、上千万株树木，每一棵树从第二年开始，每年价值复合增长 50% 直到砍伐。现在看来，这是非常典型的内生性价值增长型的价值投资啊！像极了这 20 多年，尤其是我投资茅台 18 年来的经历。

只是不知道近 30 年过去了，这位失联的老朋友如何了，树木是否全都成材！

有人问：树没有每天的交易价格波动，而茅台每年都有波动，所以守住茅台更难，因为反人性。

我答：所以忘记股价，忘记交易，关注茅台酒是不是还好喝，喝的人是不是越来越多，销售是否越来越好，越来越紧俏，等等。股价与我无关。把荒地与树苗变成森林，需要几代人的努力，而毁掉它，只需要一棵小小的火柴。建立一座丰碑需要无数人的心血，毁掉它，只需要挖掉地基的几块砖。茅台这座丰碑，绝不容任何人把它毁掉。

2019 年

2019 年 4 月 29 日

身边朋友与茅台的小故事

一位朋友知道我投资茅台多年,于是在 2007 年股改前后茅台 90 元/股时买入 100 手,110 元/股时获利了结,沾沾自喜。然后数年在各个垃圾股之间摸爬滚打一事无成,2017 年忍不住在 500 元/股左右买入 20 手茅台。前几天告诉我,守了两年,又获利 80% 了结,喜不自胜。我说恭喜他,每次都能在茅台上盈利。虽然在其他垃圾股上乏善可陈。

可惜了,如果 100 手还在手,那么经过多次送股分红再投,现在市值达 1000 万元以上了。真心希望他下次还这么好运!

2019 年 5 月 13 日

总是应验的投资名言警句

"I try to buy stock in businesses that are so wonderful that an idiot can run them. Because sooner or later, one will."(我试图购买出色到傻子都可以经营的公司的股票,因为迟早都会有个傻子来经营的。)

巴菲特这句话可以加个下半句:作为股东,我却不愿意,也不喜欢被当成傻子来对待。

以前有人常说茅台是不怕折腾的公司。可是茅台股东怕折腾。

别折腾,走到今天,已经 18 年。

茅台股东是指,以 10 年、20 年或代为时间单位,长期持有茅台股份的股票,有钱,有理性,高素质,高情商,有极强的法律意识和社会责任感,希望国强民富、社会稳定并为之而努力的一群人。

茅台股东大会是指，一群高素质的茅台股东，聚集一堂共商茅台前途，展望未来的盛会。这场盛会，热闹、安定、祥和……这场盛会在不久的将来必将比肩和超越伯克希尔哈撒韦的年度股东大会。所以管理层和股东们必会珍惜这来之不易的盛景。

以上定义如果不完整，希望大家补充。

可以说，茅台股东是最好的股东，他们（东家）善于理解别人（桃园园丁）的难处。茅台股东善良温和，这届股东大会我真正看到了什么是扶老携幼，什么是相濡以沫。希望园丁摘到桃后把好桃回报东家，别辜负了东家的善良与信任。

2019 年 5 月 30 日

2018 年年度股东大会有感

（一）有点缺点，反而真实

儿子九年级。在来开股东大会以前，他拿回了期末考试的成绩单，胆战心惊地对我说，爸爸，我的数学只考了 94 分。有一两个题实在是不会，那是十年级的题，老师一点都没有讲过。加上时间太短，我也没有能够把问题回答出来。

作为父亲，真是希望儿子完美无缺，可是他有那么多的毛病。

回头看看我自己，我完美吗？我年轻时脾气暴躁，现在也不太好。爱开快车、爱吃肉、爱喝酒，年纪一大把了，还爱看美女……

既然我有那么多的问题和缺点，我为何不能接受其他人，或公司有点缺点和缺陷呢？其实他（它）已经很好了，人无完人，公司也一样，绝无完美的公司。

有点缺点，反而真实，就像我的儿子一样，我知道他有毛病，他不完美。但是我爱他，我永远不会抛弃他。我相信他会不断地完善自己，即使他还会有问题、有毛病，但他永远是我生命的一部分。

不断有朋友问关于这次股东大会，关于茅台的以后如何看，该怎样做？

在我看来，茅台还是那个茅台，依然是铁打的营盘。有人怕茅台会失去它的护城河与长期确定性。其实茅台的护城河就在茅台酒厂的旁边，名叫赤水河，也叫美酒河，已经流淌了千万年，还会再流淌千万年。赤水河在，茅台护城河就在。

关于长期确定性，只有一句话：人在做天在看。这天，是百姓，是股东，是人心，更是法治。众目睽睽，乾坤朗朗，有人敢造次改变茅台的长期确定性？

所以坐好扶稳。茅台，明年见。茅台，年年见。

（二）排队也买不到

在贵阳的茅台印象馆买回股东大会的额定酒，又买了两瓶喜宴，图案精美，关键是带着喜气。希望冲掉阴霾，阳光灿烂。

讲解员让我品评43度和53度酒，看是否能分辨出来。我感觉口感和香气高度一致，只是浓淡有细微差别。小呡一口，准确分辨出差别。

在购酒区，有几波消费者前来买酒，都被告知除了普通飞天和五星，其他酒都可买。飞天或五星茅台，每天来排队也不一定有。

集团销售，犹抱琵琶半遮面，其实丑媳妇总得见公婆。

群里朋友有点撑不住了，股东大会后感觉很迷茫，不知是去是留。来问我现在应该怎么办。我还是那句话：不能等待是投资的致命缺陷。这一次的波折比起前几次，只能算是一点点风吹草动而已。

（三）两件事

一是今天是个大日子，茅台股价终于上千元/股，而我却更关注茅

台分红到账。分红到账后持股成本降到 -41 元/股。预计 3 年后降到 -100元/股以下。水滴石穿，这是超长期持有优质股带来的复利和时间的威力。

二是国酒茅台与中国茅台。

国酒茅台的名头被摘下，电视广告换成了中国茅台。本来，国酒茅台，自带荣耀光环与历史感，阐述的是茅台酒区别于所有其他白酒的独特属性和大多数人的情感，定位以国人为主要对象。国酒，一直是市场的天花板，并把白酒分成了两种：国酒茅台和其他酒。

中国茅台，将眼光由内转向外，向海外展示时地域属性一目了然。看似大气，但少了国酒的情怀与厚重感，并将一直在被追赶的位置调转。多年前已经有了"中国的五粮液，世界的五粮液"。这点上，茅台将市场领导者位置拱手相让，五粮液躺赢。今后也可以有中国二锅头、中国洋河、中国杜康以及更多的中国×××等。

虽然失分多于得分，但茅台又何必着眼于一城一地的得失。

木已成舟，希望中国茅台否极泰来，续写辉煌。

2019 年 7 月 3 日

投资，我厌恶风险

群友之一交出一份亮丽的投资半年报成绩单，一共13笔交易，除了1笔卖出、3笔现金买入，有9笔融资买入包括茅台、平安等在内的白马股或蓝筹股。融资金额大概100万元。

对这位群友，祝他永远好运。希望以后不要发生像前些年回调60%~80%的情况。如果有一天不幸发生，希望他提前预感到并安然逃顶。因为在那种情况下，融资一定是捅过来的最致命的一刀。

"两融"会提升对自己能力的信心和勇气，若干次的成功融资融券，会让人藐视一切风险，直到某一次惨遭损失。这种事太多次发生。对"两融"高手，我从来都是将投向英雄一般的仰慕之光投向他们，但我永远不会羡慕他们所谓的成功，因为这个所谓的成功，是以赴汤蹈火、视死如归最终代价换来的。对待投资风险，胆小如鼠是我的投资座右铭之一。

对风险，我有一种深入骨髓的厌恶。

2019 年 7 月 13 日

茅台未来预期与茅台酒的直营直销

（一）茅台未来预期

茅台半年预报增长 26%，看到大多数评论和各方解读是不及预期。而我看，只要茅台今后 10 年的业绩能有 15%～20% 的复合增长，就是全世界最牛的公司。相信只要不跳起来把以后的桃子全摘了，这个预期大概率会达成。

就在不停折腾时，来年分红总是比上年多，预期就这么简单。

这段时间许多朋友问了许多问题，集中于以下这几点：第一是从股东大会以后，尤其是 2019 年 7 月初以来，我的微博一直没有更新，是不是对茅台的预期有所改变，或者我已经把茅台股票清仓了？第二是茅台到了 1000 元/股以上，是不是很危险？第三是关于最近解决了茅台集团营销公司的消息是否属于重大利好？

第一，我对茅台的预期依然没有改变。就像以前朋友们问，可不可以找到下一个茅台，我的回答是现在的茅台就是下一个茅台。我的微博

或者微信之所以没有更新,一是股东大会以后心情受到一些影响,二是在不停地旅行。尤其是一年一度的暑期长距离长时间的旅行,使我静不下心来写东西。就茅台来讲,它还是所有资本投资的唯一持仓。不管是现在还是将来,我都没有要卖掉或者是换仓的计划,甚至计划将所持的茅台股票全部转入一家家族信托基金,继续锁仓30～50年。茅台于我,重要的是存在,而不是不停地刷存在感。

第二,茅台股价已经上了1000元/股,这个价格是不是很危险,需不需要先抛掉,等股价下来以后再买入?这样的问题从茅台在100元/股甚至几十元的时候就有人在问。我想说的是,第一点,我早已不靠股价的涨跌来赚取差价挣钱,持有茅台的收益全部来自茅台每年的分红。所以不管茅台股价多少钱,对我是安全的。我自认为没有能力来赚取股价上下波动的差价,所以对于我来说任何价位都是安全的,不存在危险。第二点,我认为,茅台的任何一个新高都是下一个新高的起点。这不是任何买入或卖出的建议,请大家擦亮慧眼自己看。还是那句话,买入还是卖出,拍拍自己的脑袋,看看自己的口袋。

第三,从股东大会前后到前段时间暂时解决了茅台集团营销公司的事情,我看这不是利好也不是利空。茅台,就像赤水河的水,不会因为一个漩涡或者一块顽石而停止向前流动,而是千百年来,汇入长江流入大海,滔滔不绝。

茅台在,我在。

还有群友们有点心急,想知道以后怎样。虽然世界存在不确定性,但确定性是茅台的护城河之一。大胆预测下,到时候看看是打脸还是打赏。

从现在到2025年产能继续扩大,销量持续增加,出厂价提高,偶尔年份会反弹。2026—2030年,产能达到阶段性顶点,暂时不再新建产能,主要是挖掘现有产能留下的剩余空间,而特性特价产品增产以及主流产品继续提价,年增长率平均达到13%～18%(偶尔年份达到20%

以上）。

2030—2040 年有继续扩大产能的要求和可能，如果产能继续扩大到 8 万～10 万吨，会重复 2020—2030 年的增长模式。若不再新建和改造产能，6 万～6.5 万吨将成为产量天花板。年收益增幅将长期稳定在 8%～12%，但每年分红会持续增加，直到分红率达到 80%～85%。猜测 2030—2035 年后，每股每年分红会达到 80～100 元。无论如何，2040 年以后，茅台都将成为慢增长且稳定增长的超级债券型的股票，给投资者带来长期的稳定的超级收益，前提是投资者在 15～20 年前提前布局，当期分红率，也许跟银行一年至三年期的定期存款相当。

如果 2030—2035 年，茅台产能提升到 8 万～10 万吨，那么 2040 年后茅台股票的收益和市值将长期处于中国上市公司的前三位。

有人问：体量大了后翻倍需要更多的资金，有那么多资金吗？

我认为，这是股价思维下的理解误区，谁说市值增长是由外来资金炒作推高？企业自身价值内生性增长前提下的市值持续增高，才是价值投资标的的真正价值和价值投资者的关注点。

（二）茅台酒的直营直销

茅台酒出厂价和零售价之间的巨大差异，导致茅台酒大量被囤积。销售渠道的扁平化来解决这个问题，是一种理想的状态。但是纵观中外任何一家大型食品公司，没有一家可以通过 100% 的直营直销来解决渠道问题。在中国这样一个地域辽阔、人口众多、市场巨大的环境下，茅台 3 万多吨的产量，而且逐年增加，几乎没有可能仅仅用销售渠道的扁平化来解决出厂价与销售终端价巨大差异的问题以及市场流通短缺的现象。可以预见，今后相当长的时间，茅台酒还需要通过经销商以及部分商超，加上很小一部分直营自营的方式来进行销售，而且经销商会占很大的比例。

国外很多奢侈品，包括高档箱包、服装、汽车、钟表、首饰等，也包括很多高档食品、酒类，解决销售的问题通常都是缩小出厂价和零售价之间的差距来进行的。越是高档产品、奢侈产品，中间渠道的利润率越低。茅台酒这样的高档消费品，而且最终成品不具有时效性或保质期的要求，反而随着时间的推移，价值会逐渐大幅提升，有金融及投资属性，解决中间渠道囤积的问题只能是缩减中间渠道的利润。市场的零售价由市场需求和供给来进行自然调节，现在这种自由的市场经济情况下，茅台股份和茅台集团对终端零售价的干预，是低效甚至无效的，所以生产商试图用控制零售价的方式来控制中间渠道的利润完全不可能。反过来，作为生产商，唯一能够控制的，只能是自己的出厂价。只有提高出厂价，让零售价与出厂价之间的差距变小，中间渠道取得的利润率降低，囤货成本增加，甚至囤货风险增加，才能降低中间渠道囤货的意愿，从而将产品投向市场，缓解市场紧缺的状况。

但是现在的情况是茅台酒因为产量低和流通不畅，市场非常紧缺，而茅台酒的出厂价，长期人为限制在一个相对较低的水平，出厂价只占到零售价的40%，甚至更低，中间渠道的无风险利润比生产商高出数倍。于是渠道囤货的意愿极高，市场短缺，一瓶难求。出厂价定价不以市场为导向，从而造成茅台酒市场供应紧缺。这在很大程度上是由茅台酒厂自己的定价策略造成的。

要解决这个问题，只能将茅台酒的出厂价与终端真实的零售价格挂钩。以真实的市场终端零售价为基准，限定中间渠道的利润额或者利润率，对出厂价进行调节（这也是作为生产商唯一能控制的），才是最终解决市场流通和市场紧缺问题的唯一办法。同时国家、地方税收和财政也会大大受益。

2019 年 9 月 8 日

投资三重境界

我认为投资茅台这样的股票有三重境界——高境界：不卖；更高境界：不看；最高境界：不想。我现在还在第二重和第三重之间徘徊，还得修炼。

2019 年 9 月 19 日

茅台和其他酒

总有朋友问，茅台酱香系列酒，或者其他酱香酒，买来放若干年以后，会不会变成飞天茅台，或者变成飞天茅台一样的品质？

酱香系列酒，包括茅台王子酒、茅台迎宾酒、赖茅、汉酱等，买来放个三五年，就会变成飞天，这是一种不正确的，甚至有点误导的说法。虽然茅台酱香系列酒也是酒质非常出众的酒，但系列酒的生产原料、生产工艺、酿造环境、勾兑老酒、老熟年份等，都和飞天茅台酒有本质区别。这就造成茅台酒和茅台酱香系列酒的关键基因是不同的。虽然都是酱香酒，买回来放若干年，也许酒质和口感会有提升，但是无论放多少年，系列酒也不可能变成飞天或五星茅台酒。

那酱香系列酒有没有收藏的价值呢？存了若干年后是否可以有茅台的价值？就好比有人买一辆迈巴赫，另一个人买一辆捷达车。无论多少年以后迈巴赫还是迈巴赫，捷达还是捷达。虽然有些基因是相同的，但是捷达永远成不了迈巴赫。但是有人他就喜欢开捷达、收藏捷达。这叫各取所需，萝卜白菜，各有所爱吧！

2019 年 10 月 5 日

投资往事

2019 年 9 月中旬，我到开户的证券公司，从证券公司的系统里面查找了一些图表资料，准确地更新了以前的一些记忆。

第一，1993 年年中，我在广州的南方证券第一次开了证券账户。从此证券账户没有进行过任何迁移。南方证券后来被广州的另外一家证券公司兼并，所有资料相应转过去了。我第一次去这家营业部，记得是 1997 年香港回归以后。意外找回了股东代码卡，到前台查了一下，发现两年前留下的值 400 元的 56 股深发展，变成 200 多股，值 6000 多元。我一次卖掉，凑钱买房，并暂时离开股市。

第二，自从卖掉深发展，我离开股市 4 年左右。茅台上市时，我出差美国一个月，错过了茅台新股发行。回到广州第二天，趁还在休假倒时差，瞒着家人，揣着银行卡，来到证券公司，将可动用的存款全部转入买进茅台股票。茅台股票的建仓记录为：2001 年 8 月 30 日买入占全部仓位的 90%；31 日买入另外 10%。买入的最低价格为 36.398 元/股，最高价为 37.40 元/股。总持股时间比茅台上市时间短三天。

第三，自从 2001 年 8 月 30 日买入茅台股票至今，大概一共去过五六次开户的证券公司。最近两次是在 2019 年。所有的证券交易记录，打印出来大概是 A4 纸 1 + 3/4 页，包括所有的分红派息、新股交易卖出等。在这家营业部，甚至在整个公司的开户客户中，我的交易次数是倒数前十位。过去的 18 年时间里，共有三次比较大额的交易，占总持股数的 1/3。其中两次是因为大额的资金临时流动需求，后来又都在资金回笼以后，在卖出价附近全部买回。之后数量有限的零星买入卖出，忽略不计。

第四，18 年来，证券公司收取手续费等共计 59500 元，缴纳交易税费 27000 元。从 2008 年 9 月至今，除了零星的分红到账后买入加仓，以及一些小规模的新股中签卖出，其他再没有大规模的买卖交易。有几次接到业务部门的电话，问是否需要服务，包括"两融"，我都拒绝了。怪不得前些年几次去证券公司办事情，连白水都没得喝。对证券公司来说，我可能真不算好客户。不过帮我管了 25 年的账户，也该好好谢谢他们。

回想 18 年来坚持持有茅台股票，一方面，是对茅台的了解和信心；另一方面，每次茅台冲顶探底，我都是过了好久才知道。这或许就是天意吧。

2019 年 10 月 6 日

股东价值观与"黄牛"

"黄牛"炒茅台酒，扰乱了茅台酒的市场，也损害了茅台酒在国人心目中的地位和形象。总有一些"茅粉"或者是茅台股东，询问黄牛收茅台酒的价格是多少、怎样交货、怎样买卖等。也许各位是出于好奇，但是，作为"茅粉"或茅台股东，咱就别推波助澜了。别人要炒我们拦不住，但是别自己干，这是茅台股东应有的觉悟和格局。

2019 年 10 月 25 日

涨与跌

翻箱倒柜查酒，发现居然还有一整箱 12 瓶 2013 年的酒，当时茅台

正处于风口浪尖，零售价、批发价也是几起几伏。为了表示支持，当年分红，除了加仓外，我也买入实物茅台酒。

这些库存酒有和亲朋好友一起喝的，大多数是自斟自饮了。过期酒果然与新鲜酒大不一样。不喝茅台酒，就没有评论权。

今天茅台股价再创新高，朋友们有的高兴有的后悔。高兴的是以前买了，后悔的，以前可以买而没买。我想说的是买了的不必庆幸，没买的不必后悔。茅台涨，咱们不嘚瑟，跌也别悲观。平平淡淡，才能长长久久。因为，将来直到永远，茅台还会跌，茅台还会涨。

2019 年 11 月 18 日

自主投资

投资上不教人，也不听从于任何人，这是这么多年我总结出来的股市生存法则之一，绝不更改。

投资必须不断学习，了解自己想要投资的标的。自己决定能不能买入并持有，而不是道听途说，或让别人告诉自己能不能买。就像自己买鞋，自己试合不合脚，我试的鞋，未必合他人的脚，硬要穿上，要么难受，要么受伤。所以买不买，得自己研究。

对茅台股东，有个成语特别贴切，那就是"坐享其成"。

今天大多数人看 1200 元/股的茅台、讨论茅台的口气与从 100 多元/股到八九百元时是一样的。我一直以来的观点就是，凡是大众能想得到的都不是茅台的顶，所以我一直把坚守当成享受。相信有朝一日，坚持的人定会感受到坚守的力量。

做真正的茅台股东，有时想想，是件挺无聊的事，因为只做等待这一件事即可。

2020 年

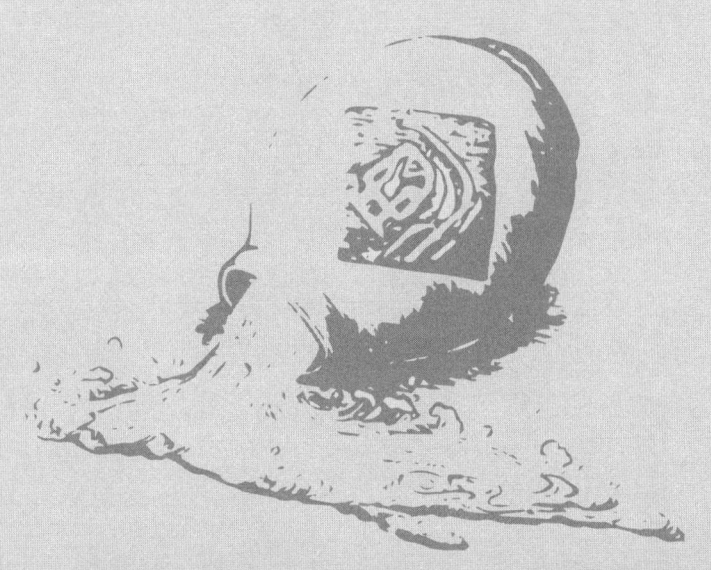

2020 年

2020 年 1 月 1 日

2020 年新年导语

任何一只股票都会有涨有跌，茅台也不例外。股票价格的涨跌是一种市场行为，是市场先生在理性和不理性之间进行的漂移。股价的涨跌，不应该是一个长期持股的茅台股东过度关注的现象，甚至短期茅台业绩的起伏也不应该过度关注。那关注什么呢？第一，关注茅台酒的品质是否有变化；第二，关注茅台酒在国人心目中的地位是否有变化；第三，关注茅台酒在市场中的强势地位是否有变化。

为什么说不应该关注茅台酒短期业绩的变化呢？这一点是基于茅台酒本身在贵州和全国的地位所决定的。茅台酒是贵州人民心目中图腾一样的存在。这也许是非贵州人所难以理解的。所以任何一届贵州茅台的高管，都无法承担茅台的衰退，甚至大幅度起伏的责任。所以对于业绩，我一向不担心茅台因为管理失误会引起长期性衰退，但是短期波动不可避免。这样的业绩短期波动，被市场一解读，便会引起股价的波动。而这样的波动，并非茅台产品或公司品质本质的变化。所以请忽视这样的中短期波动。对茅台，关注业绩而非股价，关注 5 年、10 年后的长期业绩，而不仅是一两年的业绩。人的眼光能看多远，决定他脚下的路能走多远。

前几天，我的前同事来打球、聊天，说起他 240 元买入茅台、470 元换海康威视的缘由。茅台 470 元时，市场上无论是酒还是股票，都一片赞美之声，于是他想起巴菲特的名言，更担心到手的近一倍盈利不能落袋为安，于是果断换仓 40 多元的海康威视。

在我看来，他以价值投资的名义走的是一条投机歧途，也丝毫未能真正理解巴菲特的价值投资理念，片面解读了恐惧与贪婪的关系。

对茅台，既不贪婪，也不恐惧，平平常常，才能行稳致远。

投资不是和别人比赛，要比也只拿自己的现在比自己的过去，自己预想的未来比现在。独立股市投资人，从来不会从别人的成功中得到真金白银，也不会为别人的失败承担金钱损失。投资只对自己的资金和未来负责。

2020 年 1 月 2 日

茅台的明天，永远会更好

茅台公布业绩预告，按照以往情况，股价必定下跌，但茅台的基本面、大方向没有任何变化，所以我还是会一如既往地看好茅台，而且也认为在中国的股市，没有哪一家公司的长期确定性和护城河短期内会好过茅台。对我自己来说确定性和安全性是第一位的。和过去近 20 年来的波折比起来，这一次什么都不算。

茅台过去 18 年连续的高增长，已经是极少有公司能够做到的了。作为长期的理性的股东应该清楚，10%～15% 的增长率，如果能够保持 10 年、15 年或者 20 年，远远好过短期猛涨。业绩和股价增长回归理性和稳健，才利于长远，才是健康和可持续的。

茅台，在过去近 20 年的时间里，无疑是中国股市的传奇和常青树，这么多年，茅台为何能长盛不衰？并非缘于现在李代桃僵，或是从前缘木求鱼，而是因为茅台与生俱来的独特性，以及多年来国酒之名的光环和其本身无与伦比的确定性和护城河。这些依然没变。

作为股东，我已经和茅台一起跨过了近 20 个年头，我还可以跟茅台一起再走至少一个或两个 20 年。那时再回头看看茅台一路上所有的脚印与风景，绝不会失望，或再看寄生茅台的生旦净末丑、忠奸贪廉庸，定会精彩纷呈。我等着这一天。

昨天、今天和明天，都会成为过去。今天的滔天巨浪，回头看，只是涟漪和水花。能看得远，才会走得远。

不过，萝卜白菜各有所爱。爱恨交织的茅台不完美，只有情人眼里出西施吧！要走，我会为你道声"一路平安"；要留，我们一起守候，相信茅台，明天会更好。

茅台遇到问题时，听到的最多的声音，第一是各种抱怨；第二是幸灾乐祸，说茅台不跌，牛市不来；第三便是各种价位的信誓旦旦，1200元/股时说1100元/股要买，1100元/股时说950元/股建仓，也有人问，茅台会不会再到某某价位。

对茅台，短期投机永远没有买入点。买不买茅台，永远都不是因为贵不贵，而是基于认知和能力配不配。

曾在一个景区观赏过高空无保护走钢丝表演。演员下来后说，他除了多年练就的超凡技艺和胆量外，走钢丝时，还必须做到专注和心怀远方。如果只盯着脚下，看到的就是万丈深渊，只有目视前方，才能看到最美的风景。

想想做真正的价值投资不也正是这样吗？即便手握茅台，既需要长时间积淀的胆与识，也需要专注，专注才能静心，更需要心怀远方、目视远方，才能跨过脚下的万丈深渊。

胆识、技艺、专注、远方，缺一不可。

2020年1月16日

无法复制的茅台与宏观大势

有群友问，如果把茅台装进其他酒瓶，或其他酒装进茅台酒瓶去销售，结果会如何？茅台之所以成就国酒的地位，不仅是产地、老酒、原

料、工艺、老酒储存、勾兑等因素,还有其基因里的文化内涵和历史底蕴。这些无论物质的还是文化的因素,只要缺一个,便不能成就今日之茅台及国酒在国人心目中无可撼动的地位。无论多少钱和力量,任何人也无法再建一家茅台酒厂。前些年我有机会喝到过不比茅台差多少的酒。这是我的一位亲戚从她工作多年的酒厂带来的老酒,酒色是浅淡的金黄色,入口醇香厚重,回味无穷,三日不绝。令我至今念念不忘。可是这酒缺少文化内涵与底蕴,而且产能和质量无法稳定提升,也就是说每次喝的同一种酒,质量、口味都可能不一样,导致这酒至今在国内默默无闻,曾几度濒临倒闭。所以我觉得以前有人说过的那句评语很有道理:中国的白酒分为两种——茅台酒和其他酒;也可以分成经得起折腾的酒和经不起折腾的酒(当然不希望茅台被折腾)。

宏观大势是我们无法预知和控制的,我们能管住的只有我们自己,不乱动,不乱想,并知道自己的公司还在,一直在,一直好,而且会更好。这就够了。

茅台出厂价一直不涨,很多持有茅台股票的股东朋友按捺不住内心的焦躁,巴不得今晚茅台就发个公告,出厂价上涨多少多少。

其实茅台出厂价目前暂时不涨,未来越是有确定性。假设现在出厂价涨到每瓶1800~2000元,茅台业绩和股价反而将在很长时间内处于一种不确定的状态,如果再遇到像这次疫情的超级黑天鹅,可能就不得不下调价格。不知道大家记不记得2012年前后,茅台市场官方指导价是每瓶1599元,结果遇到问题时,零售价跌到了每瓶800多元。对于茅台来说,那种情况的负面影响比暂时缓些涨价更大。茅台现在整体情况稳健,进可攻,有涨价和放量空间,还可多出些生肖酒和其他特殊包装酒;退可守,有零售价和出厂价差的保护垫,遇到黑天鹅可以从容应对。

我相信,只要茅台一如既往,将来涨价是肯定的。作为长期持股的股东,多点耐心,相信茅台,相信自己,没错。

2020 年 4 月 22 日

背后捅刀子的茅台经销商

一家贵阳商超把茅台股份做渠道改革的配额茅台酒囤起来,当成向银行贷款三年的抵押物。对这种倒行逆施的渠道商,茅台一定要坚决取缔。2019 年这家商超以 969 元出厂价拿到 80 吨 500 毫升飞天茅台酒,本应该将酒推向市场送到消费者的餐桌,却囤起来,变成库存和贷款抵押品,一方面为市场短缺推波助澜,另一方面推动市场价格上涨,让茅台背黑锅。

按照茅台的定价原则,53 度飞天茅台酒市场价每年在上年的价格基础上上涨至少 10%,另外还有未来 3 年出厂价和市场零售指导价上涨的预期,3 年后这家渠道零售商可以赚个盆满钵满。同时其得到的低息贷款,又可以按现在的价格买入更多的飞天茅台酒,再囤起来抵押。这雪球会越滚越大。

茅台的商超直销改革,是希望将茅台酒以最小的代价送到消费者餐桌,减少渠道囤积,没想到最应该为茅台渠道改革助力的伙伴,却在背地里狠狠地插了一刀。对这样的渠道商零售商,茅台必须坚决取缔。不杀一儆百,其他渠道商、经销商必定有样学样,让茅台的渠道改革名存实亡。

2020 年 6 月 9 日

引进外资的酱酒产业园,是招商引资还是急功近利

在贵州,哪一寸土地最值钱?当然是茅台镇的赤水河两岸。哪一个

品牌最珍贵,对贵州、对国家的贡献最大?是贵州茅台。这是贵州人民,甚至全国人民的心头肉。

贵州茅台,可以说是贵州最敏感的那条神经,是贵州经济和发展中最珍贵的眼角膜。贵州、遵义、仁怀甚至茅台镇的各级政府和老百姓都应该像爱护自己的眼睛一样呵护茅台。但让人难以理解的是,贵州、遵义、仁怀当地却招商引资了一个高投入、高消耗而低产出(平均出厂价每瓶低于200元)的大型项目,来抢夺茅台镇的土地、环境、原料、市场、人才等珍贵资源,无异于在茅台的两肋插上两把贻害无穷的尖刀。

就茅台股份现在的实力,如果需要,可以在一夜之间拿出投资数十万吨产能的现金来扩张。茅台股份当初为何定下5.6万吨后不再新增产能的目标?是因为茅台股份没钱吗?别忘了茅台账上有千亿元现金,每年还有几百亿元现金的新增利润进账。但是茅台股份是以负责任的态度,在保护当地环境资源,在理性发展的同时,将绿水青山和今后发展的空间留给子孙后代。茅台镇就那么大地方,环境承载能力非常有限,不应该再有大型的同类投资项目来争夺环境、原料、资源、市场、人才等,况且还计划每年新增100万以上的游客。这是对茅台镇环境的破坏。这真是在茅台最稚嫩的心头,被自己人狠狠插上一颗铁钉。何谓竭泽而渔?何谓杀鸡取卵?这就是一个活生生的例子。

2020年6月17日

假把式与真投资

真的投资,只要看好自己的钱袋就行。自己的钱袋装的才是自己血汗和智慧换来的真金白银。别人说给你的只是别人嘴里吐出的数字而已,千万别太当真。就像某些所谓的大师嘴里的功夫,说得天花乱坠,看得眼花缭乱,比画下,说不定是假把式,论真拳脚,你比他强多了。

对长期的茅台股东来说,目前是不是牛市并不重要。无论牛市还是熊市,这些年来,茅台的产量、销售、业绩及分红,都是逐年增加的。资本市场上,赢得财富、笑到最后的人,大多数是无论牛熊坚守信念的人。如果牛市追涨、熊市杀跌,最终一无所获。所以长期以来,我只看茅台业绩和分红,从来不管何时牛来去,何时熊出没。就算所谓牛市,既不羡慕别人的股票涨得多,也不懊悔自己的茅台涨得慢。慢慢走才走得远。所以熊市牛市,没我什么事!

做投资,关注公司内生价值增长带来的财富增长,比关注所谓牛熊带来的股价波动赚钱其实更靠谱。大多数靠所谓牛市赚钱的人,熊市都会全部交回去,甚至交得更多。

茅台一涨,有"茅粉"问我:您怎么看待现在的茅台涨幅,是正常合理的众人推捧,强者恒强,还是不应该出现的泡沫。如果茅台今年内涨到2000元,估值短期提到高位,作为投资者应该以怎样的心态去面对?

我回复:尽量不看它,况且,根据多年来的情况看,无论茅台短期涨多高,以后都会更高;无论茅台调整有多深,都一定会回来并继续创新高,关键得拿住。我从来不恐高,也不惧低,无人能奈何我。

茅台要么继续涨,2000元/股、2500元/股、3000元/股,随便什么价位我都陪着。从上市到如今,随着股价上涨,股市资产(而非收益,因为没有卖出)涨了300多倍,再涨几十倍、上百倍,我也无感。

要么回调?我曾经领教过,回调70%,不是又涨回来了吗?要真回调,正好还有点机动资金,本来想买茅台酒喝,现在干脆全买茅台股票。

或者横盘?牛皮市又不是没见过,下跌、调整、横盘,经历过最长五六年,下次我想试试调整10年、20年,反正不卖,看看横盘什么滋

味,看看有多少人能坐得住。

涨、跌、横,还有其他选项吗?没了,该干吗干吗!

有人说茅台估值太高,没有什么投资(投机)价值。我感觉茅台从几十块到一千多,今后或许达数千股价时,这文章都适用。只需将文章中的价格数字改一改就可以。低估值买进,高估值卖出,在我看来,其实就是投机。判断估值何时高,还是低,对哪只应该高哪只应该低,跟判断股价一样,凡人做不到。曾经估值30倍时,有人说高,结果升到50倍甚至更高;20倍时有人说低,结果降到原来的8~9倍。所谓估值,其实是股价,也就是不理性的情绪的体现。谁过度看重估值,谁亏钱。例子就不用一一列举了。

关注公司内生性价值确定性增长,才是真正的投资核心。

2020年7月28日

中报后的走势

朋友问怎么看茅台中报?其实这些年我一直都不爱看。无论中报如何,明天不外乎一跌、二涨、三不跌不涨(不太可能)。天天、次次、季季、年年如此。

但2020年度分红不会低于19元/股,这才最重要。

关于走势,有以下几点现象:

(1)前几天联系了在埃德蒙顿的茅台加拿大经销商,从2019年底至今,茅台进出口公司一瓶酒都没发货给他们,市场上看不到一瓶新酒已达半年时间,问什么时候能发货,回答只有三个字:"不知道。"市场处于极度饥渴状态。

(2)联系几处自营店,前几年我每年都从这几处买酒若干,如今他们连说抱歉。至今一瓶酒都没给,家里库存告急。上星期才拿到一大箱 12 瓶,可以撑一阵子了。

(3) 2019 年 12 月底开始的疫情,到目前国内没有完全消失,国外愈演愈烈之势持续。拐点未到。

(4) 茅台前几天被泼污水,至今还在恶心人。看到中报才知道,或许是为了外资能降低成本多买点?!

(5) 2020 年 7 月 28 日茅台半年报出炉,以后有钱时,加仓买入时成本会不会又高了?

2020 年 8 月 16 日

快钱与一生一次富有——持股茅台 19 年悟

(一) 剩者为王

开户证券营业部老总发来邀请,参加他们的讲座,主题是现在国内国际政治、经济、环境下,证券市场波谲云诡,大盘震荡,投资者应该如何应对。想想,我还是婉拒邀请,并告知,我的策略说起来太过简单,都无须一秒钟,那就是以不变应万变。

自 1993 年开始,我经历了太多的涨涨跌跌,目前情况其实不算差,况且茅台于我,无论是个人金融资产,或是现金分红,都创了历史新高。这一切都来源于 19 年来的唯一策略——心如止水。无他。

最近,国内外股市跌宕起伏,很多股票涨得把茅台甩出几条大街。

一直以来,我不羡慕别人的股票涨得多,不羡慕别人赚钱比自己赚得多。因为我的能力圈只让我赚这些。出了能力圈,赚不赚不知道,但是相信早晚会亏。

在股市上,有些东西一直有人想不明白:每天、每周、每月、每年,茅台都不是涨得最好的,但是茅台的股价中国股市第一。

在投资这事上,时间越长,胆子越小。所以投资也有一种说法:撑死胆大的,胆小的命长。命长总比虽然短暂富有但中途被干掉好。

自己看不懂的股票我一定不买,因为我怕有去无回,钱没了,人还在,年纪又一大把了,有生之年都爬不起来,那不是好惨?所以,茅台少涨点就少点吧,只要资金安全,人平安,满足了。

谁都不会嫌钱多,谁都喜欢快富。所以彩票生意那么好,但是中奖概率接近零。所以我相信,主观上能力圈,客观上确定性,才是慢慢变富的根本。超出能力圈的,我不碰,虽然也许有可能大概会带来短期收益。但是相信那句话:是我的终究会是我的,不是我的早晚会离我而去。再说对确定性的理解,来源于我的能力圈。在我的能力圈里,我能理解的一些公司,只让我看到了茅台的确定性比其他都好,所以我就只买茅台。至于亚马逊、苹果、特斯拉、腾讯,包括最近的酒鬼酒,还有一些最近三五个月涨了十几倍的大牛股,我是后知后觉,涨了以后才看到。原来茅台最近不是最牛的。这说明:(1)茅台每天都不是最牛的,而且在过去19年里,茅台也不是最牛的,但我喜欢。(2)其他那些统统都不是我能力范围之内的,所以不羡慕,知足常乐。想想99%的人那么多年来熊市亏,牛市更大亏,我已经很幸运了。尤其2020年,不,其实永远都是——剩者为王!

(二)抓住改变命运的机会

大凡到年底多多少少都会进行一个总结,看看自己这一年做得怎样,过得怎样。而我自己除了年底回看一年,最近这几年,在每一个8月底或9月初,都会不由自主地想想,回头看看走过的路。每一次回望,都会更坚定对未来的信心。19年前的今天,茅台上市;19年前的大后天,茅台成了我生活甚至生命中最重要的部分之一。

2020 年

2001 年 8 月 27 日，茅台股票上市。当时在外出差，未能申购新股。3 天后我回到广州后，到开户证券公司，将家庭可用现金的大部分全仓买入茅台股票，平均价格是 36.7～37.5 元/股。这个买入价几乎成了今后 4 年多时间里的最高，往后的几年，茅台最低跌到 20 元/股。2005 年中开始回升到了 50 元/股以上，家庭资产才开始是正数。这几年是整个 28 年的投资生涯中可以说是最难挨的一段时间。也是这几年的磨心难挨，从根本上改变了我今后的规划，使我真正成为关注企业内生性价值增长的茅台股票持有人。

后来我几乎经历了茅台上市以来所有的下跌、上涨、分红、送转股。直到 2013 年度分红到账后，每次分红，我都不择时全部或大部分买入茅台股票加仓。2012 年开始每年买入一些飞天茅台酒，自己开始喝一些，主要是和朋友、客人一起喝。2014 年开始，茅台每年的分红基本用于生活费后，大幅度减少了加仓，直到 2020 年。

这些年，除了经历茅台的涨跌、分红、送转以外，也见证了茅台所有的风风雨雨。对茅台来说，这一切近看，好似惊涛骇浪，回头一瞥，其实是一颗颗石子在平静水面留下的涟漪。

经历了风雨，必然会有彩虹。19 年的持股，分红加仓，也得到了茅台的回报。2014 年后至今的分红大部分用于生活、旅行、孩子教育等不算，至 2020 年 8 月 26 日收盘，19 年来，因投资持有茅台，家庭证券资产增值整整 360 倍，19 年复合增长率约 36%。跟我当年参加高考一样，对许多投资达人来说，这是一个平淡无奇甚至平庸的成绩，但对我、对我的子孙后代，这是可以改变命运的数字。

记得以前写的一篇博文中说过，人的一生中能够抓住的改变命运又稍纵即逝的机会不过两三次，甚至只有一两次。也有很多人，一生一次都未必有。而茅台给了我这样的机会。谢谢茅台，相信茅台，未来一定会更好。

有朋友说这 19 年的业绩赶超某些基金，甚至巴菲特。其实这样的

比较没有任何意义，也不准确。

首先，我做投资，从来不与任何其他人或机构比较或竞赛；其次，个人投资与私募基金不能进行类比。基金量大，有风险控制分散投资、对客户资金保值增值等要求。基金有强大的团队来支撑支持，长期看是可持续的。而作为个人投资者，唯一能做的就是对自己负责，不犯错，超长期单一持仓加仓，但势单力薄，长期看，这样的高增长率不具有可持续性。也许若干年后茅台产能和价格遇到天花板，业绩不再高增长，变成稳定债券型投资标的。这样的投资复合增长率可能会变得很低。当然短时间内还看不到这个天花板。

也有朋友问我单一持仓茅台，当茅台产能和价格达到天花板后会如何。记得我以前一篇博文说过这问题，现在再重述一遍。

茅台现阶段规划产能5.6万吨，现有产能都未全部实现，考虑其他的为时太早。真到那个时候，如果需要，茅台可以把所有的仓库改成生产车间，产能可以提高5倍以上。因为储存不需要占用核心产区宝贵的微生物和发酵环境，所以产能5.6万吨甚至8万～10万吨能达到。需要的话，20万吨都可以达到。现在不能这样说，更不能这样做。因为物以稀为贵，同时环保技术也没有达到支撑这样产能的水平，而且茅台和酱香酒的市场还处在培育期。但是我知道，在茅台的核心产区，产能和储能之比是1∶4，设备和半成品可以移动，仓库可以改建成制曲或酿酒厂房。这一过程，在10～15年后现有产能达标后，可能再持续20～30年。

所以，要做的，就是什么都不做。

供参考。

（三）关于茅台的思考

有人问：现在茅台酒是卖不动，还是买不到？股价调整到200元/股，出厂价调整了多少？两篇冷水文有没有改变茅台在国人心目中的国酒地位？

我认为，在这个市场，如果茅台倒了，其他酒企还能立得住吗？

再说了，茅台的业绩和分红年年在增长，股价，还看它作甚？对了，跌了可以多买些，挺好！

另外再想想这几个问题：

第一，茅台贵不贵？两种比法，无论茅台股价和茅台酒价，跟其他股票比，从上市那天开始，从来没有便宜过；和茅台自身的过去相比也很贵。和未来比，和5年、10年甚至更久后比，贵不贵，看准备拿多久。拿得越久越不贵（非买入建议）。

第二，《西游记》中孙猴子能七十二变，筋斗云十万八千里。那么大本事的一神仙，也会受尽妖魔鬼怪以及他师傅跟队友的折腾，动不动就来一紧箍咒，何况茅台！

第三，有时候，觉得唐僧真讨厌，但却不能没有。无论筋斗云出去多远，即便回到了花果山，猴子总会回到唐僧身边。这绝不仅仅是因为紧箍咒。

第四，要真没有了一路想吃唐僧肉的妖怪们，《西游记》就没趣味了，也就没有了《西游记》。

第五，悟空也有猪队友，何况茅台？

第六，取经路，千万里，还有九九八十一难。真经在西天，真经在路上，在九九八十一难中。

2020年10月7日

茅台酒的地位与投资的最佳时机、方法

（一）茅台酒的地位

中秋、国庆期间有几场聚会，发现一桌酒席的档次，由喝的饮料来

定位。哪怕满桌最普通的家常菜甚至路边摊,但是只要有茅台,立马感觉就不一样了。这也是茅台的护城河。

看到一篇网文,限制公职人员八小时以外饮酒。这仿佛又是一个利空,而我看到的是大利好。这是让更多的老百姓过上好日子,这样茅台酒才能被更多有消费能力的普通人喝掉。这才是茅台真正的市场。

（二）投资的最佳时机、方法

常常有人问,现在是做某某事,或买入茅台的时机吗?

要欣赏最美的风景,种一棵树,或做一件事,最好的时机是现在,然后才是10年前。投资亦然。10年前,没有资本,没有认知,没有想法,也就没有时机。现在一切都有,时机便是最好。

成语说,时不我待,大器晚成。时机已到,便不再踯躅。也不再纠结于10年逝去的时光。

相信过些年回头看,现在就是最好。

茅台酒市场价和出厂价差日益增大,而其他酒不停涨价,包括茅台集团的其他酱香酒,让很多茅台股东,甚至持股时间挺长的股东很是不爽。不爽归不爽,还是得让自己平复心情,只有心平气和,才能走得远,等得久。在股市,等得久比跑得快更有用,尤其是投资茅台。以前我常常提醒自己：不能等待,是投资茅台的致命缺陷。现在已经不等了,和它一起走。

从2001年上市至今,有相当长时间,茅台股价是不涨或下跌的,前前后后,契合5%：95%的铁律。在过去很长的几个时间段,其他很多股票,包括生物、制药、高科技、软件、家电、饮料食品等公司涨幅或股价远远高过茅台。但是在A股,除了5%：95%铁律,还有一个茅台魔咒,每次都显灵。所以茅台股东（而非茅台股票炒作者）不去过度关注短期的股价,甚至酒价的变化,笑到最后的,一定是和茅台一起走得最远的（自我安慰,不作任何投资建议）。

2020年10月25日

股东监督与茅台股份的社会责任

多年以来,茅台股份在抗疫减灾、扶贫助学等多方面连续捐助。作为茅台的小股东,我一向对这样的行为都感到骄傲和自豪,也发自内心地支持,虽然屡屡捐款的主体出资人是茅台股份,但最后挂名是母公司茅台集团(即另一家公司)。这种张冠李戴、占茅台股份便宜的做法,茅台股份的小股东们最多是心有不爽,发发牢骚,从未有实质性的反对。而这次,在新管理层治理下的茅台,不合法合规的大笔捐款触碰了股东的底线,也可以看成是为今后更大笔不合规也不合法所谓捐赠或利益输送的尝试。

作为一家国企、一家上市公司,食品酿酒饮料行业领军企业,中国资本市场的标杆,还是有大量国际投资者为股东的沪港通龙头,那么茅台股份的社会责任是什么呢?

茅台股份最主要社会责任之一是依法依规进行公司管理和经营,为中国其他的公司做出表率,让全国及世界投资者坚定对中国资本市场的信心。

茅台股东,作为中国资本市场的参与者,除了享受投资茅台带来的收益和荣耀,也有责任监督茅台的经营、发展,指出其错误的做法,督促其在依法治理、合法经营的正确道路上为中国的资本市场做好表率和旗帜。为社会创造财富,为国家发展缴纳更多的税收,正是茅台股东们的职责。茅台股份和茅台股东是一个整体,没有茅台股份就没有茅台股东,同时没有茅台股东也不会有茅台的今天。许许多多的茅台股东同茅台一起风风雨雨近20年,为茅台的发展也添砖加瓦。茅台股东今日所拥有和享受的一切,绝非任何人或团体的施舍和恩赐。任何时候,管理层有任何瑕疵和错误,股东们指出来并监督其修正,是法律赋予股东的

权利和义务，也是股东的社会责任。

俗话说，人无完人。任何公司亦如此。虽有瑕疵，茅台依然是一家卓越的公司。但要成为伟大的百年企业，其还有很长的路要走，而法治才是长远发展的基石。

天若有情天亦老，人间正道是沧桑。只有茅台股东才会和茅台矢志不渝地永远在一起。作为茅台当家人，是流芳还是遗臭，看看脚下，再看看远方，每一步都走正途，很重要。

2020 年 10 月 26 日

投资——剩者为王

（一）看得懂，拿得住，熬得久

经过多年折腾，大家都知道，茅台股价涨跌都没多大事儿，跌了就买。想想 2021 年基酒产量达标 56000～58000 吨，2026 年销量 45000 吨，价格经过一到两次上调，上涨 35%，反正股东最不缺的就是等待和耐心。了解茅台的，是不会担心茅台的。茅台就像取经路上的唐僧，总有妖魔鬼怪想吃一口，但是唐僧还得走。过几年看今天的茅台，就像今天回看 2008 年、2012—2013 年的茅台。近看风起云涌，惊涛骇浪，远看闭月羞花，风轻云淡。

在投资上，无论是茅台还是其他值得投资的标的，要做的不是短期能取得多么了不起的收益，而是看谁能在自己看得懂的正确方向上走得远，甚至活得长。见过不少人，在某年某几个月，取得三五倍甚至十来倍收益而沾沾自喜。但放长到 5 年、10 年后，业绩却很平庸，甚至最大的成绩就是这些年没亏，或比别人亏得少。为什么会这样？因为任何股票上涨与下跌、调整都遵循 1∶20 的铁律，给我们看的恰恰是那个"1"罢了。因为以前总在"20"中痛苦和折腾，真遇到那个"1"时，也未必敢，甚至肯定不敢全仓投入，往往是分散投资，甚至像撒胡椒面。再遇到"20"时，撒的那点胡椒面顷刻间烟消云散。

在中国股市甚至世界股市，一定还有比茅台股份更好的，但那些在我的能力圈外，看不到看不懂的，就当没有。过后若干年回头看，即使确有好的没享受到，也不会懊悔自己的坚持和选择。整个过程中，最重要的是两点：一是看得懂，二是拿得住。最后再加一点：熬得久。

（二）持股茅台平常心

有朋友说，如果下周茅台创新高，就开瓶茅台庆贺。我以为创新高他就会卖，毕竟茅台话题多，有人不一定会接受。朋友回答是：不卖。

既然不卖，为何要庆贺新高？所谓新高，是投机才看中的最好解套机会。投机者（非贬义）往往在前高追涨买入，被套了几个月，甚至半年。新高出现，于是解套、逃跑，再创新高，于是追涨买入，又被套，再创新高，再又解套……一轮又一轮。其实对茅台，只要你有耐心，创新高根本不是什么新闻，或值得庆贺的事。管理层不瞎折腾，做事依法合规才值得庆贺。

茅台股价上涨、又创新高，我就开始冷水泼头模式。对持股 5 年之内的股东来说，股价上涨诱惑大，总在心痒卖不卖。只有忍住，经过几轮牛熊，才发现涨跌都是浮云，一点都不重要，重要的是做股东的时间要足够长。因为拉长看，茅台每一次的新高，都是将来的谷底。

茅台真股东，关注的是业绩和分红，用时间来换空间。茅台每天都涨得不太好或不是最好，但以 5 年或 10 年或更长为时间段划分，茅台股价和业绩增长，在国内 A 股，如果说是第二，前面一定没有第一。有很多人拿茅台与五粮液、汾酒对比，茅台好像增长太少。但是把时间段放长到 2015—2025 年 10 年时间段，相信茅台无人能敌。茅台酒和酱

香系列酒现在的设计产能,要到 2026—2027 年销售年度才可以充分释放。飞天或五星茅台酒现在出厂价只有市场实际零售价的 30%,而且这个数值还在持续缩小。如果出厂价不涨,2025 年时出厂价或许只有市场零售价的 15%~20%,届时,管理层和压制茅台涨价的部门的压力会巨大。

茅台酒的供求矛盾不是动态,也不是常态,而是坚如磐石的固态,短期内遇到的问题,终将成为过眼云烟。

有朋友问我,2020 年茅台涨价的可能性多大?这真不知道,但我猜可能性是零,而将来涨价的可能性我可以肯定是 100%。只要茅台酒质没变,价格不担心它不涨,这就是护城河。

茅台集团想成为 500 强,如果靠收购其他资产,如高速公路,污水处理,或其他非主营资产(甚至垃圾资产),就别想了。所以真要是聪明人掌舵,就一定会以坚定发展股份公司飞天茅台为基本策略,这才是成为世界 500 强的唯一途径。茅台股份和茅台集团有今天,靠的是什么?是茅台。茅台股份(或集团)想要有明天的辉煌,还要靠什么?依然是茅台。所以孰轻孰重,得仔细掂量。茅台股份公司才是所有股东、集团公司及集团所有成员公司最应该珍惜的优质资产。只有股份公司好了,所有股东、集团,甚至贵州省才会好。所以珍惜吧!

(三) 终点与起点

在任何一天、一周、一月、一年,茅台股价都极少是涨得最多最好的。但为什么现在茅台股价第一,市值第一?如果把这个搞清楚,就什么都明白了。投资茅台或任何股票,别指望每天创新高。涨一天,下跌或调整 20 天,无一只股票,无一个交易日例外。茅台现在的管理层是有问题。但是能找到一家完美无缺的公司吗?任何一个公司在任何一个阶段都会遇到各种各样的问题。就像一个人的身体,有病了,要么自愈,要么吃药,甚至开刀。茅台有些小恙,能自愈最好,不能自愈,必有郎中上门。投资茅台，眼光要看远。如果一帆风顺，天天新高，拿着股票很容易。只有在出现问题时能拿得住，才会笑到最后。2020年关于茅台涨价，不是现在的管理层能左右的，也不是贵州省能左右的。所以要有耐心，2020年茅台业绩还在涨。有一天出厂价非涨不可了，会如何？这一天不会太远。茅台虽然叫贵州茅台，其实在很大程度上不仅仅属于贵州。谁要把茅台搞坏了，不是千古骂名那么简单的。我相信，茅台，凡是有人能想到的数字，都不是它的终结，这是一场比耐力的较量。茅台会不断出问题，但这些问题会不断得到解决和修正。

2020年10月26日，茅台股价破1900元/股，估值和股价都创新高。我看这不是终点，这是另一个起点。但是投资茅台，别看市盈率估值，得看有没有5年、10年不需要花的闲钱。今天1900元/股了，谁也不敢说是不是有一天会回到900元/股，甚至更低。到那时，目前在杠杆上狂欢的人是不是都还在？所以，加杠杆前问一下自己，如果回到900元/股会怎样？财产是否还能安全，会不会被券商平仓？

2020年12月28日

投资不与任何人攀比

任何时候，都有比茅台好的，或涨得更好的公司或股票，关键是懂不懂。不懂，就不碰。泸州老窖，是毫无疑问的好股。1994年上市，涨了800倍，足以傲视群雄。茅台，7年半后上市，涨了370倍，没有泸州老窖多，但是我非常满足。中国股市，茅台是当之无愧的王者之像。但这一点都不妨碍其他好公司的出现。

投资是超长马拉松，仅着眼于半年一年的收益，根本就毫无意义。看一年一季，巴菲特的收益比很多基金经理都差，但以50年为期，巴菲特都不屑与任何基金经理相比。另外，做投资比的是自己的以前、现

在和将来，自己的生活因为投资越来越好，就是成功的投资。不与任何人攀比，这毫无意义。另外持有茅台，成天关注它的股价估值，就像走路盯着脚尖，碰到沟沟坎坎，铁定会摔跤，肯定走不远。把估值股价成天挂在嘴边的，要么是投资菜鸟，要么是在忽悠投资菜鸟。

2021 年

2021 年 1 月 3 日

2021 年展望

20 年前我觉得自己是有勇气、有能力，也是最勤奋的人。什么公司，哪个行业我都能侃侃而谈，什么股票都敢买。直到茅台上市，慢慢发现自己以前知道的东西百无一用。于是到现在，知道的公司、股票，只剩一家了，所有的技术分析等，都好似天方夜谭。其他人谈股票，我只有打瞌睡的份，更是胆小如鼠，不敢轻举妄动。因为怕乱动，一旦给干趴下，这辈子恐怕再没有站起来的力量和机会了。一辈子如果能富一次就够了，自己变得挺容易满足。

另外，很多人都在憧憬，过了春节是牛年，有个大牛市。但是牛市熊市，都没我什么事。

短短的数个交易日，茅台股价从 1800 多元直接飙到了 2150 元。微信、微博两个交流群里面的"茅粉"们，有的兴高采烈，有的忧心忡忡，有的犹豫不决，也有的意犹未尽。有几位持仓量不是太多，或者没有持仓正好手里还有些现金的朋友问我，现在可不可以买入或者是加仓。这一类的问题每次都伴随着茅台的上涨或下跌而来。这次问了两个问题：第一个问题是，在现在的基础上，如果茅台股票价格上涨 1 倍，或者更多，会怎么样？第二个问题是，如果茅台股票的价格下跌 50%甚至更多，你又会怎么样？

我回答，从现在到可预见的将来，没有任何操作便是我的操作，到 7 月如果分红下来还有余钱，我会不择时买入加仓。对茅台这样的标的来说，我持有的风险与持有的时间成反比。持有的时间无限长，风险便趋于零，甚至在零风险以下。同时随着时间的延长，收益率也会无限接近于一个平庸的平均值。

至于茅台的股价今后会怎样？我不在乎，我只在乎每年的分红

怎样。

当然另一件事儿就是管理层以后会怎样，管理层如果收到法院的传票后，他们的反应又会怎样？有点好奇。

2021 年 1 月 9 日

茅台涨跌的逻辑与抱团

一位朋友说，股市的涨跌本来就没有什么道理和逻辑可讲。如果非要去找背后的原因，那就是自寻烦恼。不找原因，也不看股价，就彻底没什么烦恼了。

茅台和其他酒业股票都进行过大幅调整。关于做"T"，追涨杀跌，以前已经说得太多了。任何人做成十次八次都毫不稀奇，稀奇的是次次都成。只要一次不成，前面无论成功多少次都枉然。其他股票不知道，在茅台 20 年不到的历史上，看到不少人做"T"失败再也没机会回来。投资茅台，保住利润的方式不是做"T"，或追涨杀跌，而是不动等分红，今年能拿到的分红比去年多，便是赚了，股价涨涨跌跌多少年，见怪不怪了。当然还是那句话，只说我自己，不构成投资建议。

明天怎么样？不涨就跌，不跌就涨，或者不涨不跌。这就是股市。

有一个奇怪的现象，只要茅台上涨，一定有人出来说，是因为基金抱团取暖。否则其他都跌，为什么就只有茅台涨？

所谓基金或资金抱团，在我看来是一个极好的投资现象。自由市场中自主选择去抱团茅台的资金或基金，都是聪明的，拥抱的都是优质的核心资产或股权。资金都是聪明的，它们会去应该去的地方。有些聪明基金或资金抱着茅台这样的优质股权，短期可以获得分红，长期可以获得增值。

全世界所有的股市或市场，凡有头脑的聪明资金或基金，都会流向能保值增值的优良质地的公司股权。一如既往，都会如此。为何单单拿茅台说事？只有一个解释，眼科医生说了，这叫红眼病。

2021 年 1 月 17 日

CNN 对茅台的关注

美国有线电视新闻网（CNN）从 2017 年开始，每年中报前后都会发一篇关于茅台的长文，介绍茅台生产、销售、投资等情况。2021 年提前了，是否在提醒国际投资者：投资茅台要赶早。CNN 发在财经版的这篇文章，还算切合实际。

这也是在给管理层一个信号，茅台，不仅国内投资者在看，国际投资者同样在关注。茅台，且走且珍惜。

2021 年 1 月 18 日

单一持股的风险

多次有人问我关于单一持股风险的问题。

20 年来我只在 A 股投资唯一股票，这做法对 99.99% 的人来说，都不具有操作性，太过集中甚至极端。但这做法对我无比安全，毫无风险。任何市场都一样，差异和分歧产生需求，进而产生交易，否则就没有市场了。

消除风险的方法因人而异，有人快进快出，有人分散持股。而我认

为，一个股票是一个风险，再加一个股票，并没有分散前一个的风险，反而风险加多了一个，变成了两个风险。依此类推，买入股票越多，风险越多。与其多多持股，不如就把一个股票吃透，遇到任何环境，都有应对思维（注意是思维，而非做法）。另外持有优质股年限与风险成反比。持股（茅台）年份越长风险越小。年份无限长，风险趋于无限小，直至负数（负成本）。

前几天看一位知名投资人士的视频，其中一段话印象深刻。

他说买入一只股票，成功率是80%（说实在的他太过乐观）。那么平均买入10只股票成功率是多少？其计算方法不是简单相加，而是乘积的关系，相当于80%的十次方，于是得到这个公式：$80\%^{10} = 10.74\%$。

如果平均持有股票20只、50只、100只，那么成功率是多少呢？

20只：$80\%^{20} = 1.153\%$

50只：$80\%^{50} = 0.00142725\%$

100只：$80\%^{100} = 0$ 至 $-\infty$

公式是不是正确？我没试过，不敢妄言。对我自己来说持股品种和风险成正比，而持股年限与风险成反比。

2021年2月11日

投资中人与人的差距

经常有朋友问我看些什么投资的书，让推荐几本。翻翻书柜，我看过的投资的书真不多。不是我不爱看书，以前看过好多投资的书，发现有些看不懂，有些我都懂，而更多的是懂了也没用，甚至不如不懂，于是就不再读那些书了。

这些年来，发现真正有用的东西都不是从那些专门讲投资投机的书中学来的。没有任何一本书可以教人一劳永逸的投资之术。

我曾多次向朋友推荐《孙子兵法》。我也读《三十六计》，但不推荐，因为后者属于战术类，也许可以赢一时一地。而《孙子兵法》则是治军治国治心治人方略，不仅赢一时一地，也要赢长久，赢未来。

近几年常放在手边翻读的书，都不是专门关于投资的。比如《华杉讲透〈孙子兵法〉》，初看不讲投资，读几遍后，发现这是离投资最近的书。遇到的投资中的问题，都可以在这里面找到答案和解决的办法。当然一本书就像一道菜。百样人品，有百样味品；或像一朵花，百样眼光，有百样颜色。

想起我儿子的老师常给他们说的话："人与人之间，最小的距离是出生与智商；人与人之间，最大的距离是勤奋与坚持。"

再说说我为什么推荐《孙子兵法》这本书。《孙子兵法》要胜的是全局，而不仅是一仗两仗、十仗八仗。就像诸葛亮和司马懿的对弈。诸葛亮靠着一个个的计策赢了好多仗，但最后他输了；司马懿似乎很狼狈，输了好多仗，但最后他赢了。诸葛亮的赢靠一次次的计策，就像逃了好多顶，但后来他也到不了顶，因为他每次到顶前都聪明地或准备不足地退了，最后只能半途而废。司马懿为了登顶吃了不少的小败仗，有几次还差点丢了命，好像是次次没能逃顶而触底。但司马懿因为有底，而每次触底后他的目标都是登顶。股市上有太多的诸葛亮，而司马懿少之又少。

2021年2月14日

再答买入与涨跌

有网友问：一直持有原来的茅台没问题。但是假如春节后茅台继续

涨，有闲钱而不是融资，还继续买入吗？还是等等再买入？

我答：这个问题被问了很多年，答案多年来都一样。我自己有闲钱时，从来不择时买，并且买入后抱定永久持股的心态。一般人的能力和精力，无法判断高低涨跌趋势。我从来不给买卖建议，得自己作决定。

2007—2008年时我在230元/股左右买入，现在看，这与150元/股或120元/股买入的部分我觉得差别不大。当然如果能在80元/股买入肯定也高兴。可是那得过了以后才知道原来会从230元/股跌到80多元/股。我没有未卜先知的神力，只知道手头的这些钱是不是我需要用作其他用途的，其他的不考虑。

关于春节后是不是会跌或会涨，我看要么跌要么涨，各占49.5%的可能性。剩下的1%是不涨不跌。这个预测神准！

又有网友问：这些年茅台涨得太少了。

我答：茅台上市以来，每年都涨得比其他股票少，但是这不耽误茅台是A股股王。

茅台一跌，有朋友就不淡定了，四处询问，茅台怎么了？为什么跌？会不会一直跌下去？还会涨回来吗？被套怎么办？

第一，茅台没怎么。任何一只股票都有涨跌，往往没什么逻辑。非要去找出原因，纯粹是自寻烦恼。

第二，茅台为什么不可以跌？时节寒暑更迭，月有阴晴圆缺，人有喜怒哀乐，股票有涨有跌。买入前就应该想好，要享受上涨的喜悦，就要承受下跌的沮丧。现在2500元/股，如果承受不了跌到500元/股的痛苦，也就享受不了涨到5000元/股时的成就感。这世界很奇妙，没什么是不可能发生的。只是谁会遇到，或者什么时候发生而已。忘了股价（也不是100%能做到，努力着），就当这一切与自己无关。

第三，茅台会不会一直跌下去？茅台会一直跌，过去20年，茅台一直在下跌中创新高。毕竟1:20铁一样的定律对茅台依然有效。要是一只股票股价天天涨，从不跌，那真是离开地球飞向宇宙了。所以跌才接地气。

第四，茅台跌了还会涨回来吗？50.00001%的可能性茅台还会涨回来。什么时候？也许明天，也许明年，也有可能2025年，甚至更久！无论如何不是今天，因为今天已经收市了。

第五，被套加上被芯，就是被子，睡觉就会温暖了，享受吧！

刚开始投资时的一个误区就是，买入股票后，涨了就觉得自己成功，夸自己牛得不行，走路都是颠着的！一跌就觉得环境变了，或被骗了，见谁都想诉苦，随时都想骂人。到处去问人，表面上是对股票、公司不了解、没信心，其实是对自己不了解，对自己没信心。尤其是关于茅台。

茅台股价连续三天下跌，大致有三种声音：第一种，是幸灾乐祸。第二种，追高买进的新股东，没买进的时候看着茅台天天涨，买进来以后连续三天跌，就心如刀绞。于是四处打听茅台怎么啦？我还能不能解套？第三种，这种人数最少，对于茅台涨跌无动于衷，爱跌跌爱涨涨，反正又不靠涨跌来赚这个差价。这第三种往往才是笑到最后的人。

还是那句话，如果不打算拿十年，就不适合买入茅台。茅台股票不是短期炒股投机的好标的。别看2020年底到春节假期前涨了30%多，但股价跌回以前不是没可能，只是看什么时候发生。茅台过去20年一直在不停地触底，然后创新高。下次股价新高一定会来。什么时候？也许5年后或10年后。但要说业绩或分红，可是年年新高，从不失约。这也就是茅台的确定性之一。所以别说股价跌三天，就是跌三月、跌三年又有何妨？

还有40天就公布2020年度财报。我期待着比上年大的红包。至于股价要跌，你就多跌点吧。最好能跌到七八月份，等我的分红到账，我还可以多买一些。

2021 年 2 月 21 日

年夜饭的调查

春节期间，我的朋友圈，茅台出镜率初步估算在 80% 以上。也有其他酒，如五粮液、汾酒、洋河、红酒、花雕，但茅台绝对是点睛的主角。家家的年夜饭都各有特色，甚至餐具都长短不一五花八门，但茅台可以统一这个标准——那就是：年夜饭，喝茅台！

2021 年 2 月 13 日我发了一个投票调查，今天截止，想看看年夜饭有多少人喝茅台。有 6 万余人次浏览，有 1404 位朋友投了票。

茅台接近一半：687 票，占 48.9316%；

占第二位的是未能列名的其他白酒，包括舍得、剑南春、古井、西凤、沱牌、老白干等，199 票，占 14.1738%；

五粮液：180 人，占 12.8205%；

泸州老窖：80 次上桌，约 5.7%；

洋河、汾酒各得 57 票、53 票，各占 4% 左右。

二锅头 36 票，为 2.5641%；

而洋酒和葡萄酒有 112 次上桌机会，大概 8% 的家庭选用了洋酒和葡萄酒。

这个投票，是非官方、非正式、非指导性的，是不完整数字的自娱自乐，不得当真。当然看到这些数字，还是有点意料之中的哈！

无论如何，希望大家生活牛年更上一层楼，也希望在牛年，需要和喜爱茅台酒的消费者更容易买到茅台酒。明年过年时，希望有更多茅台酒能走进千家万户，走上你、我、他的年夜饭桌。

2021年2月23日

关于财务自由

关于什么是财务自由，每个人的理解不同。

我认为，财务自由，并不是说银行有多少存款，而是可以不做自己不喜欢做的事，并且生活质量不会因此而受到负面影响，或危害身心健康。做到了这些就财务自由了。

一般来说，只有穷人或老人才喜欢拿着现金。富人和年轻人不会也不应该把过多的现金放在手里或存在银行。如果一直拿着现金，财务自由，早晚有一天变成财务不自由。

所以有钱一定要投资优质资产或优质股权。只有这样财务才会持续自由，并且还会保值增值，抵抗通货膨胀。不仅自己能财务自由，子孙也会沾光。

群友发了一张表，列举了茅台的下跌过程。我几乎全都经历了，加上2002年初至2003年下跌50%，再加上2001年上市后，直到股改前长达5年的磨人牛皮市，我是一次都没有缺席，唯一错过的是上市后前三天的上涨。下跌？不怕！还有分红！

日落西山你不陪，东山再起你是谁？

2021年2月24日

社会上的茅台怪状

在中国，国酒茅台真是一个奇特的存在现象。无论哪个阶层，无论哪个职业，无论收入多少，每一个人都想拥有茅台、得到茅台、喝到茅

台酒。能喝到的端起酒杯都说：好，很好，非常好。许多没喝过茅台酒甚至不喝酒的人，有机会一定想尝一下茅台酒的滋味。

但是在舆论层面，对茅台酒可以说是没有消息就是好消息。任何消息，任何事件，无论怎样，对茅台都可能是负面的解读。

无论本身是否正面的事件，但只要涉及茅台，就有各种各样的论调和声音，总是会站在道德的制高点对茅台进行口诛笔伐，这些人都是端起酒杯就说好喝、真好喝，想要、还想要，一旦放下酒杯就开骂、开贬，否则显示不出自己的高尚道德。

而所有的这一切我看都基于一种非常不健康的心理，这种心理就是见不得其他东西好，因为他未享受到。

引用作家叶辛的一段话："我想茅台酒幸好是酒，而且是国酒，是近14亿人口大国的中华文化酒的代表。我从来没有读到过英国人骂苏格兰威士忌的文章，我也从未见到过法国人调侃科涅克白兰地的文字，走遍世界各国，但凡出名酒的国度，我们听到的都是对自己国家和民族出产的名酒的盛赞，而且不少酒的价格，要远远贵过我们的茅台酒。"

我在国外工作和旅行很多年，去过许多国家，喝过不少国家的国酒。每一个国家都有自己的国酒，都有自己国家的国家名片，都被这些国家国民引以为豪，听到的都是赞美之词。从来没有见过任何一个国民或者一个媒体像某些国人一样对自己的国酒进行诋毁。希望不再有这种现象。

2021 年 2 月 26 日

投资茅台不比快慢，只比谁跑得远

过去的十几个交易日，真的是冰火两重天，过年前大涨，过年后大跌。把 K 线图放大看，就像是一座两面对称的小山包。在两个交流群里，对这段时间茅台股价的涨跌，反应也是冰火两重天：微信群里，风平浪静，而微博群里却是吵吵嚷嚷。究其原因，微信群里的群友都是些"老人"。在过去的三年多时间里，大家一起讨论，一起一遍又一遍地重复1∶20的定律，一起重温茅台过去20年来的每一次涨跌。虽然大部分人并没有完整经历所有的这些涨跌，但是一次又一次的念叨，让大多数人都有了免疫力。所以看似暴风骤雨一样的急跌，也仿佛成了花前月下的和风细雨。而且微信交流群里面的很多朋友早已对茅台股价的变化很淡定。

正是：它涨任它涨，清风拂山冈；它跌任它跌，明月照大江。

而微博交流群里面大部分是新人，还有不少"00后"。绝大多数人买入茅台时间都在几个月或一年之内。很多人都期望买入茅台以后天天上涨。过年前的几个交易日茅台狂风暴雨般地上涨，所有人都兴高采烈，所有人都觉得是收到了大红包。没想到过完年就来了当头一棒。我还是那句话，这世界很奇妙，没有什么是不可能发生的。只是看什么时候发生，谁会遇到。对有心做长期价值投资的人来说，所投资的标的下跌或长时间调整，是非常必要的一课，也可以说，不经历股市剧烈下跌下挫的人不会成为合格成熟的投资者。

很多人崇拜巴菲特，想成为像他那样成功的投资家。可是又有多少人知道或想到，过去五六十年巴菲特经历了所有的战争、经济危机、股市崩塌。他经历的这些都是他今天成功必须付出的代价。投资茅台仅有金钱作为资本是不够的，另外的资本就是投入的时间和过程中所经历的磨难与煎熬。这几点缺一不可。

投资茅台就像一场超长距离的马拉松比赛。这场比赛，不比快慢，只比谁能跑得远！

坚守的力量——价值投资之道

2021年2月27日

正本清源：关于茅台的踩曲工艺与茅台的社会怪状

近年来，可谓是"茅黑"猖獗，很多口口声声说不喝酒，尤其对茅台酒不感兴趣的黑子们，对茅台的生产工艺最为关心。尤其是对茅台生产中第一道工序的踩曲进行歪曲抹黑，可谓丧心病狂，欲置之死地而后快。为了正本清源，以正视听，我们来了解下为什么踩曲工作由年轻女性完成？而不是男员工或机械设备。

正所谓"水为酒之血，曲为酒之骨"，酒曲的重要性不言而喻。传统上是从每年端午，打碎严格精选的小麦，拌入水和母曲，然后就可以踩曲了。而现在其实2月以后只要气温回升，制曲踩曲就开始了。

茅台踩曲一般都由女性完成，很多人对于"少女光脚踩曲"颇有微词，事实上人工踩曲制酒，无论中外，都已有多年历史，是古法技艺的传承。纯粮酿造酱香型白酒，需要把酒曲踩成四周低、中间高的龟背形状，外紧内松，有利于微生物的生长，便于粉碎发酵，这样的要求机器很难做到，并且人工踩曲能使曲胚温度上升空间有限，踩曲过程之中可以起到提浆作用，能够促使曲胚韧性以及成型度更高。茅台以前曾经由贵州工学院合作试制，尝试过机器制曲，但是机器制出的曲块几乎完全不能发酵成熟，不能用作后续的糟醅发酵工序。

至于踩曲工作多为年轻女性完成，主要是因为茅台酒的传统酿造工艺极其复杂，须经过两次投料、九次蒸煮、八次发酵、七次取酒之后才能酿造出高品质的大曲酱香酒，对酒曲的要求自然也是极高。

女子体态轻盈，体重适中，而且细心敏感，容易掌握力度，注重细节，能够精细操作，而男人体重过重，力气较大，相对来说也会比较粗心，容易将曲胚踩得过于紧实，这样不利于微生物发酵，影响酿造效果。

这里"体重"是个重要的因素，制曲的车间工人体重是不能超过120斤的，这也就直接排除了大部分的男性和一部分体形已经发福的女性，而且踩曲是一个需要力气和技术的活，年轻女性体力会比上了年纪的女性更加适合，年轻人在体能上较好，同时也更容易恢复。所以我们看到的制曲工人多半为年轻的女性。至于其他一些论调，纯属无知无聊且低俗至极的无稽之谈。

茅台酒，作为我国国粹之一，应该爱护与珍惜。当然"茅黑"们的不怀好意甚至低俗的、不安好心的歪曲抹黑，终究为人唾弃。

就像厨师切肉片，师傅片烤鸭，人工擀的饺皮包水饺。有些东西，机器永远代替不了人。茅台酒生产工艺中，能够由机器替代的，都已经全部由机器替代。有些现代工艺、技术、设备等经过多少次实验不成功，无法机器替代的，才保持了传统人工操作的方式。其中踩曲、上甑、取酒等关键环节的把握便是如此。

茅台的事永远都说不清楚，这件事清楚了，马上"茅黑"们就会用他们的"聪明才智"找到新的槽点。就像有的国家想抑制中国发展，总是找事，他们还需要理性和理由吗？随便都能找出点什么来恶心你，虽然不一定有用。

2021 年 2 月 28 日

茅台股东"茅粉"与"茅黑"

茅台股东应该是泰山崩于前而色不变，20% 波动就撑不住的人，200% 上涨他一定享受不到。20% 根本就不叫调整，只能叫波动。调整，35%～70% 甚至更多才叫像样的调整。茅台上市 20 年，有好几次这样

的调整了。最近七八年都没有过像样的调整,所以茅台股东需要有长期的思想准备,这样的调整每过一段时间都会发生一次。但既然是调整,就会有回来的一天。要对中国、对茅台、对自己有信心。很多人自驾去过拉萨,一路沟壑,上山下坡,一路风霜雨雪,昼夜兼程,最后才能看到壮美的布达拉宫和珠峰。这像极了投资茅台。

在茅台上市前很多年,就已经开始有了"茅黑"。各种无知奇葩的蠢话谎言诋毁抹黑,至今尤为在耳。茅台上市后,他们因为鼠目寸光,错过了投资茅台的时机,没有享受到茅台这些年高速成长的利益。一些"高级黑"的加入以及信息时代的传播手段,现在的"茅黑"也更加具有煽动性、迷惑性、愚弄性和传播性。可以预见,将来"茅黑"会伴随茅台的成长永远存在。他们不仅黑茅台,凡是中国的好东西只要他们没有享受到,就一定会跳出来。这些"黑",就像我们生存空间里带着细菌或病毒的老鼠、蟑螂、苍蝇、蚊子,令人厌恶,又摆脱不掉,而且时不时还会将病毒、细菌释放出来肆虐一番,让人防不胜防,烦不胜烦。作为投资人,只能是打各种疫苗使自己产生抗体,练成百毒不侵、金刚不坏之躯。

这将是近期甚至今后,最后一次说"茅黑"。家里进了苍蝇、老鼠,打死,或赶跑,再消毒洗手,绝不是装起来欣赏回味,或者跟着没被消灭的蟑螂、老鼠钻鼠洞、爬阴沟。对于"茅黑"的防治,这篇文章的后半段,就是长效杀虫剂。

2021 年 3 月 1 日

茅台上市与管理合规合法

最近有一种声音,说茅台本不需要上市,因为其有很强的盈利能力，不上市的话，所产生的所有利润都不必和任何股东来分割，当然也就不会有今天对茅台捐赠和后续同业竞争所发起的集体诉讼。也有人认为这样的诉讼是在给茅台添堵。与其这样，还不如当初不上市，或者大股东用手里的现金来做退市的收购。

我看这些都是画地为牢、坐井观天的思维。如果当年不上市，就没有今天的茅台，不上市，茅台厂就是贵州山沟里产好酒的一个酒厂而已，别说是世界第一市值食品饮料上市公司，恐怕早已被埋没得无影无踪，也不会有贵州省国资委减持2%就收回的数百亿现金。上市，茅台进入了资本市场，引进了国内甚至国际投资，也引进了现代企业的概念，同时也让茅台以更好的形象走向中国、走向世界，才有茅台这些年取得的令世人瞩目的成绩。

但是一家企业或一家上市企业，无论有多牛的业绩，也不是不合规经营的理由和借口。现在的股东监督和诉讼，不是在拆台，而是让茅台更好地成为中国资本市场甚至世界资本市场的标杆。

作为贵州人、遵义人，茅台的同乡，我深深地热爱着这片土地和这里的人们。我爱贵州、遵义、茅台，这是生我养我之地。这里有我的父母兄妹、亲朋好友。我是多想贵州的山水美、百姓富、官员廉、法纪明，但是这一切都不是姑息茅台任何不守法不合规操作的理由。茅台不是任何人、任何团体或地方的囊中之物，它是全中国的，今后，它也将是世界的。只有守法合规，才会有真正的长远发展，才对得起全国人民以及所有中外股东对茅台的热爱与信赖。只有守法合规没有瑕疵的经营，茅台才会更加壮大，随着祖国国力和文化的重新崛起强盛，大踏步走向世界。

2021 年 3 月 4 日

成本、涨跌、困惑与技术分析

茅台再跌 5%，除了极少数人说好外，和以前一样，有人幸灾乐祸，更多的是上涨时所谓的价值投资者传出的骂声和埋怨：这不是股王吗？这不是牛股吗？怎么也会这样跌得肉疼呢？

不是一直崇拜巴菲特吗？不是说别人恐慌要贪婪吗？涨的时候，信誓旦旦，跌的时候落荒而逃。怨天尤人没用，买入前就应该想好，买入后跌 50% 甚至更多怎么办？恐怕只是想着买入后涨三五倍就卖出，自我封神。

说实在的，我觉得跌了挺好，还跌得不够狠，还会再跌。茅台从来就是在下跌中上涨。我如果承受不了这么多次的下跌，一定走不到今天。经历几次欲哭无泪的下跌后，皮糙了肉厚了，也许就真正变成价值投资者了。看来靠股价涨跌赚差价的能力，不仅我没有，绝大多数人都没有。

20 年陪伴茅台，就这点波动，不用惊慌。对于茅台，我永远看好明天、后天，明年、后年。但今天，让暴风雨来得更加猛烈些吧！

有人问："我现在还有一个比较困惑的问题。早期持有茅台的，由于暴涨好多倍了，基本靠分红就有很多收益，所以他们对茅台股票涨跌更能从容淡定。但是最近买入茅台的小散户，由于茅台不太可能像以前暴涨那么多，基本靠分红，一年收益也不太多，那么面临比较大的跌幅或者长期横盘时，如何保持更理性的心态和思维呢？"

首先这样的困惑不是始于现在，自从茅台上市开始，这样的困惑就一直在投资者中存在。可以说，投资茅台，不能快速致富，这个现象，今后也会一直存在下去。做投资不但是茅台，所有的投资标的都是一样的，投资并不是一个让人快速暴富的手段。

就投资来说，无论是投资茅台还是其他标的，投资的成本有两项。第一项就是投资的资金成本。这一项比较好理解，就不再赘述，关键看第二项成本。

第二项成本是什么呢？大家都知道：一寸光阴一寸金，寸金难买寸光阴。这第二项成本便是投入的时间。时间这项成本，实际上比资金成本更加珍贵。因为时间就是一个人的生命。它是单向的，一旦投入便无法撤回。而时间成本的投入又是必不可少的。它与资金成本同样重要，甚至更加重要。无论中外的资本市场，都有很多优质的公司。拉长投资年限，都是一个向上的趋势。但是在这个过程中，绝大多数时间都是在波动中调整，在下跌中不断上升。于是这便需要标的的持股人或者投资人有非常平和并超前的眼光来看待自己标的的上涨、下跌和调整。如果仅仅投入了资金成本，但是不愿投入时间成本来陪伴自己投资的标的在漫长的岁月里上涨、下跌和调整，那只是投机。无论中外市场，投机者成功率微乎其微，哪怕投机者成功了 99 次，但只要有一次操作和走势相反，那么他 99 次的收益也可以完全归零。这样的例子相信不在少数。

在投资生涯里，大幅下跌肯定是很难熬的，心会如刀绞一般疼。我最初的做法是把茅台过去走势的月线图或者是年线图打开看一看，想想在这过程中有很多次的下跌，而现在这一次，却是上涨过程中一点点小小的波动。这种波动是作为投资者必须经历的，是一次次洗礼中的一次。这样我便会平静和释然。经历数次这样牛熊的转换，慢慢会变得皮糙肉厚，心如止水，也就从关注股票价格转变为关注所持有的标的物价值的上升。过去 20 年来，茅台产生的价值一直是提高的。这便是茅台的安全边际。茅台的股票价格和市场上其他两三千家公司比较，从来就没有便宜过。这一点想通了，那么投资茅台，无论是狂风骤雨还是风和日丽，心里面也就淡定了。

经常有朋友提问，现在来投资茅台，今后茅台还会像过去 20 年一样股价大幅暴涨吗？无论是过去的 20 年，还是未来的 20 年，对这个问

题的回答,都是"不会"。我们也是过了 20 年才发现茅台在过去的这 20 年原来涨了几百倍。在今后的岁月里,茅台还会这样涨几十倍几百倍吗?我不知道,我相信没有人知道。但是我知道一件事,那就是茅台这家公司内生性价值的增长一直在持续。在可以预见的将来,我们看不到增长的极限。这就是茅台股份的投资确定性,也就是我投资和持有茅台的动力所在。至于茅台今后还会涨多少倍?我只能说人的眼光是有限的,人能看得到的地方一定不是这个世界的尽头。

总之投资的两大成本——金钱和时间,缺一不可。一旦投入了会有多大的收获?只能让岁月来回答。

看见一篇短文,其中列举了很多金融投资的专业术语,来分析茅台酒为什么会下跌。我看其主旨就一个,那就是我既然投钱了,就应该让我赚钱。但是作者忘了钱只是所投入的资本的很少一部分,在投资上,尤其是在投资茅台上,我认为最大的成本是时间,因为时间就是人的生命。

茅台买了,就忘了股价吧。股价涨跌与长期持股无关。想短期靠赚股价价差的,基本没有成功的。看远点,茅台从来不套人,前提是忘掉股价,抛弃小散思维。

如果投入资金,而不想投入时间,无论你的投入有多大,都将一无所获,甚至血本无归。投入时间用来干吗?用来等待。不能等待,是投资的最大缺陷。尤其是茅台。酿一瓶茅台酒,都需要 5 年,投资茅台股票,却想几天就赚饱,那就是做梦。所以茅台酒需要酿几年,持股时间,在这数字上至少乘以 2,便是投资茅台的正确策略。

2021 年 3 月 9 日

技术分析与复盘

有人说茅台在什么价位有个跳空缺口，必然要补。但我不看这种所谓的跳空缺口。老老实实研究公司，研究业绩，磨炼自己的心态和意志力，买入好公司，长期价值投资，让公司不停增长的业绩传导到价值端。随着公司价值增长，股东财富自然增加。这才是价值投资的正道。

好多人喜欢复盘，我觉得没有任何用处，是典型的事后诸葛亮。很多股评都擅长这一套。预测股价走势，总在涨跌判断的前面加一个字——"或"，如股价后市，或上涨，或下跌。感觉他什么都对。如果他预测或涨，但是跌了，他会说，你看我说或涨，没说一定涨，说得多准。如果恰巧第二天涨了，不得了，简直是股神出世。反过来也一样。不过这种股评，迎合了绝大多数"小散"们解闷消遣听人说话的需求，又能安慰炒股亏钱受伤的心。而且，股评本身也是一工作。

2021 年 3 月 17 日

浓香和其他香型酒的优点

我总结了一下浓香型酒的优点如下。

浓香型占据市场最大份额的几个原因：

一是几乎没有地域限制和要求，大江南北，长城内外，在许多气候和地理条件下，几乎都可以酿造。另外浓香型酒对原料没有太高要求，高粱、玉米、小麦或薯类都能用。

二是酿造周期短，从投粮至酒出厂，最快三个月至半年，且不需要

窖藏，直接上市。

三是取酒温度低，只有茅台酒的一半左右，粮食出酒率高，单位粮食出酒率是酱香型酒的2~3倍。

四是液态法（工业食用酒精勾兑法）可以勾兑出浓香型酒的几乎所有味道。浓香型酒，没有老酒勾调统一口味的要求。

这些因素就是浓香型酒成本、产量、产能、地域分布等方面的优势，也是全国各地消费者以浓香型酒消费为主的原因，同样也是喝了浓香型酒会头疼、口干、不易恢复和解酒的原因。浓香型酒所有的优势都是酱香的短板，但假以时日，相信酱香型酒会逐步增多，更多占据中高端、高端和超高端消费市场。

当然喜欢哪款，口味不同，各有所爱，各取所需。

2021年3月20日

通胀与通缩、比特币与黄金

通货膨胀是全球性持久性的事，好还是不好，得一分为二地看。其实通货紧缩的危害更大。如果说通货膨胀是高血压，通货紧缩就是贫血。高血压要命，贫血同样要命。对老百姓来说，对抗通胀最有效的方法就是持有优质资产或优质股权，而不是现金或垃圾债券，或拿钱去放贷。对茅台股东来说，就是多买茅台股票，或茅台酒实物，以不变应万变。

而针对通缩，老百姓对抗的手段相对就少了很多。

为什么首选茅台酒股票或茅台酒实物？

因为对抗通胀，资产保值增值，手段有投资、购入资产、实物或股权。我眼里的茅台股票或茅台酒，是具有金融属性的快速消费奢侈品。

相对黄金，容易获得、保存、流通；相对其他实物商品，单位价值高，有社会、社交和消费属性，并且确定库存增值，这一点在几乎所有商品中绝无仅有。所以我们可以把茅台股票和茅台酒称为救生圈资产。长期看，无论通胀还是通缩，茅台股票和茅台酒必定处在所有资产的最顶端。

比特币的价值是什么，如何体现？不仅我没想通，也没人能说得很清楚。就是那句话，碰运气赚的钱，不是真正的能力。运气不好，又会还回去。

也许我太过谨慎，而且本来就是普通人。普通人占大多数，但总有一些人认为自己不普通。其实，承认自己是普通人，就比大多数人不普通了。

黄金是不是对抗通胀的好投资？黄金是通行世界几千年的硬通货，放长时间看，保值是肯定的。但目前来看，一是获取不易，二是流通不易，三是保存不易。黄金保值而不增值，且时间要拉长看。

有人说黄金应该也是增值的。比如以前90块钱1克，现在300块钱1克。但其实那不是黄金增值，而是货币贬值。为何说黄金没有增值功能呢？比如在民国时北京四合院值5两黄金，而现在值5000两黄金，那这个四合院增值1000倍。但是民国时5两黄金，现在值几两黄金呢？依然是5两。所以黄金永远不增值。

有人把比特币拿来和黄金相比。说将来比特币有可能会代替黄金，成为人类社会的储备货币。黄金作为天然货币，已经有几千年的历史。在我们可以预见的将来，没有任何东西将会最终代替黄金，成为最终的储备货币。

而这种虚拟货币没有各个国家的中央银行背书，无法得到所有国家的认可。比特币出现时就宣扬数量有限，只有2000多万枚，挖完就没有了。其实换一个计算方式就会出现另外一种虚拟货币，现在不是又有了以太坊吗？以后还会出现各种各样的虚拟货币。

2021 年 3 月 23 日

投资的机会成本、失误和教训

在茅台投资上，我只看资金成本和时间成本。对我来说，没有机会成本。因为我除了茅台股票，没有其他的投资标的。酒是喝的，房是住的，车是开的。当放弃更好的投资获利机会而投资茅台，并且投资茅台的收益确定比另外的投资收益低时，才能说投资茅台投入了机会成本。否则只是一个机会而已，谈不上是成本。

机会成本，是事后诸葛亮。投资是个过程，当这个过程没有完结以前，你不知道哪一个投资的机会成本高或低。除非同时投资两个标的 A 和 B。在投资过程终结时，发现投资 A 比投资 B 获得的利益更大，那么才能说投资 B 机会成本高于投资 A。除此之外，机会成本无法计量。所以说机会成本这个说辞是给善于后悔的人一个台阶和借口。

毫无疑问，人的一生会犯许多错误。我在投资上要说失误和教训，只能说 1995 年离开广州去上海工作前。那段时间，我追涨杀跌，把不多的钱亏掉了一部分。后来因为需要用钱，将持有的深发展卖掉，留下 50 股，离开股市。从那以后直到 2001 年，6 年时间没有接触股市。2001 年全仓买入茅台后就在尽力避免犯以前的错误，减少或杜绝无谓无效的操作，所以基本上没有大失误。因为我们总说做多错多。为了减少错误的机会和风险，我选择不动。也许有人会说长期不动就是一种失误，因为中间有很多机会可以赚更多的钱。对我来说，看不懂的机会就是陷阱和风险。如果把不操作不能赚更多钱算作失误的话，我也认了。对投资犯错尤其风险极端厌恶，所以我在投资上从不试错。

2021 年

2021 年 3 月 28 日

摒弃定向增发

一直以来我对定向增发和配股的公司都比较反感。通常业绩无法支撑业务扩充的公司才需要定增或向股东配股。但这些公司通常有一套冠冕堂皇的说辞来掩盖。在这一点上，茅台堪称典范，从上市募资 20 多亿元以后，再也没有向任何渠道定向增发或向股东配股，一边大额分红，一边扩张产能，现金和资产还在快速增加，显示了其强大的造血功能，而无须外部输血。这才是长期投资应该关注的公司。虽然茅台现在有些问题，但所有的问题都是长期的，也是暂时的。当然也可能受认知和能力圈的局限，我看不清或看不到那些定向增发和配股公司的美好远景。所以我不会选择这样的标的。这也是我的能力的确定性局限。无论如何，不懂不做，原则永远不改。

作为长期投资来说，我最看重的是未来长期或永久确定性。定向增发或配股的公司，有了第一次就会有之后的无数次。当然这绝不是说再融资的公司就一无是处。只是我对投资这样的公司有保留。实际上 20 年来我几乎没再买过其他公司股票。

2021 年 3 月 29 日

上涨和下跌无缘由

今天茅台和其他股票涨了，大家兴高采烈，纷纷猜测是什么原因导致这次上涨。

其实股价涨跌没有什么具体的原因。或许因为这个原因太过复杂，

而任何人的认知和眼光都具有局限性,所以无论是谁猜测的原因,永远都不是那么准确。既然猜的原因都不准确,甚至都是错的,所以涨了跌了总去找原因,纯粹是自寻烦恼。

万事万物皆有因有果,但是在股价上,从来没有人把股价短期涨跌的种种原因搞清楚。所有人都是猜测。本来关注股价短期涨跌就是无谓无用的事,再去猜测股价短期涨跌的原因,更会让人迷失方向。如果一定要找一个原因,那么股价涨跌的原因跟业绩、股价一样,越是长远越是有确定性。要找也要找5年、10年后的原因,而不是找短时间内的原因。

看看茅台股价,跌是每天的必然,而涨是短期的偶然、长期的必然。所以眼光长或短,决定了每天的生活方式和长期必然的投资结果。

目光短浅,时时焦虑不安,却又一无所获;目光长远,则天天气定神闲,定会硕果累累。

跟以前的生意伙伴聊天,他说十多年前我告诉他可以买茅台股票,他嫌贵没买,买了一堆其他股票。折腾这么多年,现在终于明白了,也晚了,买不起了。

我说茅台股票永远都不是买不买得起的问题,而是配不配得上。暂时买不起,还可以努力;配不上,就别强求了,随缘。

2021年4月2日

数据分析与投资水平的等级

在微博或公众号中,有很多善于作财务分析的"大V",他们应该有财务方面的背景,所以分析数据还是挺有参考价值的。当然,他怎么操作无所谓,关键是自己怎么做。对茅台只要不是那些无凭无据无脑黑，我认为都不妨看看。这世界什么人都有，自己做什么人、走什么路才决定结果。

我一般不太费事费时费力费脑去分析那些枯燥的数字。茅台年报看四个因素——产量，销量，业绩，分红。如果都比上年多，我就满意了。

投资水平一般分为五个级别。第一级别是听别人的。别人怎么说他就怎么做，到处打听消息，没有消息就坐立不安，也不知道怎么办。这个级别通常就是所说的"韭菜"。

第二级别是技术分析。他们每天热衷于看各种数据线条，进行复盘，各种技术理论头头是道。通常就是不停地在被套—解套—再被套—再解套中折腾。若干年以后，最大的成就就是资金金额没有减少。

第三级别是财务分析和市盈率分析等。这个级别通常是可以赚一些钱的，但是大部分赚不了太多的钱。

第四级别关注的是标的的长远发展、长期战略等。到这个级别通常都不会为未来的财务状况而担心，因为他们不是在买股票，而是在买公司和未来。

第五级别是什么都不分析，凭对公司的信心进行终身投资。

能达到投资境界的第五级别，多半是成长而来，并非天生。也并不是说不分析，只是他们的分析与众不同，不显山露水，所有的东西了然于胸，信手拈来。看着像是一个手无缚鸡之力的废人，实际上是顶级高手。任何一个标的，他只要瞄上几眼就知道是否有投资价值。当然这瞄的几眼，需要看到骨髓里的东西，也可以说是人前不显露，背后下功夫。

第五级别最重要的有两个因素：第一是非常专注；第二是长时间地专注。当一个人专注于一件事情，1年后会了解此事，5年后会很熟悉，10年后会成高手，20年后成专家，30年后孤独求败，40年后成为至尊。

重点何在？长时间专注！

2021 年 4 月 4 日

酱香型白酒的缺点和劣势

以茅台酒为例,说说酱香型白酒的缺点和劣势有哪些。

(1)酱香型白酒对环境地域的要求尤其严格。在气候上来说,四季温差不能太大,尤其是春夏,需要有高温潮湿的自然环境,否则会影响微生物的发育。所处的地形不能太空旷,四季不能有强风,需要与外界气流相对封闭,否则就会影响微生物的生存。虽然在其他地方都有一些酱香型酒的生产,但是最主要的生产环境限定于赤水河谷茅台镇上下游一小块地方。超出这一块地方,即便是工艺和原料一样,生产出来的酒也不可能达到茅台酒这样的高标准。珍酒就是一个最好的例子。

(2)酱香型白酒对原料有高的要求,必须是大曲,也就是用小麦来制曲,高粱来制醅。茅台酒则更加苛刻,除了有机小麦制曲以外,必须用仁怀附近区域产的有机小粒红缨子糯高粱。以上两点都决定了,酱香型酒不可能在全国大范围大面积的地方进行酿造。

(3)生产周期长。与浓香型、清香型白酒相比,酱香型,仅仅是制曲的时间,传统上从端午制曲到重阳投料就需要 4 个多月,加上 9 次蒸煮、8 次发酵、7 次取酒,一个过程需要整整一年时间。而这一段时间其他香型的白酒已经生产了两轮或者三四轮了,新法制酒则有无数轮了。所以酱香酒生产效率极低。窖藏更需要时间,其他酱香酒短则一两年,茅台酒前后至少需要 4 年。茅台酒的生产工艺和周期极其复杂冗长,毫不夸张地说,是地球上最复杂的酒类生产工艺。

(4)酱香型白酒的出酒率比其他白酒低很多,这是因为酱香型白酒大部分的粮食颗粒必须保持完整。以茅台酒为例,只有一小部分高粱可以破碎,其他必须是完整的颗粒,称为坤沙(又名浑沙)。这样的粮食才能耐 9 次蒸煮、翻糙。加上取酒的温度高以及基酒香型的严格要求，单位粮食出酒率与其他白酒相比只达到30%～40%。相对成本高不少。

（5）酱香型白酒必须是纯粮固态酿造，不能有任何外来的物质添加，包括水都不能添加。茅台酒的香味物质，任何人造的化学品都无法调出来，只能老老实实用传统工艺来生产。新法酿酒也就是液态法酿酒，不可能勾兑出酱香型白酒中的香味。有些人用固液法或者是用其他酒厂酱香型白酒生产以后的酒糟加上酒精来进行二次蒸馏或者是兑调。

（6）在以上几条的基础上，酱香型白酒还有一个最重要的因素就是库存老酒的勾调。酱香型白酒是中国白酒中几乎唯一的窖藏时间越长味道越好的酒。成品酒的勾调使用老酒来调味是必不可少的一个步骤。所以优质的老酒库存也是限制酱香型白酒大量生产的一个重要因素。可以肯定地说，没有老酒库存就不可能生产出质量好的酱香型白酒。

以上几点可以说是酱香型白酒生产中最大的缺点和短处。这也是长期以来酱香型白酒产量不大，并且产地集中，长时间未能成为消费主流的原因。最近这些年，提倡少喝酒、喝好酒的健康消费观念，酱香型白酒才越来越得到消费者的认可。尽管如此，可以预见，在今后相当长的时间内，酱香型白酒产量在整个白酒产量中的比例也不可能占大多数。绝大多数的白酒消费者还是需要以浓香型、清香型和其他香型的白酒为日常的口粮酒。

2021年4月8日

茅台酒基酒和成品的质量波动

有一个经销商在成都的烟糖酒会上说茅台酒的质量怎么样波动，什么时候好，什么时候不好。以后股东大会时，大家如果有机会去厂里，

可以向厂里的一线酿酒师或品酒师们寻求答案。

茅台酒某些年份产量、质量受到气候的短暂影响，这个说法不准确，应该是有一年茅台酒厂的生产基酒质量和产量受到影响。那是多种因素叠加造成的，包括气候、技改、原料等。但是并不是说进入茅台酒基酒库存的半成品质量不合格或质量下降。有资格进入茅台酒基酒库存的基酒，一定要达到质量要求，如果不能满足质量要求，这些基酒会直接用作茅台酱香系列酒的生产，比如王子、迎宾、汉酱、赖茅等。这种质量波动更不会传导到最终出厂的飞天或五星茅台酒。

茅台酒基酒入库以前的检验非常严格，不是一个检验员可以决定的，入库所有的编号都可以追溯到是哪一班哪个人生产的，是谁检验的。茅台酒最终产品装瓶出厂以前，这个检验过程不是一般的检验人员可以做的，必须是厂里的品酒师，至少是4~7位品酒师品评一致认可，才可以装瓶出厂。所以茅台酒的标准是有延续性的，而且不是由一个人说了算。说某个时间段某个年份茅台酒的质量或好或差都不准确。

普通飞天和五星茅台酒出厂标准只有一个，而且这个标准一定不会轻易更改，这是茅台酒的生命线。

2021 年 4 月 22 日

持股如何应对茅台滞涨

对茅台长期的股东来讲，茅台滞涨是让人最难以忍受的一种情况。其他股票都在涨，甚至酿酒板块所有的其他股票都在涨，只有茅台那么不合群。再加上这一段时间以来，茅台总是让人那么不顺心。相信有很多人都在怀疑自己是不是错了。其实没错，茅台就是这样的，永远都不太合群，无论是茅台酒还是茅台股票。一直以来，而且以后都一定会特立独行。如果和其他的公司或股票一样，它就不是茅台了。

所以一直以来我都对自己说，想要长久持有茅台，最好的办法就是不看它的股价，甚至忘了它，忘了自己还持有茅台股票。忘得越彻底，今后的收获也就越大。

茅台一季报利润增加百分之六点几，相信99%以上的股东都有些失望。人人都想知道究竟是怎么了，真相究竟是什么？

做账一直都是茅台经营最重要的部分，这次只是太过明显而已。茅台以前做账的目的往往是厚积薄发或者是先积后发。所以短期持有茅台的人，过去这些年可以说是天天都在哭，但对长期持有茅台的真正的股东来讲，是年年都在笑。这一次季报业绩又好像是不及预期，相信后面几个交易日会有暴风骤雨般的大跌。但是可以看看中报、三季报、年报会怎样。笑到最后才笑得最好。

好多朋友问我，有没有考虑减仓或者是换成其他的股票。我在以前的一篇文章中说过，茅台就像海上的一座冰山，人们看到的只是露在上面的很小的一部分，看不见的有很多，长期或者是永久持有茅台的基础并没有任何变化。

老话说，"铁打的营盘流水的兵"，茅台本身是营盘，茅台的股东也是营盘的一部分。茅台最可贵之处是它的长期确定性，一两个季度的业绩报告说明不了任何问题，而且上市19年半以来，多少艰难的时刻都过来了，我也早已习惯了茅台做账经营的方式。

无论手有多大，总捂不过天，早晚有一天，真相一定会重见天日。

2021年5月10日

反驳某经济学家关于茅台和金融企业可怕论

某经济学家在几个不同的场合反复指名道姓地说，茅台和其他金融

机构成为中国资本市场上市公司的主体,是一件很糟糕、很可怕的事情,是不成熟的资本市场的一种表现。

我也反复看了这位经济学家关于中国资本市场的其他论述,非常认同他对中国资本市场的很多论断,但是对于茅台及其他金融机构作为中国资本市场主体公司是代表一种不成熟甚至糟糕的这个说法绝不认同。这种说法不仅掩盖了资本市场某些问题的真相,也会将社会舆论的焦点和某些股民在股市上盲目不理性投机而亏损的原因,错误地引导指向茅台这么一家优质的上市公司。

按照他的说法进行推理,以茅台和其他金融机构为主体的上市公司的资本市场是糟糕的、是不好的,照此逻辑,就是说没有茅台酒或者是以其他金融机构为上市公司主体的资本市场就应该是好的,是不糟糕的。事实是这样吗?

首先,这种说法是一个巨大的谬误,有以下几点原因。

第一,中国资本市场从上海股市开市的1990年至今经历了31年。而茅台上市是在2001年,也就是在中国股市开市11年以后。那么在茅台上市以前的这10多年,没有茅台的中国股市和资本市场是否就成熟和完善呢?这个答案显然是否定的,这10多年的时间,中国股市和资本市场刚起步,上市公司信息不透明、不对称、不准确,存在各种内幕交易。没有茅台的中国股市,能说是好的、完善的、不糟糕的吗?

第二,茅台于2001年8月上市,在以后这十几年的时间,茅台也并不是中国股市的排头兵,市值从70亿元慢慢增长到现在的24000亿元,经历了长达20年的时间。茅台的总市值成为中国A股市场第一位,也就是最近这一年多的事情。前面这十几年的时间,中国有那么多公司,它们有的是机会可以成长为中国上市公司的主体,但茅台却异军突起。茅台在成为中国资本市场主体公司前,资本市场是不是没有问题呢?

第三,截至2021年5月7日收市,茅台的市值为2.4万亿元。沪、深两市主板的总市值为80万亿元左右。茅台总市值占中国A股主板市场市值差不多3%。3%的市值怎么就能算是整个市场的主体了呢？就好比人的小手指头跟整个人体相比一样，要说小手指头是一个人身体的主体部分，那是不是有点太牵强了？

其次，茅台成长为中国A股市场市值第一的公司得到资本市场的认可，这是市场的选择，也是中国资本市场从不成熟走向成熟的重要标志。

在茅台上市之前和之后的十几年，没有茅台这样的公司占据市值前列，我们的股票市场是怎么样的，相信大家都记忆犹新。2001年8月茅台上市以后，在相当长的时间内茅台并没有得到资本市场的认可，长期阴跌不止，各种不利舆论纷纷指向茅台。但是最终茅台用自己的业绩赢得了资本市场的认可。越来越多的股市投资者发现投资茅台这样业绩良好、有前途的公司是他们资产保值增值甚至达到财务自由的手段，也有很多投资者摒弃了以前的投机，转向了价值投资。有一点这位经济学家说得非常好，说茅台每年能挣多少钱，这是很明确的，今后的发展会怎么样也是很明确的，这便是茅台最难能可贵的确定性。作为资本市场的投资者，投资一家有确定性有效益的公司，难道不是投资者由幼稚、冲动、盲目走向成熟和理性的表现吗？所以茅台这样的公司不是太多而是太少。这样的公司越多，说明中国的股市、中国的资本市场、中国的投资人才越成熟。

最后，作为国家经济政策制定的智囊，我们的经济学家、教授专家们为何不能正确地对待茅台这样的公司成为中国上市公司的主体，好好研究一下这个现象级的事件呢？

在中国的A股上市公司中，有很多高科技公司、制造业公司等。这些公司可以说占尽了天时地利人和以及国家的政策扶持和资金资源，同时也有一个庞大的14亿人口的市场作为后盾。如此优厚的条件，为何这些高科技公司、制造业公司没有能够像茅台市值第一呢？这难道是

茅台的问题吗？

反过来看看茅台酒厂，所在的地方 5 年前没有机场，10 多年前没有高速公路，20 年前只有崎岖的山路通向厂区，从最近的地级市遵义去茅台一个来回都需要一整天的时间。国家长期的开放政策是向沿海沿江沿边倾斜，茅台所处的贵州这个小山沟可以说不占天时地利，也很难说人和。我的同学中有很多人来自仁怀、茅台或者中枢镇。只要有机会，山里面的人都想出来。也只有季克良老先生这样的人，放弃了江南鱼米之乡的优越环境，千里迢迢来到茅台酒厂这样的地方，奉献了半个多世纪的宝贵时光，与其他前辈一起才成就了今日的茅台。为何茅台能够发展成今天的规模、拥有今天的业绩就有那么多的人看不惯呢？作为西部山区的一家企业，它就天生不应该发展好吗？这种心态是不是和某些西方国家看待中国今日发展的心态一样呢？

茅台上市 20 年来数十倍于融资额反哺社会，最近这十几年每年都会拿出大量的资金资助全国的贫困学子，这一点有几家上市公司可以做到？每年向国家缴纳大量的税收，带动贵州各地甚至全国多地的贫困地区脱贫致富，并且跻身于全球上市公司市值的前 20 名。这样有责任、有担当、有预期、有前途的公司成为中国资本市场的主体，难道不应该吗？

当然茅台也有一定的问题，就拿现在的情况来说，最近的管理层把茅台股份及股东折腾得七荤八素。经济学家、经济学教授们，更应该好好地研究，出谋划策，怎样来帮助茅台解决遇到的政策、管理、市场资源等问题，让茅台更好地发展，让茅台和其他公司一起，真正成为中国上市公司甚至世界资本市场的主体。

我们期待这一天的到来，当这一天真正到来的时候，茅台应该是中国资本市场的荣耀，而非被讥讽和打压的对象。

2021 年 5 月 25 日

慢慢变富

经常去 Costco 购物，Costco 的牛排特别好，有一种牛排肉嫩汁多，缺点就是价格很贵。我每次去的时候要看这个牛排有没有打折，打折的时候我就会很高兴，会多买一些来放着；如果涨价了，就会少买或者等下次。

如果把茅台股票也看成这种牛排，为什么涨了会高兴，跌了反而不高兴呢？

几乎所有年轻时就炒股的人，都想在年轻的时候就发大财，从此财务自由，享受人生。可是这种好事哪里找？早点发财，早点赚钱，人人都想。其实往往甘于慢慢变富的人才会不仅富一生，还会富后代。很年轻的时候就得到大笔财富的人，绝大多数都无法或者是没有正确的人生观来指导他如何驾驭、支配这一大笔财富，结果往往不太好。

积累财富的过程，也是学习如何驾驭、支配财富的过程。驾驭、支配财富的能力往往和积累财富的能力成正比。我感觉是年轻的时候如果有机会暴富了，他们往往认为财富来得很容易，以后还有的是大把的机会，所以不一定会珍惜，于是挥霍浪费，早早地耗尽一生的财气和运气，甚至健康和生命。

当然，如果年轻的时候有机会积累财富，一定要抓住这样的机会。但是这样的机会不会无缘无故地眷顾每一个人，对绝大多数人来说还是要有逐渐积累财富、慢慢变富的思想准备。如果没有快速致富的合法手段或者机会，也要心平气和地接受慢慢积累的这个过程。

在投资上我经历了 30 年。前 10 年摸索投资之道和积累投资资金，后 20 年咬定茅台，再没有动过。我知道我今天的一切来之不易，我也在教育我的子女们，要珍惜他们今天拥有的。我希望今后留给后人的不

仅是财产，还应该有精神财富。

有人问我：前 30 年成功的经验，后 30 年一定会适用吗？

我答：每一个时代有每一个时代的特点，历史永远不会重复，但现实和历史总是惊人的相似。

2021 年 5 月 27 日

上涨无逻辑

茅台股价触底以后至今连续大涨了两三天，又有人开始寻找这一波上涨的逻辑了。其实这是自寻烦恼。20000 多亿元市值体量的一家巨无霸型的公司，没有什么明确的逻辑可以左右它的上涨或下跌。可以说，凡是猜测它上涨或下跌的逻辑都是错误的。当然提出这个逻辑的人，总是认为自己的逻辑比别人的都高明。在茅台上很多"大 V"都犯过这样的错误，总认为他的逻辑是对的，并且不停地验证其的正确性。如果走势和这个逻辑不符合，就认为这个市场是错的。如果偶尔有一次他所说的逻辑正好符合了股票市场或者是茅台股价的走势，那可不得了，一时间仿佛"股神"重生。

其实从第一天有股市开始，市场从来没有错过，错的只是市场上的所谓逻辑。茅台前一段时间的下跌和这几天的上涨，我看不出茅台本身有什么样的变化，其实什么变化都没有，变化的也许是人心。前段时间的逻辑主下跌，这几天的逻辑主上涨，过几天的逻辑又会转化为下跌，周而复始，以至无穷。在我看来，投资茅台唯一的逻辑就是：有钱时要买好公司的股份，如此而已。

2021年7月16日

业外资本介入酱香酒的疑问

在仁怀甚至遵义地区，很多地方都可以酿酱香型酒。但是能够酿出茅台酒相同酒质的核心区域不可能再有，也不可能复制。而且酱香酒的一个关键是用作勾兑的老酒库存。这一点茅台股份独一无二。所以业外资本介入酱香酒，难以复制成功，只留一地鸡毛。

优质酱香酒并非有钱就可以酿造生产出来。第一，茅台核心酿造区的温度、湿度、水源，尤其是所处的位置是保证微生物繁殖和生存的条件，这个要求非常苛刻。茅台河谷高低落差很大。适合酿造优质酱香酒的区域，全部为茅台股份所有。即使是茅台股份的厂房车间里酿出来的基酒，也并非全都是优质酱香酒，这也是为什么早期的系列酒会是茅台副产品。第二，茅台对原材料的要求，从种子、土壤、肥料等到水源和原材料要求都很苛刻。第三，茅台的基酒老酒库存，可以上溯百年，这是价值连城的财富。其他任何企业都不可能有。邻近的郎酒、五粮液、泸州老窖以及其他的茅台镇小酒厂，多年来染指酱香，试图超越茅台，但没有上述各点优势，更没有老酒库存来勾调，至今难有作为。相信今后情况也不会有太大改变。希望10年、20年后，看到的不是一地烂尾鸡毛。

茅台酒的成就，占了天时地利人和各种条件。这样的机会千载难逢。

2021 年 7 月 18 日

涨跌、加杠杆与茅台的周期性

这半年来茅台股价涨涨跌跌，这样的涨跌已经经历了好多次。还有一个月是茅台上市 20 周年，茅台用这种方式来纪念自己的 20 周岁其实并非其本意。就 2021 年来说，相信茅台的业绩还是增长的，虽然因为不能提价，增长率不会非常高，但一定是正增长。出厂价的提升是茅台今后相当长时间内的预期，只要这个预期存在，茅台一定会保持业绩王者的地位。股价的涨涨跌跌谁也无法预计。只要不上杠杆，爱涨就涨，爱跌就跌，反正每年分红都在增加。

大家又开始讨论杠杆。干活的时候杠杆是个好东西，可以省很多力气。而在股市投资，加上杠杆以后，股市涨跌收益或损失会成倍增加，杠杆就是架在脖子上的刀，是套在颈子上的绳套。杠杆，也许会成功 100 次，让人成瘾，难以自拔，但第 101 次，杠杆就像一匹蒙着眼睛的瞎眼野马，缰绳的另一头套在骑马人的脖子上，在悬崖上飞奔，注定会掉下悬崖。所有的杠杆刚开始的时候比例都会比较低，而低比例的杠杆成功率往往很高，因此，低比例的杠杆往往让人产生成功的快感，这种时候往往会有一种错觉，认为自己判断很对，能够踩准股市的脉动。最后大比例加杠杆，最终走上一条不归路。

这半年来，茅台的股价跌得让人垂头丧气，让大家唉声叹气，怨声载道。

任何股票的市场价格都无法预测。这当然也包括茅台，茅台唯一可以长期预测的是它的产能、产量、业绩以及每年的分红。盯着茅台的股价或所谓的估值，就难以说是价值投资，充其量是投机了茅台。下一年的分红肯定比今年高，但是下一年的股价有可能比今年低很多，也有可能会高出很多。我们所说的一家公司或者一个股票的长期确定性，一定不是讲它的股价，而是说它的业绩。当然最终投资价值会随着业绩、资产价值的提升而提升，但是股价的波动无法避免，也无须避免。

要想避免，唯一的办法就是出局。

另外有人说下跌中也可以高抛低吸来降低成本，可是多高是高？多低又是低？我每次判断是高时，它总会更高，每次觉得是低时，还有更低。十次判断十次错，于是放弃了，再不判断了。如果每次都能判断出高低，一生只要对100次，不敢说富可敌国，起码也是富甲一方，前提是一次都不能错，错一次就可能会前功尽弃，一切归零。

回答朋友们的几个问题：

（1）茅台酒有没有周期？

答：有。茅台产能、产量、销售、业绩、分红等自从上市以来一直都处于第一个景气周期的上升阶段，即使是金融危机、政策低迷期和管理层有问题时，都没有负增长。何时到达产能、产量、销售业绩周期顶端，并进入周期下行阶段？无法预计，在可预见的将来，我看不到。

（2）茅台股价是否有周期性？

答：当然有，任何股票股价都有周期性，短到每分钟、每天，长到每月、每季、每年，茅台股票一直处于周期涨跌变换中，否则茅台股份一家的市值就可以买下全世界的资产。

（3）茅台股票周期性如何预测？难不难？

答：很容易。一般来说，茅台酒股票和其他公司股票都有一个共同点——涨了会跌，跌了又会涨。关于什么时候涨或跌，无人能真正预测。

（4）持仓茅台后，我是否买入或持有过其他股票？

答：在过去的十五六年，除了茅台我没有主动买入过其他股票。中签新股除外。前些年因买了一辆比亚迪的车，所以观察了比亚迪和宁德时代一段时间，于是买入200股宁德时代作为观察仓。但是发现即便是200股观察仓，对我的影响和持有茅台竟然完全不同。

这么多年来,我在分红以后多次加仓茅台,无论买入价如何,从来没有影响过我的持股心态。可以说是涨涨跌跌,都能笑看股价变化。一旦买入,便永远锁仓,坐等下年分红。在持有单一茅台股票时,几乎从不看盘,心如止水。

但买入 200 股宁德时代的观察仓以后,我一改过去 20 年来形成的持股习惯,每天不由自主地会去查看股票的走势、大盘,关注各种各样的信息,研究上市公司,突然间感觉生活质量明显下降。这并不是我想要的投资和生活。而且经过一些调查研究和思考以后,更加确定茅台与其他上市公司相比,依然具有无与伦比的长期确定性和护城河。于是决定将前一段时间买入的 200 股宁德时代观察仓,在亏损 15% 的情况下悉数卖出。无论是比亚迪还是宁德时代,或其他股,我会继续购买它们的实体产品,但绝不再买入这些股票作为投资。

对我和我的家庭,茅台不是投资,而是生活方式。持股心安即是强大!

还有人问为什么把一只大牛股放掉?下面简要回答一下这个问题。

第一,对别人来讲是牛股,但也许并不适合我。

第二,它的商业逻辑我无法全部明白。需要不停地进行巨额再融资才能保证发展的业务模式,我不太认同。

销售规模的提升,以销售价格的降低和巨额再投资成倍提升为前提。这和茅台的商业模式相比天壤之别。据国外的一篇研究报告,动力电池产品销售收入如果要提升 5 倍的话,生产规模需要提升 10～20 倍。设备投资规模需要随生产规模相应增加,同时需要大量研发或购买专利的投入。

这些都是利润再投入,而我需要分红来支付生活费。

第三,公司业务和产品以及生意模式比较复杂,难以弄懂,需要每天花大量的时间和精力来研究,占用了享受生活的时间。

所以,中国或世界上好公司很多,很多好公司也为国家发展和科技进步贡献巨大，今后也许会有好的前景。但是我的能力圈无法轻松并有效覆盖这些公司，所以茅台虽然有很多弊病和问题，但对于我来说是不二之选。

2021 年 8 月 17 日

茅台的股息与持股动机

有人问：假如茅台股价四五年基本不涨，而股息率一直维持在百分之一点多，这种情况下如果有闲钱，还值得继续买入茅台吗？还是先去做三四个点的银行理财或者买其他白酒股票？

我认为：价值投资需要耐心等待和陪伴，所以我不会动。没人会知道明天会发生什么。但是我大概知道五年后甚至十年后茅台会怎样。我会坚守茅台，因为茅台的确定性让我极度安心和具有安全感。茅台的股息率一点几，就是金不换。安全第一，不仅是交通术语，也是投资术语。而且确定茅台的业绩和分红会逐年增加，如果股价不涨，每年闲钱可以加仓的份额会越来越多，分红也会越来越多，这正是我希望的。

我的第 20 次分红到账，大概算了一下，2021 年分红额是当初买入茅台股票时成本的 3.6 倍。在不断加仓的情况下，我的持股成本是 −69 元/股。跟往年一样，除了各种必需的费用，剩下的闲钱，我又全部买入茅台股票。和往年不同的是，我还去了当地的同仁堂药店，将他们库存不多的片仔癀清空。

"凡尔赛"一回，拿着茅台股票，特无聊。下面这一年，又无所事事了。当然也要茅台管理层不搞事。

有人问我，当初买茅台的目的和动机是什么？我现在回想，答案是等每年分红。

又问：这么多年为什么不卖？我的答案还是等每年分红。

再问：今后有没有一个设定的卖出时间和价格？为什么？我答：没有设定，因为我每年等分红。

还问：现在上下波动调整剧烈，应该采取什么策略？我答：没策略，我拿着等每年分红。

最后问：以后还会不会买入其他股票？我答：没钱没闲，钱都套在茅台上每年等分红了。

关于茅台相关买入、持有及卖出的所有问题，我都只有一个万能的答案。

2021年8月27号茅台上市20周年。过去20年，每次茅台大幅度的下跌和调整都伴随着各种各样的不利消息和利空传闻，每一次给人的感觉都是茅台好像要走向穷途末路。这一次股价跌掉了差不多40%，各种各样的利空传闻、各种各样的看空卖出又充斥市场。但我相信和以前一样，过一段时间回头来看，今天所看到的、感觉到的各种各样的冲击，不过是一阵微风扑面而已。股价该调整还得调整，股价不调整、不波动的股票从来就没有出现过，今后也不会出现。即便是现在各种不利传闻满天飞的时候，我相信茅台的业绩销售还是会比上年更多，分红也比上年更多。对我来说这就足够了。

如果盯着股价，股价一跌就郁闷、就悲观，那投资就是一件郁闷、悲观的事情，因为投资股票95%的时间都在下跌和横盘，只有5%的时间是在上涨。对茅台你得盯着它的业绩，盯着它的分红，从上市第一天开始，茅台的业绩就天天在增加。这样还会郁闷吗？所以盯着业绩、盯着分红，把一件郁闷的事情变成快乐的事情，这样投资茅台之旅才会走得更远。

2021年8月27日

上市20周年有感及寄语茅台新当家人

今天是茅台上市20周年的日子，也是我陪伴茅台走完的第2个完整10年。这20年茅台从一个嗷嗷待哺的初生婴儿，长成了一个英俊少年。作为一家上市公司，相信茅台今后可以有许许多多的10年或者是20年。而对于一个投资者来说，短暂的一生却没有多少个20年可以用来陪伴自己投资的公司。

我可以轻易地算出过去的20年有多少交易日，但是没法算出这20年中茅台经历了多少的风波、多少的起伏。伴随这些风波、这些起伏，又给我们投资茅台的股东带来了多少的欢喜、幸福、彷徨、痛苦。

过去20年茅台经历了整整5000个交易日。按照通行的股市铁律来说，仅仅有不到300个交易日是上涨的，而超过4700个交易日股价是在下降或横盘调整。是的，就是在一次次的下跌和盘整中茅台创出了一个又一个新高，成就了今天的A股股王。

这过去的7305天，茅台每一天都比前一天多挣一些钱，并且回馈给国家和股东。在第一个10年，我陪伴着茅台，其从嗷嗷待哺的初生婴儿长成了一个少年；在第二个10年，这个英俊少年就让我实现了财务自由，让我的人生有了很多种新的可能。所以也许和很多投资人不一样的是，茅台不仅是我投资的标的，而且成了我生活甚至我生命的一部分。

接下来的20年甚至40年，相信茅台会和过去的20年一样，道路蜿蜒曲折，荆棘丛生，却是步步登高，永无止境。

坚守的力量——价值投资之道

2021 年 8 月 30 日

投资是耐力赛

20 年前的今天，我在离开股市 5 年之后，出差回来得知茅台股份上市，便将可用于投资的现金 90% 买入茅台股份的股票；在第二天也就是 8 月 31 日买入剩下的 10%。从此贵州茅台便与我的生活交织在了一起。

关于 20 年来持股的过程说过不少了，在这只简单说说这些年来的收获吧。

首先是家庭投资的金融资产，按今天的茅台开盘价，在过去 20 年大概增加了 300 倍，这不包括 2014 年以后，所有的分红几乎都用于生活与消费。这些年的复合增长率大概是 33%。当然，金融资产只是一个数字，在将金融资产变为现金以前，所有的收益都是账面收益。最重要的是，这些年来的分红对我的生活影响最为重大。2021 年 7 月到账的 2020 年度分红额相当于当初总投资额的 4 倍。相信这个数额今后还会继续增加，越来越多。

除了收获茅台的分红和上涨外，持有茅台 20 年，还经历了茅台上市以后所有的风风雨雨、所有的上涨和下跌。但是回头看这 20 年走过的路，所有的波折都不值一提，也包括今天茅台正在经历的一切。

就仿佛今天回头看过去 20 年走过的路一样。今后还会继续沿着这条路一直走下去。投资不是竞速跑，而是耐力赛。

这一年半，茅台股份真可谓高开低走，说明很多施政是无效的、错误的，而且后患无穷。但有几件事看来得改。

一是价格双轨制下，市场价 4 倍于出厂价，眼见价差扩大。普通消费者何时何地能以出厂价，甚至官方零售价买到飞天茅台酒？在现在这样畸形的价格体系中，中间流通渠道利润三四倍于出厂价，也就是中间渠道，只需要卖掉25%~30%的配额，其余的70%~75%近乎免费得到，放着还可以年年升值至少10%，而且第二年卖，还不受监管和干涉。每年上千亿元的体外利润，国家税收以及公司和股东利益的损失给中间渠道带来了巨大的利益，这些利益推动和鼓励了流通环节将每年的茅台酒配额绝大多数囤积居奇。虽然有监管，但是专卖店左手倒右手，各种手段欺上瞒下，平价酒在市场绝迹，偶尔在网商上放出几瓶，在黄牛们的把持下，普通消费者中签的概率堪比彩票。发展了几个商超，作为推向市场的渠道，而这些商超却把应该平价卖给普通消费者的茅台酒设置最低消费金额等，就是不让普通消费者顺顺当当地买到茅台酒。更有甚者，还把应该推向市场的茅台酒用作贷款抵押。

二是聚合营销下的集团500强。为了提升集团其他子公司产品销量，将茅台酒与其他目标市场消费者完全不同的产品强行捆绑在一起，让千里马拉着破牛车蹒跚前行。这是把灵芝草打碎沤粪来肥土豆苗，把造摩天大楼的优质钢筋水泥来建牛棚猪圈，把造航母的优质钢，来弄一大群没有战斗力的小帆板。世界500强，没有一个靠奇招怪招成功的。靠什么？靠智慧，靠谋略，靠高瞻远瞩的格局，靠自身无坚不摧的实力，还要靠万众一心的实干家。

三是各种花式搭售和违反市场经济规律甚至违反人性的销售手段可以终结了。贵高速用消费积分买茅台酒，100元的大米卖210元，在飞天茅台酒的掩护下，各种各样的基本生活用品卖出奢侈品的价格。在全国各地的商超，消费者想买一瓶平价茅台酒，需要先消费数千元甚至上万元，再抽签。各种损招阴招无赖招，让顶着国酒光环的茅台酒不折不扣地变成了平庸无能的遮羞布，这两年不知道有几瓶茅台酒是被堂堂正正地卖给了真正的消费者。

四是奇葩的销售方式可以休矣。割箱子、剪飘带、拆瓶帽、去掉最后一道保真防线——NFC芯片，就差把酒倒进酒杯里一杯杯卖了。这就好比一个闭月羞花、沉鱼落雁的美女，追求者甚众，于是被愚蠢者强

按她高贵的头颅，对追求者说："来吧，娶走！"现在，恶果显现。多平台堂而皇之开始卖无外箱、无防伪芯片、无保真的"多无"茅台酒，并公开声称，不对产品真伪负责，愿者上钩。消费者买一瓶两块钱的水，都要包装完好，何况是中国甚至是世界最顶尖的白酒！

还有其他，林林总总。茅台不仅是国之茅台，也是民之茅台。能成成事者，能坏坏事人。贤者能者，茅台海阔天高任鸟飞；庸者平者，茅台大肚能容天下事；腐者乱者，买得起几副镶钻嵌玉金手铐。

作为茅台最早的个人股东，我只想说：走的人，平平安安一路走好；来的人，兢兢业业好自为之。因为离地三尺有神明，人在做，天在看！不信，走着瞧！

经营企业，不造假，不骗人，规范化经营，是经营者的本分。另外，人为压制出厂价，逆改革和市场化的价格双轨制和搭售，也难说规范经营。监督经营指出不足和弊病，是股东的权利和义务。因为在股东眼里，九牛一毛的错误，与大堤上的小小蚁穴无异，是千里长堤溃塌的祸首。

希望新董事长后面不会让人失望。治理茅台难道会比治理一个省更难吗？究竟是一只什么样的手在阻碍茅台的市场化，纵容乱象丛生、层出不穷？

2021 年 9 月 17 日

投资寓言——巨人与凡人

有一个巨人守着一片果园，其他人如果想吃到累累硕果，要么与巨人合作，要么与巨人战斗。许多勇敢人选择了与巨人战斗。通常打赢了可以吃到果实，打输了下次再来。有一天，巨人对和他打仗的对手说，我们改些规则，在你的脖子上套上一根绞索，另一头拽在我的手里，你打赢我了，我给你双倍的果实，你输了，我就要你的命。居然很多人为了双倍的果实，答应了巨人。于是有人偶尔会赢一次，拿到双倍的果实，但是有更多的人，把套在自己脖子上的绞索交给了巨人，最后倒在提不起来的最后一口气里。这个巨人叫市场，这些勇士叫投机者，这根绞索便是杠杆。

另外，有些人看着巨人和他的果树越长越高，于是对巨人说，让我坐在你的肩上，去摘那些高高在上的果子吧！我不和你打架，因为你太强壮，我弱我打不过你。于是巨人的肩上有少许人总在享受着美味。这些人便是价值投资者，知道自己的能力圈，知道与市场合作来取得最大的利益，而不是与市场战斗和博弈。

一位朋友多年前买入3.5万股茅台，本来他已经站在了巨人的肩上，累累硕果随手可摘，可是在2500～2600点时他选择了将绞索套在脖子上与巨人争夺那双份的果实，满仓满融。前段时间问我怎么办，再跌就被绞索勒死了。我给他的建议只有一个，找个关公庙，天天去烧炷香吧！反正你也不愿意，而且现在也掌握不了自己的命运了。

另外还有一位朋友说他身体不好，等不了慢慢变富。于是满仓满融价值投资最佳标的——贵州茅台。前段时间他联系我说，感觉人生暗淡无光，都开始厌世了。我除了安慰和鼓励，还能为他做些什么呢？

巨人之所以成为巨人，因为他无可战胜。他会坐下甚至躺下，或打盹。但是他从来没有错过。小散户只有顺从他，利用他，与他合作，才能生存，才能成长。放眼中外，无不如此。

与巨人搏斗或合作，全看自己的能力圈。偶尔吃到几个好果子，有人就觉得自己可以封神，力大无边。当绞索被巨人越收越紧时，又开始盼着别人来救。要知道，只有自己才是自己的救命稻草。所以千万别高估自己、低估别人，更何况常常低估的是喜乐无常、飘忽不定的市场巨人。

2021 年 9 月 22 日

杠杆与花旗的故事

有人转发了几篇文章,并忧心忡忡担心文中提及的内容。我看是自寻烦恼。持有贵州茅台的股东,被一群不喝茅台酒也不持有贵州茅台的无关之人牵着鼻子走。投资茅台,仅靠表面上所谓的研究、调研等是不够的,更需要的是沉浸其中若干年的深刻体验。

做投资,无论是茅台还是其他,都需要建立自己的认知范围和能力圈。如果认知和能力匹配,那么投资茅台就很简单。当然投资茅台很不简单,因为需要时时擦亮慧眼,不被无关无知之人忽悠。

茅台股票与其他股票每天的走势相比,让很多人郁闷。其实在过去 20 年,其他股票或其他酒企股票比茅台涨得好,是大多数交易日的常态。而茅台业绩分红长期确定性比其他公司或股票更好,却是长期的固态。你愿意选择哪一个?我选后者。

今天茅台和其他酒类股票又开始大涨了,许多人又开始准备满仓满融,有点儿沾沾自喜。

前段时间,有一位朋友和我联系,说满仓满融茅台,几乎爆仓,想死的心都有。所以涨的时候,一定不要忘乎所以。牢牢记住。水可载舟,亦可覆舟。满仓满融,怎么把你撑上去,就可能用同样的方式摔下来,而且摔得更惨更痛,甚至摔死。

就茅台股价而言,其实我宁愿它低价,让我心如止水。

我再重复一下关于朋友与花旗银行的故事。

花旗银行是美国股市标准的蓝筹股,长期每年四次分红。2007 年最高 500 多美元/股,2008 年底至 2009 年初,最低跌到 1.8 美元/股附近。金融危机前我犹豫了好久还是没买,10 多年过去,依然心有余悸。仿佛一粒子弹贴着我的头皮,穿过我稀疏的头发。

我的一位朋友就没那么幸运，他是做房产的，多年投资花旗。这次当花旗跌到 50 美元/股左右时，他认为到底了，先投入 120 万美元开始买入，到 30 美元/股时开始加杠杆，还劝我和他一起买，说一定会赚钱。最后花旗从高点跌了 90% 后再跌 95%。这个朋友在这个过程中追加保证金，卖房子再补，最后被平仓，血本无归。从此不再碰股票。有十年了，再没见过他，不知道现在怎样。他如果不加杠杆，本金还有一部分在。所以什么都有可能会发生，只是不知道什么时候发生、谁会遇到。

如果有一天我遇到（其实已经遇到过跌 70% 多的时候了），我依然会坦然面对，有一口气，爬着也要爬出黎明前的黑夜。

做投资，我对风险极端厌恶，并且极端恐惧。拿一点风险换无数的利益，我也不愿意。变富需要一生，而冒险失败带来的灭亡，只需要一瞬间。

2021 年 9 月 24 日

对茅台当家者的期望

今天茅台股东大会以后，网络上一片叫好之声，而我却是冷眼冷静观之。对茅台这样一家上市公司的当家者，我们不仅要看他以前和现在怎么说，更待看他以后怎么做。当然也希望新董事长不辜负所有人的期望。

茅台股份就像是上了道的列车，有了既定的轨道和方向。跟几乎所有的其他上市公司不同，茅台经营，总体上只需要"守旧"，不太需要"创新"（当然不是说不需要进取）。这趟列车只要不折腾不出轨，按照既定轨道平稳行驶，无论是列车还是列车司机，就会一往无前，前途无

量。从这点说,其实新董事长要超越前任,易如反掌。

过去 20 年,我在茅台这趟列车上,今后还会一直在。至于司机是谁,开得好不好,都只是一程。不过还是期望有一个好司机,毕竟好司机让人安心。

另外,再说一句,集团 500 强真的是"鸡肋",茅台股份公司早已是世界第一强。用股份公司拖着一大堆油瓶儿去争集团世界 500 强,无异于用日行千里的宝马拉一架破牛车,得不偿失,本末倒置。如果早日理顺价格双轨制,把市场的问题用市场的手段来解决,单单茅台股份公司就可以轻松进入世界 500 强的中段位置,而且有更高的含金量。

2021 年 10 月 13 日

茅台的天花板与其他酒

回答几个问题。

(1) 茅台扩产极限有天花板吗?

当然有天花板,但是现在说这个天花板还为时过早。按现在茅台核心酿造区面积,中短期极限产能大概 6 万吨,最终极限估计 10 万吨左右。

(2) 如果产能没有天花板,在控价的基础上,极限销量是多少?

中国的白酒销量,多年在 800 万~1400 万吨浮动。即使茅台达到极限产能 10 万吨,也仅占全市场总量的 1% 或不到。所以茅台的销量极限取决于产能极限。达到这个极限,估计还需要 20~30 年,甚至更远。所以现在担心为时过早,这个极限暂时达不到。

(3) 郎酒等中高端酒的工艺和茅台完全一样,品质也不错,又没有产能限制。假以时日,会挤压茅台的提价空间吗?如果茅台大幅提价，消费者不会买账（有更多选择）。

中国白酒分成茅台酒和其他酒。郎酒及其他酱香酒，无论酒质还是品牌、市场定位，或在消费者心目中的认可度，与茅台酒都无法比拟。所以其他酒不可能来抢占茅台酒的空间。要说挤压，只有从上往下挤压；由下往上，只是抬升。关于提价，消费者不会买账，我看是多虑了。消费者担心的是买不到，尤其是按官方价格根本不可能买到飞天茅台。现在茅台酒涨价的幅度已经比通胀落后了。所以茅台有限地涨价，消费者就不买，短期这是个伪命题。定价权是茅台区别于其他酒的重要护城河。

（4）为什么茅台大酒店停售茅台酒这么快？

因为全中国，全贵州，只有茅台大酒店属于茅台股份自己！换句话说，茅台大酒店停售，是茅台股份吐出自己嘴里的蛋糕。

在茅台大酒店设销售点卖茅台酒错了吗？本来没错，但是后来错了，错在卖的方式、卖的价格和卖的对象，以及操纵这种错误的方式、价格和对象的那个节点。

在从茅台酒库到餐桌的整个流通环节中，需要大手笔取缔、整顿、清查的各个角落，还望尽早着手。早日还茅台酒、还消费者、还股东一片没有杂质的清澈、纯净、透明、湛蓝的晴空。

第一朵迎春花开了，春天就应该不远了。

2021 年 10 月 21 日

劝长者莫炒股

前段时间有一位亲戚说，他退休以后准备把以前的积蓄和退休金的一部分投到股市里，问我买哪些股票比较好？可以赚点钱去旅游，甚至

——价值投资之道

买一辆房车开着周游全国或周游世界。我就一直在劝他，坚决不要进入股市。五六十岁的人来股市学习投资或者投机，无异于把自己的头伸进随时会落下没有保险的闸刀里去看风景。

对以前没有任何投资和炒股经历的我的亲戚朋友，只要是超过50岁的，他们问我这个问题，我都会建议他们远离股市。大半辈子靠工资吃饭，养大了后代，有了安居养老的房子，突然想进入股市，扑腾一下，挣点钱花，无异于痴人说梦。

首先，过去几十年都没有投资经历，那么99.99%的人在50岁以后想在这条路上取得成功，机会接近于零。而投资失败或者亏掉所有本金的可能性却几乎是100%。

其次，全球股市数百年，持续低迷几年、十几年甚至几十年的个股或市场不知道有多少。更不要说遇到金融危机或经济危机的时候，垮掉的公司和市场吞噬掉的财富更是不计其数。作为初入股市的中老年人，凭自己一辈子攒下的血汗钱投机炒股，相信很少有这样的心理承受能力来面对这样的金融风暴和灾难。即使有些公司资质不错，遇到了金融风暴长期低迷，而再过几十年又回到高位，可是人到这个岁数还有时间等吗？

最后，工作了大半辈子，好不容易退休了，儿孙满堂，衣食无忧，好好地安享晚年不好吗？如果有能力要发财，在过去的几十年肯定就已经发了。既然大半辈子平平淡淡没有发财，到了这个岁数也就这样了。即便是再发大财，也没有那么多时间来花费了。儿孙自有儿孙福，留太多的财富给他们也不一定是好事，况且炒股亏掉的可能性远远大过赚钱的可能性。安享晚年才最重要！

所以我劝他们不要投资股票。无论是几块十来块的便宜股，还是几百、上千的茅台、片仔癀，他们等不起，输不起，亏不起。即使是茅台也有七八年低迷的时候，谁知道下次会不会低迷15年、20年甚至更久？所以老人们一定要看好自己的钱袋子，最好的投资就是存款和健康。

  股市门槛低，只是一个错觉，股市能赚钱的人极少，就说明门槛很高。低买高卖，说起来很简单，但是要知道什么时候、什么价位是低，什么时候又是高，绝大多数人穷尽一生的时间和财富都没有找到走出这个迷宫的路径。

  有人说：巴菲特60岁以后赚了90%以上的钱。我觉得不要总拿他说事儿，这会误导很多人。巴菲特的父亲本来就是成功的华尔街股票投资人，巴菲特从小耳濡目染，10岁开始创业，并开始读股票投资的书籍，11岁开始买入股票。而我们说的是五六十岁进入股市的中老年新"韭菜"。这有可比性吗？

2021年12月12日

价格双轨制与聚合营销

  马上就到年底了，按常规应该对今年有一个总结。业绩收益涨了十来个点，其他都跟上年差不多，不说也罢。那就说说当下的热门话题——茅台出厂价涨价。

  最近各种茅台提价的呼声很高。飞天茅台的出厂价提价好似箭在弦上，不得不发。但是想提价，恐怕只是一厢情愿。所有的白酒、啤酒、黄酒，尤其是洋酒，都可以涨价，但是茅台绝对不能涨，因为茅台现在的价格双轨制以及出厂价与市场真实零售价的巨大差异产生的每年一千多亿甚至两千亿元（以后会有更大的数字的资产流失），是既得利益阶层——经销商，包括集团公司以及黄牛们的血库。试想，如果价格双轨制没有了，市场化完善了，那么捆绑在茅台身上，本应平价偏卖高价还得抢的大米、菜油、茶叶等日常生活物品，谁还会买？冷门航线的飞机

谁会坐？竞争力不强的平庸商超，靠什么引流？

同时也不要高估现在茅台管理层的能力和魄力，现在的业绩、质量标准、市场定位等，都是在季克良老先生的时代就已经定型了的，过去的三四年，可以说除了折腾，毫无建树。所以对于现在的管理层，我也没有抱太高期望。

因此对茅台涨出厂价，我与主流的看法不同，不应该太乐观。但是对茅台，长期依然看好。暂时不涨价不影响我持有茅台的信心，因为还是那句话——铁打的营盘流水的兵，茅台股份和股东就是营盘。

相伴茅台20年，我几乎没犯过错，而这次我真希望我的看法是错的！

如果想靠茅台股份来进入500强，很简单的一条光明大道是市场化和价格去双轨制。2025年，茅台股份会轻松进入500强，排位第350名左右。但是既得利益者会同意吗？股份高层即是集团高层，他们也没有意愿这样做。所以任重道远，乐观持股，谨慎看事！

2021年12月26日

对牧原股份、保险业以及医药行业等的认知

（一）关于牧原股份

养猪是个好行业，牧原股份也是一个可以长期关注的标的，但我一定不会买入，因为有茅台。与其他公司相比，茅台具有无与伦比的长期确定性和唯一性。

按照我的理解，养殖业几乎没有护城河。养不养，只看市场需求和利润。养殖业尤其是养猪养牛养羊的畜牧业，具有典型的小农经济的特

征。需求旺盛，养得就多，养得多就供大于求，于是需求相对下降；需求下降价格就低，价格一低养得就少；养得少了又供不应求，价格又上升。于是又一个循环开始。我不喜欢这样的折腾，于是远离。

（二）关于保险业

有人说，中国平安就像芒格所说的低估值股票。芒格曾说过，如果你因为一样东西的价值被低估而购买了它，那么当它的价格上涨到你预期的水平时，你就必须卖掉它。但是，如果你能购买几个伟大的公司，那么你就可以安坐下来了。

我认为，如果把低估值比喻成烟蒂，那烟蒂就是烟蒂，看到地上的烟蒂，想法就是一脚踩上去，碾碎它，绝不会捡起来再吸几口。除了专业保险从业人员，谁能读懂保险合同的条文？保险好行业，但我看不懂就不碰。况且，投资茅台，看估值，也不靠谱。

有人问我，怎么看增速问题。茅台确定性A股第一，但增速也摆在这，比如未来10年年化15%。现在有个标的M，预期未来10年复合利润增速大于30%，商业模式和财务状况也不错（当然比茅台要差），确定性上打个八折折扣，预期收益25%。这种情况如何抉择？

我认为，安全第一，赚取长久的分红，让资产慢慢增值，每晚都安安稳稳睡得着，最重要。

未来5年或10年，能够清楚地看到增长的公司，除了茅台，我看不到第二个。茅台未来5年内的销量，我们现在就知道，而且确定，肯定是供不应求的卖方市场，而且将来一定会持续不停地涨价。唯一不确定的是，何时涨。

当然，每个人的认知领域不同，别人看茅台，就像我看牧原股份或其他。不是说它好不好，而是懂不懂，以及是否适合我。懂的，适合自己的，让自己能安心的，便是最好的。对投资标的，是各尽其能，各取所需。自己喜欢就好。别人怎么看，真不重要。

（三）关于医药行业

总有人问我关于医药行业的投资，我对医药行业研究不多。在我的有限认知里，医药是好行业，虽然这个行业会有很多好的公司，对懂行的人来说应该有很多好的投资机会，但对我个人来说，投资上不懂不碰是底线，于我，这个行业不是好的投资赛道，因为：

第一，原创医药总是需要创新，投入巨大，周期漫长，风险无法预料，确定性较差。有些是纯粹为打造概念忽悠投资者。

第二，医药企业和产品，总是面临来自其他同类产品和同行的巨大竞争。

第三，医药产品产能产量与价格成反比。

第四，医药产品库存时间与疗效、价值、价格成反比。没有长期保存价值，当然这也可能会带来一定的生产销售增量。如果需要去库存，唯一的方式是销毁。

第五，任何人都需要某一种医药产品，但是任何医药产品几乎都有替代品，只是早晚而已（包括片仔癀）。

第六，药品没有社交属性。从来没有过年过节看望老人、领导或朋友送礼是送药的。总有请客喝酒，从无请客吃药。

第七，集采是双刃剑。

……

以上我只是从投资角度简略分析，并非投资建议。

关于腾讯，其绝对是一家好公司，在人际交互、游戏、支付、AI，还有许多其他领域具有难以撼动的领导地位（并非不可撼动），但是这一类型的公司，包括腾讯、阿里巴巴、滴滴、美团，因为域外资本和技术占据绝大多数，一定会有某种监管和限制，大量的利润流向国外资本，无异于从机体不停抽血；数据安全即国家安全，大数据必须100%掌握在自己手中；俄乌冲突必定会有示范效应，一旦有事，这些中概股必定首当其冲；监管上，一定不会让其成为寡头式的垄断。

　　还有许多方面，难以三言两语说清，好公司不一定是好的投资持股标的，除非某些东西颠覆我的认知，否则我自己不会买入。

　　反观茅台，是有很多局限，但是某些局限短期来说，仿佛是负担，长期来说，也许是铠甲（护城河）。而且这些局限并非不可打破，就像五指山上的压猴符咒，虽然唐僧走得慢，但他一定会来。

2022 年

2022 年 1 月 28 日

好公司、好标的与选股四标准

很多人问过我为什么只持有茅台，没有其他的股票，市场上也有其他好公司。这个涉及个人投资的许多方面，最主要的是能力圈。20 年来，许许多多的好公司来来去去，曾经的长春高新、獐子岛、盐湖钾肥，还有网络教育的，各种题材有许多，你方唱罢我登场。而我的能力圈实在有限，深知那些都不是我认知范围内的。随着时间的推移，越来越觉得选择的最终目的是不再选择。如果买入是为了将来卖出，那我将不会买入，投资资金只会流向不再需要流动的地方。

越来越发现，人越年长，也越愿意承认自己的无知与无能。

真正做投资的人，越成功，越寂寞。

关于选股标准，或者是什么样的公司，应该是具有投资价值或长期持有价值的优质标的。前段时间和天津仙童投资的张晓君总交流，他提出四条，暂且称为仙童选股标准。这四条看似特别简单，也确实特别简单，但特别有用。符合这四条标准的，尽可放心持有 20 年、30 年甚至永远。除此之外，其他的我就会远离。

第一条，公司是不是赚钱？这一条比较容易辨别，不符合这一条的各种公司大概会占到 90%，于是剩下 10% 的公司是赚钱的。这些企业属于可以暂时生存下来的。

第二条，公司赚的是不是真钱？这一条就不那么容易辨别了，需要一定的财务知识，能读懂没有造假的财务报表和税务依据，看看是否把各种应收账款和应缴纳的税项当成了利润，把给下游渠道销售商的铺货压货当成销售并产生利润做进了报表。符合这条标准的公司，大概只有第一条里剩下公司里的 10%。这些公司的利润 = 自由现金流，即可以用作分红分给股东或再投资。

第三条，公司赚的是不是轻松钱而不是辛苦钱？这类公司是上面第一条剩下10%的公司、第二条再筛选后留下的10%的公司。这需要看他们的商业模式、生意模式，是不是需要投入大量的利润转化成资本，下一年才会再有利润产生及生意的增长？许多公司虽然账面上有利润产生，但是生意规模和利润的产生依赖资产的再投入，如航空类上市公司就需要投入较多资产新购或租赁新飞机。符合轻松赚真钱有好的生意模式的公司，只有第二条里面剩下的10%的10%里面的10%。

第四条，公司是不是可以一直甚至永久赚钱？这一条最难达到。老话说"路遥知马力"，经过上面三条，每次剔除掉90%以后，剩下的公司里大概只有甚至少于10%的公司符合这条标准。这类公司具有未来长期甚至永久确定性，它们的生意模式属于可以长期成长、永续经营的模式，是在一个特定的区域甚至世界范围内属于超级垄断型的公司。这类公司的产品或服务植根于某一特定人群的DNA当中，以至于将永远不会被替代。

符合上面全部四条的公司是所有公司10%的4次方。这类公司如凤毛麟角，寥若晨星。当你发现有公司符合这四条标准，就需要投入资金成本和你的毕生作为时间成本，伴随其成长壮大。

不完全符合这几条标准的公司，也并非就不是好公司。只是很多好公司从投资的角度看，未必是值得投资的好标的。

2022年2月15日

不该空谈茅台美

茅台的美，世人皆知，已传承上百年了，还需要现在来开启？说那么多空话大话假话，堆砌一大篇华而不实的辞藻，不如脚踏实地研究一下如何市场化，一旦普通飞天或五星茅台酒出厂价和零售价实施市场化，一大堆围绕茅台的疑难杂症都会迎刃而解，甚至不治自愈。比如黄牛消失，渠道清库存，真正的茅台消费者能以合适的价格买到正宗的茅台酒。同时，常年流失的上千亿元税收和利润，被政府和股份公司收回。这样茅台股份就能轻松进入世界500强中第300~350名的位置。

这才是真的美！可以说这是一个有里子有面子、又实惠又风光的大好事。能做到这一点，不一定能流芳百世，起码也会名震江湖。

可是现在这一堆花里胡哨的官样文章，把人带入迷途，还不能知返，恐怕用不了多久，很快与前任一样又像浮云，随风而逝了。

茅台，不需要那么多创新，无论生产、品质、市场还是价格，让其回归或保持本来应有的面目，便是功臣，便可无虞。在茅台，千万别折腾，折腾茅台，其实是折腾自己。前车之鉴，不可不察！

2022年2月25日

投资茅台——以不变应万变

世界每天都在变，我能做的只是以不变应万变。

茅台业绩每年涨，分红比上年多，就没有利空，对持股来说股价涨跌就也没有区别，反正涨了不卖，跌了有钱时买，价格还便宜点，担心什么？

对于这几年的艰难时局和经济形势，作为投资人，能做的就是等待，只要不上杠杆，无论股市如何，终有拨云见日的一天。焦虑无益。再说股价，茅台离前面最高点仅两年出头，和2008—2015年的调整相比，无论是幅度还是时间，现在只能说是小巫见大巫。后面的崎岖山路还很长，会更难，但是再难也是自己选的路，有一口气，爬着也要爬到春暖花开的时节。

如何留那口气？不借钱炒股，不融资融券，远离杠杆，因为我不知道黑天鹅和爆雷谁先到。

2022 年 3 月 26 日

要学会自主投资

投资总是需要自我领悟、自我完善、自主投资。从来不学任何人，更不崇拜任何"股神"之类，最终才能真正做得好、走得远。管他别人怎么说怎么做，说一钱不值，我不卖，说价值万金，我不买，任他白天鹅黑天鹅，能奈我何？可是许多散户老是想抄作业，成天打听别人怎么说，悄悄跟别人怎么做，想着永远做一个投资巨婴，天天有人喂奶吃，还想短期就赚翻了，以实现财务自由。亏了，就骂所有的人，赚了就到处吹嘘自己特牛。这样的人，亏再多也不算多，只是时间的早晚而已。

2022 年 3 月 31 日

2021 年年报有感与无感

2021 年茅台年报，没有惊喜，没有失望，就像每天早上喝的那杯凉白开，平淡，无味，润肠，解渴，且必不可少。业绩、利润、分红均比 2021 年多十多点，是意料之中。分红率 51.9%，要想提高，估计得等到茅台未分配利润突破 2000 亿元甚至 3000 亿元以后吧。同一天 i 茅台上线。试了一下，估计又是被黄牛秒杀了。App 上线被人看作一大利好。怕是会看走眼，其实这改变不了茅台的市场销售属性，还会有大量的酒流入黄牛手中，这也是为什么飞天茅台没上线销售的原因之一吧。还是希望最大单品——飞天茅台的价格市场化改革早日落地。这才是茅台最大的利好，才是所有大小股东及贵州财政、税务真正的春天。

与往年一样，有人问：分红21.675元/股，和股价1700多元比起来，大概1.3%而已。远不如一年期存款，不如大额存单，更别说很多分红率接近或超过10%的股票。一直说持股等分红，但是茅台这么低的股息率，长期持股分红意义何在？

这个话题已经说了若干年了。我从来不计算当期股息率，因为分红增加的同时，股价也在增加，茅台上市那年，分红股息率就是一点几，20年了这股息率一点长进都没有，于是只好看分红与买入成本的比较。20年持股，除了2014—2019年，其他每年我都会在收到分红后留足生活费和其他费用后加仓。现在的持仓成本为-59元/股，所以股息率无法计算。简单说2021年的分红将是最初买入成本的4.5倍。到账后如果不加仓，成本会到-80元/股。所以对我而言，长期持有茅台意义重大。

也有人问2022年会怎样，我觉得分红至少不会低于25元/股。我的持股成本会在-100元/股以下。

2022年4月8日

飞天茅台酒出厂价及零售价市场化改革的一点痴想

i茅台App上线，一度引起了"茅粉"圈的轰动。大家趋之若鹜，每天早上9:00紧张地守着电脑或手机等待抢数量有限得可笑荒唐的几瓶茅台酒，或茅台股份的产品。市场上一片赞歌，好像i茅台App的上线，是治理茅台多年来价格双轨制顽疾的灵丹妙药。但我看价格双轨制

与市场有关,就要用市场的手段来解决。有限的直销、App 都是隔靴搔痒,不能真正解决问题。而且据了解,各地 i 茅台 App 的取货门店外,聚集着大大小小的"黄牛"。虎年茅台酒一被取出店外,就每瓶加价 1000~1500 元,从购买者手中买走进入"黄牛"的流通渠道。可以想见以后飞天或五星茅台酒上线销售,这些门店的附近必定会成为茅台"黄牛"新的聚集地。茅台股份的利润会继续流失,真正的消费者会继续买不到他们想要的茅台酒。

多年以来茅台酒的出厂价是 969 元/瓶,官方零售价 1499 元/瓶和真实市场零售价 3000~4000 元/瓶的情况一直受人诟病。茅台股份公司出厂价 969 元/瓶多年不变,却还是受所有人的指责。改革开放 45 年了,茅台酒价格双轨制,就像那茅坑里面的一块顽石,真是又臭又硬,谁也动不了。那是不是有办法可以打破茅台市场双轨制的魔咒呢?昨晚迷迷糊糊中,突然灵光一现突发奇想,赶紧把它记下来。万一梦想成真了呢?

大家都知道茅台酒除了出厂价和厂方零售价以外,还有一个真实的市场零售价。这个市场零售价根据中国各个区域的不同而略有区别,而且每年根据市场情况、经济情况等,都略有上下浮动。于是便想到一招:可以将过去 5 年各个区域真实的市场最高价与最低价进行平均,得到当年该区域市场中间平均价。根据各个市场销量的不同设置一个权重,得出一个每一年度的全国市场基准中间价格。再将前 5 年的这个基准中间价进行加权平均,于是便可以得到一个市场的基准零售价。这个基准零售价便可以作为以后几年或特定时间段茅台股份的生产商建议零售价。这个价格再往下浮动 20%~25%,便得出茅台股份飞天和五星茅台酒或其他产品的出厂价格。

也许有人说这 20%~25% 的利润,经销商愿意干吗?这样做的理由是什么?

这个 20%~25% 的利润是市场零售价和出厂价之间锚定的价格差。

各地经销商可以在这个价格基础上上下浮动5%或10%。经销商可以什么都不做，就有了旱涝保收的年均20%~25%的利润。可以以这个价格区间，在全国分片区分城市进行经销商资格招投标。一个城市、一个地区有数家经销商，经销商的资格保持一定的年份。每年对20%~40%的经销商进行重新招投标资格认证。不合格的经销商剔除，合格和新的经销商可以加进来，保持经销商队伍的新鲜血液和市场开拓进取的动力。

这样的市场化改革和定价方式，压缩了经销商的利润空间，提高了经销商的囤货成本，推动经销商将产品推向市场，而不是囤积居奇，等待涨价。对各经销商的销售进行大数据管理，对囤积居奇卖高价和串货的经销商一经查实，没收其保证金，并永远剔除出经销商的行列。

这个市场零售价和出厂价，是根据前5年的市场高低价差加权平均得出来的。可以设定每一年或每两年进行一次调整。茅台股份这样一家销售额上千亿元的消费品生产商，完全可以承担得起。在每一个区域市场，一两家市场调查公司对市场价格进行取样，汇总上报，用以指导官方建议零售价和出厂价的定价。如果市场价格走低，根据所得到的样本与前5年的价格加权平均得出一个新的调低的市场零售价和出厂价，反之就得出一个调高的市场零售价和出厂价，对每一个区域市场分别进行市场真实零售价的取样。为了防止取样不准确或者是作弊，市场调查公司可以跨区域运行。比如广州的市场调查专员去调查东北，东北的去调查西南，西南去调查华东，以得出一个公允可信的市场真实零售价和市场情况。

全国各区域的经销商可以在茅台股份全国统一建议零售价的基础上上下浮动5%或10%。在招标和经销商的合同中规定，经销商必须将真实的市场零售价格上报股份公司。同时也由市场调查公司在市场取样以后进行审查，看经销商上报的和市场调查公司的数据是否一致。这也可以作为今后经销商是否可以续约或再投标作为茅台经销商的一项评估打分指标。如果某一个地区的市场价格过高，就要看是什么原因。如果是

经销商囤积居奇，那就取消经销商的资格；如果是真实的市场需求旺盛，则下一个年度便增加这个市场的计划销售量，同时这个价格也会进入全国真实市场零售价加权平均的价格里面。反过来某一个地区的市场价格过低，也可以进行反向操作，同时价格也会根据这个地区的权重对今后的市场零售价和出厂价形成一定的影响。

如前面所述这样的措施，必定会促进经销商将当年拿到的酒推向市场。因为他们的利润来源于资金的流动，而不是像以前的囤货。这样的措施一旦实施，真正的消费者可以很容易在市场上以真实的市场零售价买到自己心仪的五星和飞天茅台酒以及其他茅台股份系列产品。

茅台酒如果进行这样的市场化改革，那么很多年积留下来的疑难杂症都会迎刃而解，不治而愈。同时出厂价和市场价围绕市场真实需求变动，大量的渠道流失利润回归股份公司，茅台股份的销售额会大幅提升，轻松进入世界500强的行列，同时增加税收，提升贵州地方甚至中央的财政水平。

这样的改革可以想见会有很大的阻力，需要实施者有很大的魄力。但是这样的改革必定得到市场、消费者、股东全力的支持。最重要的是，这样的改革几乎可以说能够一劳永逸解决茅台酒价格双轨制带来的各种弊端，为中国的社会主义市场化价格改革树立一座丰碑。

我希望这不仅是我一个人的一个梦想。万一这个梦想哪天成真了呢？

2022 年 4 月 16 日

如鲠在喉的价格双轨制

今天开股东大会，对茅台股东来讲，应该是一个值得庆祝的日子，但有很多话又如鲠在喉，不吐不快。

上市公司的股东希望按照官方市场价格购买和消费自己公司的产品居然成了特权？这是多么滑稽可笑。

有许多其他生产各种消费品或者是汽车电器等的上市公司，股东购买自己公司的产品消费都是天经地义的事情，因为股东尤其是长期持股的股东，都以自己公司的产品为傲。购买和消费自己公司的产品，股东可以找到自豪感、认同感和归属感。

但是这种感觉在茅台股份这家公司却是例外。茅台股份的股东想要买几瓶自己公司生产的飞天茅台酒，仿佛是一种祈求。而管理层和股东大会卖几瓶茅台酒给股东，仿佛是一种恩赐。股东，即是持有一家公司股份的东家，但在这个上面一点没有体会到东家的体面。

这样的局面造成的原因，究其根本还是价格双轨制和价格非市场化。毫无疑问，与强大的消费能力和购买能力相比，茅台酒是短缺的，是紧俏的，市场的真实零售价也是高企的。但是这高企的市场零售价与茅台股份公司和茅台股东没有一点关系。因为某些特定的环节和利益既得体，形成了事实上的茅台价格双轨制。没有权利的普通老百姓和消费者，想要以茅台的官方标定零售价1499元买一瓶茅台酒竟比登天还难。

以市场公允的、大众接受的价格让所有想买的消费者买到正宗的产品，这不是对任何人的优惠，或是特权，也不是有权力者给的恩赐，这是市场赋予消费者应有的权利，也是商品生产者应尽的义务。但是价格双轨制下的茅台，让这一切都变得扭曲。

前段时间有说法说茅台涨价权在市场手里，不知道说的是哪里的市场，我看这就是一种推诿和不作为的托词罢了。

当有一天茅台酒的出厂价和市场真实零售价实现了真正的市场化，作为股东，我心甘情愿在市场上以真实的市场价格购买和消费茅台酒。我相信其他所有的股东都有同样的希望。

股东大会当天，公众的关注点居然是参会股东按官方定的零售价买

股东酒。这本来就极其荒谬可笑,而忽视了最应该关注的一个痛点是茅台酒的价格双轨制,甚至还有渠道不透明。

那什么是价格双轨制?它是怎么形成的?有什么危害?今天就说一说,也许不是那么全面,欢迎大家补充。

价格双轨制是我国计划经济时代落后计划经济的产物。20世纪七八十年代很多产品供应不足,但需求又非常旺盛。当产能有了一定的提升以后,部分产品有了剩余,于是生产企业将一部分产品按照计划价划拨给有计划的单位,另外一部分剩余产品以高出计划价的一个市场价进行销售。这样同一个产品就有了市场价和计划价,形成两个不同的价格,这便是价格双轨制。这套体系造成了很多腐败。

因为多年从事进出口,我印象最深刻的是外汇价格的双轨制。以前我国的外汇不充足,国家在收到外汇结汇以后,会给结汇单位一定的外汇额度加上相应的人民币。需要用外汇的单位,不仅需要有购汇的那部分资金,另外还需要购买外汇额度。随着改革开放的深入,很多人需要出国,他们所需要的外汇很难以官方价格买到,于是这部分人就只好在市场上以8元、9元、10元最高到11元多的价格来购买美元,而这时美元的官方汇率是3.8元人民币。

那段时间无论走到全国哪一个城市,在高档酒店或者是外国人多的地方,总有大批的"黄牛"徘徊在街边,见到外国人就问"change money"?见到同胞就问外汇要不要?经常在各地都有打击外汇炒卖的行动。这一点像极了现在茅台酒在国内市场的情况。

在20世纪90年代末期,国家逐渐取消了外汇台账制度,并且将外汇汇率逐渐市场化,也取消了外汇价格的双轨制。于是一夜之间,街头的炒汇"黄牛"大幅减少,几近消失。这功劳取决于国家外汇价格双轨制的改革。

但是21世纪20年代的今天,这种落后的计划经济的产物——价格双轨制却在茅台酒上愈演愈烈。同样一款产品,价格千差万别,五花八门，加上需求量巨大，供应严重不足。市场零售价是计划内出厂价的3倍多。即便如此，普通老百姓和消费者也很难买到真正的茅台酒。而市场上"黄牛"横行，各平台、商超，只要有茅台酒，"黄牛"便倾巢而出，一抢而空，然后转手倒卖赚取高额利润。

茅台酒的价格双轨制，甚至多轨制，还有一个最大的危害性，便是腐败犯罪的频频发生。过去这几年茅台的各级管理层以及很多地方有权有势的官员，为了赚取茅台价格双轨制的价差，以权谋利，以权谋私，杜而不绝，频频发生。面对这太过丰厚的利益，以后不知道还有多少人会在这上面栽跟头。

为了打击"黄牛"，茅台股份想了多种办法，却毫无效果。像割纸箱、剪飘带、拆塑料盖上面的防伪芯片等，本来这些都是茅台酒在防伪方面的一道道防线，尤其是NFC防伪芯片是茅台防伪的最后一道防线，却被茅台自己一一毁掉。以后造假者可以将他们的伪劣酒假冒茅台酒，以来自某某平台或者是商超的裸装茅台酒为名，没有任何防伪特征，堂而皇之地流向市场。而造成这一切的始作俑者便是茅台自己。

这样的价格双轨制产生了一些既得利益群体。而解决这一切问题，其实只需一招，那就是茅台酒的销售取消价格双轨制或者多轨制，销售价格市场化。这样不仅国家增加了税收，政府增加了收入，股份公司增加了业绩，同时中间渠道的囤货成本增加，中间商囤货的意愿相对就会降低。更多本应流向市场的茅台酒就会真正流向市场。同时因为价格的市场化，中间差价幅度降低，也会减少"黄牛"炒卖，让真正的消费者和普通老百姓能够以他们心仪的价格买到心仪的茅台酒。

翘首以盼，希望这一天早日到来。

2022 年 5 月 3 日

经销商、黄牛与 i 茅台

某一位自称是资深"茅粉"的人说，i 茅台不宜上飞天茅台酒。因为这样的话，消费者很容易买到飞天茅台酒了，茅台酒稀缺性就没有了。一旦飞天茅台酒通过 i 茅台走向大众，就会让经销商不再炒作茅台、不再囤积茅台，茅台就会失去稀缺性，进而影响茅台股票的估值，影响茅台的市值，而消费者以后也不再喜欢茅台。

一段时间以来，社会上很多人，无论是投资界还是酒界，甚至茅台管理层的部分人士，都有这样的错误认知。在我看来，这种言论纯属不懂装懂。茅台的稀缺性、茅台的知名度、茅台酒的好，难道是在这些年靠几个不良经销商和黄牛炒出来的吗？这完全是本末倒置的一种错误认知。在茅台酒面前，无论多么牛的经销商或其他任何与茅台有千丝万缕联系的"黄牛"或所谓"成功者"，都是茅台酒成就了他，而不是经销商或黄牛甚至背后的贪腐者成就了茅台。

首先，茅台酒自带光环。茅台酒的品质源于其独一无二的各种自然、文化与工艺的因素。而这些因素中不可能包括任何经销商与黄牛。

其次，茅台的稀缺性，根本是源于人民生活水平提高以后对优质食品饮料的渴望与茅台酒有限产能之间的巨大差距，加上茅台酒本身越放越好喝，价值越放越高的独特性。这些因素使得茅台酒在市场上一瓶难求，从而使真实的茅台酒市场零售价与出厂价之间形成巨大的价格鸿沟，而这个巨大的价格鸿沟被经销商和"黄牛"利用了。基于这些特性加上无良经销商和"黄牛"的肆意炒作，囤积居奇，干扰了茅台酒在市场的供应链，使得茅台酒的稀缺性更加严重，甚至让茅台酒在某些情况下污名化。

最后，因为茅台酒在市场上的标杆地位和作用，以及各种各样的因素，使得茅台酒价格市场化以及取消价格双轨制的改革举步维艰。真实的市场价格与出厂价之间的巨大鸿沟，造成每年上千亿元本属于茅台股份的利润，以及贵州省和国家税收的大量流失。

要解决茅台酒的市场稀缺性，唯一的良药就是茅台酒出厂价与市场价进行改革，取消价格双轨制或多轨制，提高不良经销商及黄牛的炒作成本和囤酒成本，从而使其失去炒作和囤酒的意愿。将渠道中被恶意囤积居奇的飞天茅台酒投向市场，让消费者能够在市场上以合适的价格买到正宗的茅台酒。即便是每年生产的茅台酒全部投向市场，全部被消费者买走消费或留作纪念，茅台酒的产量离市场真实的需求也差距巨大，依然极为稀缺。但是与以前黄牛与恶意经销商的囤积而形成的恶意稀缺相比，这样的稀缺是健康的。

改革任重道远，但是我们依然充满希望，期待这一天的到来。

2022 年 5 月 19 日

解忧茅台及"519"的两个含义

有人忧心忡忡，疫情下消费是否会受到影响，进而茅台酒的销售是不是会受牵连。看看每天 i 茅台 App 的申购，我想答案很容易找到；况且，茅台可是唯一不惧库存的产品。存几年，都成老酒了，更值钱。前两年建的两个大仓库应该快好了。茅台的库房是神奇的地方，会生钱，前提是：能等。

另外有人问今后几年的展望，估测了一下，如果不涨价，今后 5 年（一个飞天茅台酒的生产周期）能拿到手的分红总数，每股应该不少于 150 元。当然，多多益善。如果压制出厂价的魔咒被打破，价格市场化能实施，那么业绩和分红会大幅提升。

今天"519",于我,有以下几个含义。

第一,这是茅台股份的股票代码,恰巧是"519"结尾。这几个数字陪伴了我20多年,今后还会一直与我为伴。

第二,茅台股份的股票捂着要久。总有人问我,多久才算久?这个期限是永远。因为投资中最大的投入和资本是无价的时间,时间就是生命。

第三,以前就有。又有一位朋友问现在茅台股票可不可以抄底?一如既往,我的回答是不可以。两个理由:一是茅台股份的股票不是拿来给人炒的,而是用作投资给人捂着的,而且捂要久;二是凡是向别人提出这样问题的人,都不适合在股市生存,更别说想在股市赚钱。我一向不劝人炒股或投资,但是我一向都劝人不炒股。见过好几个人,炒茅台炒得血本无归、倾家荡产,甚至痛不欲生。所以有人来问我,可不可以抄底茅台的时候,我总是劝他说,有那钱好好享受生活吧!

第四,做真正的投资,"519 = 我要酒 = 吾依旧 = 捂要久"。

第五,但是要来股市"炒"茅台,最后一定是"519 = 无药救 = 无有救"!

有人想做职业股民,我觉得职业股民不是一个职业,作为个人,如果你有足够的资金,买入茅台这样稳定分红的股票,靠分红可以覆盖所有的生活成本,并且心态平和,一年看账户不超过12次(每月转生活费时看看),就可以做职业投资。但是如果想做职业炒股的股民,靠零和游戏来赚其他人的钱,与市场博弈来生活,风险极大。市场上从来都有常胜的炒家,但没有不败的炒家,胜百千次,抵不过败一次。到时如果再想回头,恐怕会很难。

职业股民炒股,如果不被饿死,就成功了一半;如果能吃饱饭,就可以自夸一下;如果一直能吃好喝好,就可以封神。此标准不适合价值投资者,因为对于真正的价值投资者,这是最低标准。

2022 年 5 月 25 日

关于认知范围及茅台、片仔癀和银行的几个问题

（一）拓宽视野，收缩目标

拓宽视野，收缩目标。拓宽视野，是看有哪些公司是好公司，这是建立自己认知范围的第一步。收缩目标是在这些好公司里，找出适合自己的，自己能懂的、把握得住的标的，即是划定自己的能力圈。上市公司中，好公司何止两三家，但好公司不一定是好的投资标的。这也是为什么有许多人在好公司上投资，结果却亏得一塌糊涂，丢盔弃甲。好公司中适合投资的标的也有不少，这就需要擦亮慧眼仔细分辨。是否都要天天关注，甚至买入持有，就需要看自己的能力了。通常，文化水平、研究能力、资金、精力、对公司生意模式的理解等，构成和限定了能力圈。对于我而言，随着年龄增长，看得越多，能力圈越狭窄，最后茅台成了唯一，但是心态越来越安定、平和，仿佛是找到了投资的归宿。

关于投资，关于好公司，关于如何持股，每一个人都有自己不同的见解。有些所谓的好公司，就像焰火一样耀眼，也像焰火一样短暂。在加拿大一个公园，在一条小溪旁的岩洞中有一处天然火，悠悠暗暗，像一支蜡烛光，已经燃烧了两百多年，地质学家说还会燃烧数千年甚至上万年，直到地质结构变化。

我想要持有的好公司，就是像这天然万年烛火一样，也许没那么耀眼，没那么热烈，长期来说甚至没那么引人注目，但是无论春夏秋冬，年复一年会一直燃烧下去，不与焰火争艳。

持股要长远，必须立足于业绩和分红，股价不可能永远暴涨，很有可能若干年徘徊不前，又可能到无人能够预测的高度。股价是最不具有确定性的东西，老是预测今后股价会到哪里，就像年幼的孩子晚上睡不

着,睁大眼睛思考着宇宙的尽头在哪里、有什么,会越想越迷茫。但是如果关注于今后几十年大致产量、业绩、每年的分红等,就像冬天擦干窗户上的水雾,一下就清晰了,仿佛看到一个新世界。对我而言,不知道也不关心今后股价再涨多少倍,我相信茅台会一直在,会一直分红,这就够了。

就我过去21年持有茅台的经历来说。我认为茅台市值的增加是基于茅台这家公司内生性价值的增长而增加的。所以市值的增加,只是一个表面的现象。市值的增加包含的是茅台股份的产能、产量、业绩、分红等的增加以及渠道优化和涨价预期。我把茅台当成一个长期分红的债券型的投资。市值增加了当然高兴,但是我最愿意看到的是分红增加,那才是最想要的。

(二) 关于茅台和片仔癀

很多人喜欢把茅台和片仔癀这两个公司进行比较,但是这没有什么可比性。首先茅台的产品是具有金融属性和奢侈品属性的快速消费品,也可以说是一种精神消费品,能给人带来精神上的满足感和愉悦感。而片仔癀是一种药品。凡是药品它总有可替代性,在产品属性上无法与茅台酒进行比较。你常常可以听见别人在说他过去在什么地方喝过什么样的茅台酒,真香,但是我从来没听任何人夸耀过他吃了多少粒片仔癀。这也说明了片仔癀和茅台酒在市场上不同的地位和在人们心目中不同的认知。

就公司市值来进行对比,它们也不宜这样类比。如果一定要比的话,可以把茅台比作一头大象,而把片仔癀比作一朵玫瑰。有人只喜欢玫瑰,有人只喜欢大象,也有人既喜欢玫瑰也喜欢大象。但是如果喜欢玫瑰的人期望这朵玫瑰今后长成大象那么大,恐怕就是一厢情愿了。

(三) 关于银行

在中国,货币超发对国有商业银行肯定是有利的。中央银行发行的货币都需要通过商业银行的渠道走向社会。发行的货币越多越充沛，银行的营业额就会越高，当然就会给银行带来越多的利润。

但是从股市投资这个角度来说，银行业我不是太看得懂，也不会投资银行业。无论哪一家银行，我都不会买入持有。不是说银行不好，而是说持股银行业不适合我。

2022 年 7 月 25 日

世间最难的两件事

我的一位羽毛球球友做进出口贸易几十年积累了一些资金，买入不少股票。我们在交流的时候，他知道我持有茅台酒的股票超过 20 年，于是他经常把这事儿提出来与别人交流。而我告诉他，我买入茅台并持有这么长时间，纯粹是运气好，别无其他。

在我生活圈子里，我是不会和别人谈股票和持有茅台的。在现实生活中，成功的投资是很难得到别人共鸣的。

当有人谈起他炒股的辉煌、他的各种炒股技术、他的各种消息来源、他的各种分析，我通常做的就是一概同意。我记得那句话：这世间最难的两件事，一是把别人的钱放进自己的口袋，二是把自己的思想装进别人的脑袋。

2022 年 9 月 3 日

股价、分红与确定性

每个人都在讲投资，而羞于说自己是投机。可是没有几个人真正理解什么是投资,往往把投机行为理解为投资。这里并不是说投机不好,投资有多么好,只想说这两者的不同。首先肯定做投机没什么不好的,低买高卖,靠股价的涨跌踩准节点来赚钱,这是需要很有能力才能做好的事情。投机能够做好的人其实是很令人佩服的,他的操作能力、观察能力和行动能力都必须很强。而反过来却是很多能力不那么强的人,逐渐开始做投资。投资投的是确定性。股价每天涨涨跌跌,不确定性强。作为股市上的投机者,见到这样的情况,也许会非常兴奋。因为在这个过程中会给他带来很多的机会,当然也有很多的陷阱。但是靠股价的涨跌,低买高卖有多少人能够猜准这个节点呢?A股开市已经30多年了,至少在我的身边我从没见过靠股价的低买高卖最终成功的投机者。而一无所成,甚至血本无归,却很常见。

那些没有能力低买高卖赚钱却转入投资的投资者,关注的是基本面、产品、市场和公司的长期确定性带来的长期稳定收益增长。这样的公司的所谓估值从来都不会低,短期看它的股价一直都比较高。为什么人们总是觉得它的股价不涨?那是因为持有的时间太短。拿茅台酒来说,最近三年股价确实没怎么涨,甚至还有下跌。但是和5年前、10年前股价相比,看看涨了多少。

在股市,最不确定的可能就是股价。股价的涨跌可以说与公司的业绩、基本面等关系不大。

投资的本质是未来的长期确定性。

2022年9月6日

提价与等待

目前的形势下茅台如果提价,无疑会给人做标靶,所以不要期望茅台会提价。茅台最可能做的是直销量提升，将普通飞天茅台放上 i 茅台平台。MtoC 的方式将渠道缩短，提升业绩和促进消费。MtoC 直销量达到 30%~50% 甚至更高时，提价才会来。所以这两年，都可能不会提价。但是茅台业绩会以 10%~20% 的复合增长率提升。今后十年，茅台业绩增长来源一是特种包装和精品，年份酒比例提升。二是渠道优化，向渠道挤压其利润，使 969 元至 1499 元之间的利润回到股份公司。三是产量产能提升和优化，包括茅台酒和系列酒、新建产能和现有厂房功能改造。将生产附属设施，包括管理、生活、储存、包装等功能设施全部转移出核心区域。15.7 平方公里的区域，专门用来制曲和酿酒。如果实施，今后 15~20 年后这个过程完成，茅台的产能产量理论上可以在现在基础上提升至少 3~4 倍，即 15 万~20 万吨。

以上三点若能圆满完成，在官方零售价 1499 元/瓶不变的情况下，茅台在 2045 年前，销售额和业绩会提升 4~8 倍，分红提升 6~10 倍。

翘首以盼，静待花开！你等得起吗？

我不等。因为茅台即我，我即茅台。

知道茅台或五粮液好的人很多，但是愿意长久守候的人很少。绝大多数人都不愿意或没有耐心慢慢变富。这就是即便在茅台上亏钱的人比赚钱的人多，说服人守股也比买股难的原因。投资，听自己的和不让别人听自己的，一样重要。

2022 年 10 月 13 日

茅台的确定性

我们平常所说的投资确定性是指业绩，而非股价。做投资，股价和所谓的估值是最不确定的，但又是人们最津津乐道的。

茅台的确定性在于你可以清楚地看到今后至少 5 年的产能、产量和业绩，当然也包括分红。人的恐惧往往源于对周围事物和未来的不可知，而茅台今后的 5 年却是清晰地摆在了我们的眼前。今天的茅台和 2020 年时股价 2680 元相比，业绩增长了很多，分红也增加了很多，今后还会更多。投资茅台，如果更多关注业绩和分红，股价的波动就不重要了。

持有茅台 21 年多，现在的情况跟以前经历过的相比，真的不算什么。无论怎样，做投资不能做空国家，在任何情况下茅台都是最优质的资产，甚至超过现金。试想一下，这么多年以来国家在蒸蒸日上，向前发展，茅台遇上了一个好时候，才成就了茅台股东的今天。退一万步讲，如果有一天国家有事，天下有事，其他任何资产，包括现金、房产，或其他实物又有什么用呢？幸运的是，我有茅台；幸运的是，茅台在中国。相信中国会越来越好，因为中国人的智慧与耐受力无与伦比，虽然眼前遇到一些困难，眼下感觉是狂风暴雨，但拉长时间轴看，这就是平静湖面微风拂过的涟漪。

茅台一如既往，像前面的 20 年一样，一步一步向前稳稳当当，不慌不忙，有时快有时慢。这不就是它应该有的样子和步伐吗？我能与茅台为伴，是那么笃定和充满信心，这是作为茅台股东的幸运。

好多自诩为巴菲特追随者的人，把他的语录经常挂在嘴边：别人恐惧时，自己贪婪；别人贪婪时，自己恐惧。而这几天的股市让人看到的是别人恐惧时，他更恐惧。

以前有人和我面对面交流时谈过这个话题，说怎么理解巴菲特的这句话。我说，自己的投资与人无关。人是恐惧还是贪婪，是他自己的事。我的投资，平平淡淡，从从容容，既从不贪婪，也从不恐惧。茅台在手，成竹在胸，何惧之有？既有茅台，又有何物能让人贪？

2022年10月30日

茅台和其他上市公司分红额的误导

A股市场许多上市公司分红时都有一种误导的倾向，比如说上市融资多少元，上市以来分红多少元，这其实是不对的。就拿茅台来说，2001年8月27日上市融资22.40亿元，21年来分红一共1486亿元。这个比例看起来很大，也是管理层津津乐道的一个话题。因为用 $1486 \div 22.4 = 66.339286$ 倍，好像当初参与发行的小股东分到了66倍于自己投资额的分红一样。一旦提起要提高分红额或分红比例，总是有人拿出这个数字。其实仔细想一想，这1486亿元，从参与首次公开募股（IPO）申购的股东到现在所有的散户股东，分到手的其实一直就是38%左右，最近两年到了40%左右。就算平均40%，$1486 \times 0.4 = 594.4$ 亿元。虽然这个数字也是惊人的，但是和1486亿元比起来少了非常多，而绝大部分归入大股东和国家财政。在前几次股东大会上，有股东提出要股份公司提高分红比例。提高的这部分其实绝大多数也会名正言顺地归于大股东和国家财政。

现在在茅台股份的银行账上，有近1720亿元的现金存款。而茅台股份本身是轻资产的生产模式。就算几万吨的产能需要投资，几十亿元的投资额跟1720亿元的现金比起来也是芝麻与西瓜的区别。而1720亿元的现金存款，在2022年的利润分配以后，大概率会上升到2000亿元以上，加上以后每年递增的两三百亿元甚至更多的未分配利润，会是茅台股份的一个巨大风险，一旦有任何闪失，将会给茅台股份带来山崩地裂、海啸般的毁灭性打击。现在1720亿元在茅台股份的账上也是非常低效的应用，没有起到应有的效果。所以，强烈建议茅台股份提高分红比例，茅台的中小股东们拿到属于他们那一部分分红后，会增加购买茅台酒实物和茅台股份的股票，对茅台的发展将是一个非常良性的循环。

对长期股东来说，持续提高的分红比例和分红金额，更加会提升他们长期持股的意愿。可以说这无论对大股东、对国家、对地方财政还是茅台的中小股东来说，都是一个多赢的结局。

2022 年 11 月 9 日

投资的独立思维

一个抖音求关注的博主，发视频分析了茅台酒股价和所谓的社会库存的关系。在我看来，他是断章取义，想当然地所谓分析，只会扰乱意志不坚定的人的眼光和心智。做投资，自己做功课，对外面纷纷扰扰乱七八糟的信息，装聋作哑更好。自己做好功课看好的标的，别人说得一文不值，就不卖；别人说得天花乱坠，也不买，任他股市动荡。其奈我何？

做投资越是不看别人做了什么，或在做什么，自己就会做得越好。有人一见北向资金或外资来和自己抢便宜股票，就越是兴高采烈。估计是因为别人（尤其是外国人）的买入标的与自己的不谋而合，体现出自己的眼光与能力吧。自己的做法要靠北向资金来肯定，我只是一声叹息。

我一向很反感这些所谓的北向资金，有利的时候嗜血成性，一有风吹草动或者需要配合国外势力打压 A 股的时候就落井下石。当然作为一个半开放的金融市场，这样的资金少不了，但是这种资金对我们作长期投资真是没什么指导意义。所以这些指标数字不看也罢。

无论何时，无论是做人还是做投资，都要挺直自己的膝盖和脊梁，不看别人的脸色，做个独立自主的投资人。真正做到了，想不成功都难。

2022年11月19日

被折腾的茅台

现在茅台各种各样非市场化营销方式,导致了国有资产公司资产损失和股东权益的流失。希望茅台早日走上真正的市场化之路。

可以预见非市场化的各种手段,今后还会给茅台股份以及茅台酒的经销商带来各种各样的损害。而解决之道唯有一招,去除茅台酒出厂价和零售价多轨制、双轨制,走真正的市场化之路。

虽然我对茅台1935和茅台冰淇淋都不太看好,因为其消耗了贵州茅台的宝贵资源,但我还是想买来尝一尝,看看究竟怎么样。同时如果已经都做了,我还是希望无论是茅台1935还是茅台冰淇淋,将来能更好,能走上长久良性发展的道路,而不是昙花一现,虎头蛇尾。

买茅台冰淇淋,11:34下单,12:00送到家,12:15吃完一杯。为配送效率和速度点一个大大的赞!

但是吃完后的感觉是,我尝完这6杯茅台冰淇淋,大概率不会为了消费再买。

享受茅台,需要人生阅历、人脉层次、经济条件等。强推,只会弄巧成拙。

2022年12月24日

模糊的正确和精准的谬误

有很多"茅粉"朋友发短信给我,说模糊的正确和精确的谬误,这种说法起源于巴菲特先生,并且举例说,在某年某月的伯克希尔哈撒

韦公司股东大会上,他提出了这个观点。

为什么茅台分红当天总是跌?茅台在公布增长的业绩或利好消息报告时,当天或后面一段时间,常常都是跌的。

不仅是茅台,几乎所有股市中的股票短期涨跌都不需要理由。经常看到绩优股股价跌了又跌,而即将退市的ST股,却像群魔乱舞一样涨了又涨,可能连拉若干个涨停板。所有解读的短期涨跌理由,尤其是技术性的,回头看都是无稽之谈。但是长期(5年以上)涨或跌,一定有其合理理由。这其实就是模糊的正确(长期)和精确的谬误(短期)。猜测的一切短期理由都不会是真正的理由,而长期的上涨理由,非常容易看到,而且容易掌握。但是极少数人愿意花时间来等待和验证这个长期上涨的理由。而大多数人对短期涨跌的所谓技术曲线,或道听途说的利好或利空消息,不仅津津乐道,而且执拗地追逐。这也是绝大多数股民在股市中亏钱的主要原因之一。

2022年12月28日

建仓的时机

有人说今年投资茅台年初价格高于年末,所以收益为负。但是作为价值投资,收益为负的年份是建仓的好时机。

首先,这样的结论是在后视镜里往前看,我认为不具有参考价值。我们从来都是在年末才知道,一年中什么时候的价格最高或最低,什么时候是买入的最佳时点。这样的论断没有任何参考价值。其次,以短期股价高低为炒股收益的衡量标准,还是处于投资思维的初级阶段,离投资或价值投资还有一段距离。只有摒弃股价思维,而保持股权思维,才是真正的投资。价值投资注重股权收益,而非几年的股价高低。最后,价值投资，在我的字典里，是买入股权，随着企业内生价值的增长，所持有的股权权益（包括股权内含资产、收益、分红等）也随之增长，从而所投资的本金产生增值，带来投资收益。当然这是我自己的理解，与主流的低估值买入高估值卖出的所谓价值投资有本质的区别。仁者见仁吧！

2022 年 12 月 31 日

2022 年总结

又到年尾了，照例应该有一个总结。2022 年是过去三年中最艰难也是最轻松的一年。说它最艰难，是因为疫情持续了第 3 个年头，所有人都筋疲力尽；说它最轻松，是因为在年尾时终于看到了希望。相信从此以后都会好起来。

先说在茅台上的投资。2022 年是持股茅台第 21 个整年，是收获最丰厚的一年，收获了两次分红：一次是 2021 年度分红，再一次是年尾的茅台特别分红。这是给我的一个大大的惊喜！两次的分红总额加在一起，大约是 2001 年 8 月买入茅台时总投入资本金的 9 倍左右。虽然家庭金融总资产和年初相比没有增加，反而减少，但是这丝毫不会影响我持有茅台的信心。就资产总额来说，2022 年年底时，我的金融资产总额是 2001 年 8 月买入茅台股份的资本金的 350 倍左右。粗略算一下，过去 21 年年均复合增长率是 32.2%。相信今后的 15 年到 20 年，茅台的产能、产量、价格、业绩都会持续增长。但是会增长多少及增长到什么时点，我不会去追逐这个精确的谬误。

茅台账上的现金和往年未分配利润还有 1500 亿元人民币，以后还会更多。相信像 2022 年这样的特别分红，一旦开始就不会是最后一次。

让我们拭目以待。

关于实物茅台酒，因为疫情的原因我已经有三年没有补充库存，家里的茅台酒库存全都变成了空瓶和杯子。2022年11月底、12月初我回贵州时，一次性补充了4箱库存，够喝一年略有结余。

另外一件比较大的事，是看到贵阳的茅台广场正在开盘。趁着特别分红到账的时机，我毫不犹豫定下一套房。老话说，人的一生要读万卷书，行万里路。书有没有读到1万卷，我没有数了，但多年漂流，这路倒是走了有9999里，剩下的1里便是回家的归根之路。山水相依的那几栋楼里，也许就有我后半生倦航的港湾。

在旅行方面，2022年8月的头两个星期，去美国加州自驾走了一圈，南北东西，基本上没有遗漏。看到了很多的流浪汉和无家可归者，但是更多的是熙熙攘攘的人流车流，繁忙的码头、车站、机场，夜以继日生产的油田工厂，人流如织的酒店商场和旅游景点。除了立交桥下、马路边的露营车和破败帐篷，更多的是干净整洁井井有条的社区、大学、图书馆。

11月下旬，再一次回到了茅台镇，这一次两天的回家之旅收获颇丰。虽然因为旅程的原因，未能参加茅台的股东大会，但所见所闻，让我对目之所能及的茅台的未来充满了信心。

冬天来了，春天还会远吗？

祝所有人：新年快乐！平平安安！健健康康！

2023 年

2023年1月8日

投资与宏观——与群友交流记录

　　有群友问：投资追求具有高度确定性且有可持续增长的业绩与分红。目前来看，我的内核也是这样。利用计量经济学方法探索优质股权之间的关系，再结合市场情绪、政策面来动态调整。从政策面与市场情绪看：（1）中美博弈环境下政策的制定与执行；（2）美国国内政治走向所引起的金融政策特别是美联储政策走向；（3）企业自身变化。

　　基本上这三点知晓了，做价值投机还是可以的。

　　我答：对我自己来说，投资不用懂太多，由繁入简，以不变应万变。但投资必须在自己的能力圈和认知范围内。着眼投资标的的超长期确定性和基本面，完全忽视短期情绪变化带来的不稳定和宏观经济面的影响，一朝买入，就应抱定终身持股的心态。我的所有账户，只有一个操作，就是买入。其他外在情况，我看不出对超长期投资持股茅台股份有什么不利的影响。

　　另外，关注的因素越多，眼光看得越近，人就会越有焦虑感。只有屏蔽掉许多的杂乱因素和无效信息（针对长期投资），并且把眼光放长远，一切短期看起来的惊涛骇浪，都变得风轻云淡了。

　　当然这只是我自己的做法。也许不适合其他任何人。还是那句话，各人找到适合自己的方法和路径，适合自己的，才是最好的。

2023年2月28日

不持有不分红的公司

　　想象下面这样一段对话。

基金经理：我有一个非常好的投资，如果把你的财产交给我为你投资，在今后的 50 年你的年收益率会达到 19%。

客户：那以后每年的分红会达到多少呢？

基金经理：为了这 19% 的年复合增长率，我们将不会向你分红，因为分红会缴税，也会减少我们将来继续投资的本金。

客户：将来我的投资持股数会持续增加吗？

基金经理：不会增加，我们不增股拆股，我们会保证股价一直持续上升到一个非常高的价位。

客户：没有分红，没有增股拆股，我靠什么来生活呢？

基金经理：你去找工作的时候可以跟你的老板说，你是股东，让他支付你一个高的工资，这样一方面可以支付你的生活费用，也可以有源源不断的现金流来不停地买入公司的股份。

客户：投资这么一家公司，我有什么好处呢？

基金经理：你的账面财富会增加很多，你会看起来很富有。

……

这两天巴菲特致伯克希尔哈撒韦公司股东的 2023 年的信发表了，在投资界得到了一致的推崇。几乎所有人无论是做价值投资还是投机的，都在纷纷转发，津津乐道。凡是说投资，如果不提及巴菲特，那只能说他是一个没入门的菜鸟。一定会被人笑话说连巴菲特都不知道你还做投资，更别说价值投资了。而在我们的 A 股市场，如果某一家公司不分红甚至原来的分红多，突然有一年分红减少了，都会被别人骂成是铁公鸡，记得前两年格力电器有过一次减少分红，就被股民骂得体无完肤。可是伯克希尔哈撒韦公司的不分红成了许许多多人反复歌颂的经典案例。在伯克希尔哈撒韦公司几十年的历史上，他们也从不分红派股增股，说不分红可以再投资，可以增加未来收益。

但是对我来讲，一家不分红的公司，无论赚多少钱有多少收益，于我这样靠公司分红来生活的"小散"股东来说，没有任何的投资、持有的价值。如果我投资、持有这样一家公司需要收益来支付我的生活费用的话，我只能不停地卖出手中所持有的股份。虽然当初投资的本金在增值，但是以无限远的期限来看，我持有的股份和投资是逐渐减少的。与此同时，我投资的这个公司的高管或者是基金管理人在公司会领取高额的薪酬，也许还可以靠这个薪酬，不停地买入自己公司的股份，当然这无可厚非。但是持有这个公司的股东却处于不公平的一种境遇。公司管理层靠管理股东的财富薪酬越来越高，也许所持有的股份也会越来越多。而散户股东的持股数，如果没有现金流来支撑其生活费或买入增持股份，他们的持股数是越来越少的。如果没有其他的收入来源和其他的投资支撑，又不愿意卖出所持有的这家公司的股份，对我来说这样的投资不可持续。

到 2023 年 8 月底，我持有茅台股份达 22 年。我会一直持有下去。但是如果某一天茅台股份发布通告，说从今往后将不再分红给股东，我一定会毫不犹豫地清仓茅台股份而寻找新的投资标的。

投资的公司有分红，我的生活会越来越好，我持有的这家公司的股份数或在总股份里面所持有的比例，因为有分红我会买入，因而变得越来越多。但是如果这个公司永远不分红，理论上来讲，我所持有的股份就会越来越少。除非我有那个神力可以低买高卖，赚取差价，并且用赚到的钱买入更多的股份，即用投机的方式来赚钱，用以支付生活费用和增加持有股份。但很显然这与我投资的原则相违背。所以投资一家公司，长期收益和分红如何，是我作决定的最终因素之一。

2023 年 4 月 17 日

分红与股息率

随着茅台年报公布以及中国移动市值超过茅台，股息和股息率的问

题又成为很多人讨论的焦点。一直以来茅台的股息率就是一个受人诟病的话题，也常常被用来与许多其他公司进行对比，茅台介于1%~2%的股息率，与很多其他公司百分之八九甚至超过10%的股息率相比，很多人得出的结论就是茅台不具有投资价值。

股息是金额，股息率是股息除以即时股价乘以百分比，是百分率。即使在不同国家市场上市，同一家公司股息是同股同息，而股息率随着股价变化而变化。同一家上市公司，本币股息是一样的，而分红时间不同，或市场情况不同，造成股价有差异，股息率也不同。所以看股息率是没有意义的短期行为。

在我的账目中，茅台的股息率是超高的存在。即使按照2022年度报告的分配金额（也许还会有一次中期分配或者是特别分红），2022年度我的分红总额将会超过2001年买入茅台股份时付出的总成本的5倍多。而过去22年的分红金额还完全没有计算。所以对我来讲，这股息率应该怎么算？还真是不好说。我相信再过3~5年，我能拿到茅台股份的年度分红额，将会是我买入成本的10倍以上。笑等那一天的到来。

2023年5月13日

为2023年5月19日的业绩说明会给董事会的邮件

董事长及茅台股份董事会：

首先非常感谢各位的辛勤工作，使茅台股份取得了更好的成绩，为茅台股东创造了良好收益。

我是茅台的长期股东，从2001年8月30日茅台上市后第三天持股至今。我非常关注公司的发展和现状，希望董事长能够回答以下问题：

（1）关于飞天茅台酒和五星茅台酒的出厂价，目前距上次涨价到

969 元/瓶已经有 5 年多的时间。现在的市场真实零售价是 2700～3000 元/瓶。出厂价和市场真实零售价之间的巨额利润长期流失，严重损害了上市公司的利益和国家的税收。而真正的茅台酒，消费者绝不可能以 1499 元/瓶的官方指导零售价在市场上买到。即便通过网络、i 茅台或者某些大企业团购渠道卖出去的茅台酒也大部分落入了"黄牛"手中，进入高价的二次流通灰色市场。在很多地方的茅台自营店和专卖店外大量"黄牛"聚集，高价收购从 i 茅台 App 上买到的酒，就可以部分说明这一点。而现在的渠道改革和 i 茅台 App 对茅台价格的双轨制、多轨制以及茅台酒在市场上被炒作的抑制作用，可以说是杯水车薪，扬汤止沸，隔靴搔痒。

所以希望贵公司明确回答关于茅台酒出厂价和价格双轨制的改革计划，如何缩小出厂价 969 元/瓶和真实市场零售价 2700～3000 元/瓶的价格鸿沟。

（2）关于茅台股份的分红率。在茅台股份的账上大量现金沉淀，而使用方面又缺少安全且有效的途径和渠道，使现金资产难以保值增值。在这样的情况下建议茅台股份加大分红比例，将每年年度的分红比例提升到年度利润的 70% 甚至更多。一方面，茅台集团及国资委拿到大量的分红可以缓解贵州经济情况；另一方面，茅台小股东们拿到分红以后，会更多地买入茅台酒实物和茅台股份的股票，或者进入消费，以实现茅台股份账上未分配利润的有效利用和社会经济活动的发展。

以上两点我相信是许多茅台股东所关心的核心问题。希望董事长和茅台股份董事会予以认真考虑和回复。

谢谢！

坚守的力量——价值投资之道

2023 年 7 月 25 日

两手茅台股份股票的意义——答群友问

问：请教一下，只能买个两手茅台是不是意义不大，每年也只能勉强加个一手。我再工作 10 年，拥有 10 来手茅台好像也改变不了什么。

答：持有茅台，10 年太短，今天付出了资金成本，还需要支付另外一个更加昂贵的成本，那就是时间，非常长的时间。没有时间这项成本的付出，无论投入多少钱都是枉然。之所以说它昂贵，因为时间即是生命。持有茅台十年后会怎样？没有人能清楚地告诉你。今天为十年后种下一棵树的种子，未来的十年会做些什么？是否需要每天把那颗种子翻出来看看它是否发芽，或者是浇水，然后等待。我想一定是后者。我如果现在种下茅台这颗种子，有人为我浇水了施肥了，我一定会静静地等待。心如止水，静待花开。

另外，十年后拥有 10 来手茅台能改变什么，得看个人的预期是什么。如果想要从此财务自由或富甲一方，我相信一定会让人失望。但是如果想要的是一种心态平和的安定感和幸福感，我相信茅台不会让人失望。价值投资是一种人生态度，一种生活方式，但从来就不是一条快速致富的捷径。

问：您估计是持有茅台时间最长的投资者了，您知道还有哪些人对茅台研究比较深入的吗？

答：每个阶段都有不同的达人，究竟谁是最深入研究茅台的人其实不重要，重要的是自己要成为对茅台研究最深入的人。这将会是一个漫长、艰难、痛苦又幸福的过程。做到了，自己就会是达人。

问：假如茅台未来业绩不再增长，只是每年有大致相同的利润，长期持有者如何赚钱？是否可以这样理解，如果茅台业绩不再增长，股价必然下跌，我们可以低价持有更多股权。到时，茅台和神华类似，必然会提高分红比例，持有股权越多，时间越长，分红越多。

答：首先，这个假设在未来20年之内不成立；其次，茅台作为未来永续的具有救生圈特性同时具有文化血脉传承的优质投资资产，一定会永久存在，并以超越通胀的速率上升。增长这个底数大于1，时间指数无穷大，则结果无穷大。前提是，身体够健康，寿命足够长，等得起。

问：所谓价值投资不一定是每年等分红，这么多年你的市值增长同茅台股价不断上涨及分红有关，许多优秀公司分红率比茅台强很多，为什么还坚定买茅台，实际还是股价。巴菲特财富世界第一，就是因为这个。

答：对投资，个人的理解和目的不同。按照自己认为对的路径和方向一直走就行，让时间验证一切。如果路径正确，殊途同归，也是正道，无须别人认可。持股茅台拿分红，是我自己的手段和目的之一。股价和市值增长，只是内生价值增长后自然而然的结果。有那么多的好公司，分红比茅台多，而我为何坚守茅台？不是因为其他公司不好，是因为我能力低微，只懂茅台。我独享茅台，心满意足。

问：如何看待最近茅台涨价的传闻？

答：这些传闻和不实消息往往都是一些别有用心的人用于收割"韭菜"的手段。以往的经验说明，当传闻在有官方确认之前，十之八九都可以把它看成是谣言。

关于茅台出厂价上涨，我一向的观点是：满怀希望，放低预期。一定会涨，时机难料。换句话说，涨价的预期是确定的，而涨价的时机是不确定的。

最后重温一句话：不能等待，是投资的致命缺陷！即便持有的是茅台！

2023 年 8 月 3 日

茅台的估值和买入时机等——答群友问

问：对网上传言："茅台不可能再有十倍的增长了，若干年后市值再翻一倍到 5 万亿元是有希望的"，请教您是怎么认为的呢？

答：关于茅台今后会涨到多少？这个问题从茅台上市后的 20 多年，就一直有人在不停地提。我以前也不止一次地回答过。茅台今后还能增长多少倍我也不知道，相信没有人能够知道。我从来不愿意也没有那个能力去给茅台估价，或者估值。因为这些对拿着茅台股份每年等分红的我来说，市值、股价、估值、市盈率甚至股息率都毫无意义。我关心的是，茅台酒的质量、产能、产量、销售、业绩、分红比例，这几项指标没有一项跟过去年度相比下滑，那茅台就是在增长。这是长期甚至永久持有茅台的动力，也是茅台的确定性。至于茅台今后还会涨多少倍？我不太有兴趣去研究这个无聊的问题，那是自寻烦恼。但是我知道，一个人眼光能看到的地方，一定不是这个世界的尽头。能回答这个问题的，只有时间；另外，我还知道小象的未来一定不是大兔！

现在的茅台，有多种内外因素共同影响着。当未来某一天茅台的产能、产量以及销量不再有增加的空间后，茅台的增长将倚重于货币。天津仙童投资张晓君总经理说："货币是水，茅台股票是救生圈资产（救生圈资产意味着定价能力，保证货币购买力不受侵害），水涨，救生圈资产也涨，救生圈资产涨到多高，是由水的高度决定的！"

问：您的思维一贯清晰，我认为您对于茅台股价从 2600 元到 1300 元这种巨大的波动是没有感觉的。多数人没有这个"道"，修行不够。如果在账户资产没有达到您那么多的情况下而修行已经达到您一样的高度，那么我相信是可以在投资中有所作为的。

答：我持股的目的很明确——分红和传承。持股期限是 100 年甚至直到永远。至于后人如何处理这笔持股，相信经过多年的熏陶，他们会理解并继承我的投资思想。

问：经过数学老师的点明，茅台确实可以当成资产的锚，因为其生意模式简单，是所有企业里面最容易计算的，产生的利润也是最能当作现金的。但是目前看它一定是财富的发动机、永动机，20年内应该也是，再拉长时间线看就难说。

答：再拉长时间看就难说？这句话说明你对茅台的生意模式、前景以及茅台股份作为投资标的还需要更多的思考和探究。茅台的产品特性，决定了茅台产品及资产价格将会随着通货膨胀及货币永续超发而永续增长。这是天津仙童投资的张晓君总经理提出的救生圈资产概念。通货膨胀和货币超发是洪水，茅台是救生圈。所以我认为即便二三十年后茅台酒产能达到极限，茅台股份也会永续增长。

问：群主看得透彻。几十年后，茅台不一定是最好的，但一定是最有价值的。

答：是不是最好的，一定要看产品和公司的整个生命周期，而不是一个短暂的区间。短时间来看，有许多公司好像都比茅台好，但把持股时间拉长到20年、30年甚至更长，茅台一定是这个世界独一无二的存在。这是由茅台的产品特性所决定的。当然茅台现阶段是被束缚了手脚，但相信这是暂时的，不可持续的。有朝一日锁链打碎，飞天茅台一定会真正飞天。

问：2023年我参加完茅台股东大会后，抱着猎奇心态去造访了镇上卖散篓子的店，品鉴了几种散篓子，确实跟茅台很像，但是喝起来又跟茅台有很大的区别，比较明显的区别是有邪杂味，入口刺激感强，喝进肚里有烧心的感觉，饮后无愉悦感，而茅台酒却完美解决了这些不好的饮后体验。

答：说得没错，我也尝过些所谓的茅台镇酒，感觉和你一样。不仅是茅台镇酒，习惯了茅台酒的味道后，喝其他香型的好多酒，都会有一样的体验。其实这些才是真正构成茅台护城河的元素。以前我多次说

过,中国白酒有两种——茅台酒和其他酒,甚至其他酒包括茅台股份和集团自己生产的酱香系列酒。至于具体的差别和造成这些差别的原因,认知过程漫长而有趣,会对持有茅台大有助益。

为何茅台酒是好酒,很久以来都没有一个确切的答案,人们往往说,因为茅台酒不上头,不刺激,不宿醉,香味持久,等等。其实茅台酒之所以是好酒,有一个特点区别于其他任何白酒,包括许多酱香酒甚至茅台股份自己生产的酱香系列酒,那就是茅台酒的酒体,酸甜苦辣涩,五味达到一个绝佳的平衡。每一个味道都不多不少恰到好处。其他任何白酒都没有达到茅台酒这样的平衡水准。

问:我起步较晚,32岁(2021年)才买茅台股票,而且只有区区几百股,作为普通工薪阶层,后续也不太可能买得起了,但我打算守好这几百股,向群主学习。

答:32岁就可以开始买入茅台,说明你已经开悟挺早了。我当初买入茅台时已经远超你的年纪。区区几百股,虽然看似不多,但是过些年回头看,与那些和你同龄的人比,你拥有的将会是一笔不菲的财富。对许多投资人来说,年轻时延迟消费,延迟享受,进而有本金作长期价值投资,是将来年长时有尊严地生活的前提。

一定不会借贷,或者用急需要的钱来买任何股票,即便是茅台。闲钱投资,无杠杆,无借贷,是我投资的铁律,绝不更改。投资确实需要本金。我一直提倡努力赚钱,延迟消费,延迟享受,积累投资资金。想要将来生活得好,年轻时过些简单日子,便是代价。看准了方向,坚持不懈慢慢走,定会到达目的地。

问:以我在市场28年的经历所见,长期挣钱的基本上是挣优质企业成长的钱,很少一部分人也可以挣到其他股民的钱,而这很少一部分人到最后大多还是走上了挣企业成长钱的道路。

答:说得非常好。长期投资、价值投资实际上挣的是企业内生价值增长所带来的增值,而不是市场其他参与者损失的部分。投资应该是多赢。割其他人的"韭菜"，自己也被其他人来割，这是一种零和的游戏。就像赌博，除了赌场老板和庄家，其他的赌客几乎都是输家。

问：个人以为目前的大牌说到底还是粗放经营，相比较其他各家，茅台细分算做得较好的了。精细化细分，可以更上一层楼。比如浓香酒，如按古窖池细分，很容易拉开档次。

答：茅台其实是按基酒储存年份和老酒勾兑、包装以及文化创意来细分的。按窖池或者酒庄分酒质是一个非常低级的创意。当年茅台某领导提出在茅台一车间搞顶级文化酱酒，所有人都一片点赞，我就泼了一缸冷水。最终幸运的是这个提议被否决掉了。茅台的基酒每一滴都是好酒和顶级质量，最终产品品质由储存时间和勾兑用库存老酒来界定。这就在茅台与其他白酒之间筑起了一条不可逾越的高墙。这堵高墙，使得茅台一直在被追赶，却永远不可超越。

问：泸州老窖现有百年以上窖池1600多口，浓香酒无出其右，10年、20年、50年后，一定不会仍像现在这样简单分级。您怎么看？

答：这就是老窖的局限，不是这1600多口窖池出产的酒就不是好酒，这已成为消费者普遍的认知和共识。泸州老窖这样的分级方法好像把自己的某些产品拔高了，但是限制了它的发展。点亮了一棵火柴，却衬托出周围的黑暗。这也是泸州老窖有了1573以后，只有涨价一条路的原因。产能的扩展都是中低档次的其他酒。因为按这样的逻辑，新的窖池要等百年以后才会成为优质酒的生产基地。其他一些酒也是这样的。而茅台，每一瓶酒都是耀眼的存在。

所以茅台管理层应该持续教育消费者，茅台的所有车间产出的基酒都是顶级好酒。因为不同需求勾调的不同风格的年份酒，都基于茅台库存的基酒和数十万吨最久窖藏了近一个世纪的老酒。

这是茅台酒区别于其他所有酒的密码，也是一座不可逾越的高山，更是茅台的护城河。茅台股东和管理决策层应该时刻铭记，这是茅台不可动摇的根本。

2023 年 8 月 22 日

假利好和股市中的消息

这几天很多人都在讨论一些利好为什么没用，没在股市中反映出来。我看这是好事，说明股民进步了。因为这样的利好其实就像市场上来了一个托，花言巧语骗大家，但是大家精明了，不上当了。假如茅台酒出厂价上涨，还有茅台酒进行市场化价格改革，这样的才是真利好。

在我的眼里，所谓的利好大致分成两种。

第一种是实质性利好，这应该算是最友善的一种，比如说茅台产能增加、产量增加、销量增加、直营量增长、利润增长、分红增长；以后还会有出厂价市场化接轨，等等，这些利好都好似真金白银送到股东手里。这种利好是长久的、可持续的，有时还是隐性的、不被人察觉的，绝非短期的、突发性的。这样的利好往往不是所有的人都会喜欢，因为它没有轰动性的效应。

第二种是粉饰性利好，也可以叫作"请君入瓮"式利好。比如，有人研发出几可乱真的人造苹果皮可以遮盖烂苹果上面所有的虫眼；另一家公司研发出一种涂料涂在苹果上，让所有的酸苹果涩苹果看起来都香甜可口，美味无比，果市老板也减少了管理费。这种突发性的利好，往往会带来轰动式的市场效应。这时候市场上往往人声鼎沸，大家趋之若鹜，争先恐后地涌入。

对市场本身来说，无论哪一种利好都不是一件坏事。但是对在市场中交易的个体来讲，那就不一定了。喜欢第一种还是第二种，仁者见仁智者见智。况且所谓的利好，就像是一块小石子投向平静的湖面。无论激起多少涟漪和波澜，最终都会归于平静。做投资，平平淡淡，长长久久，心如止水，不贪不嗔。

单田芳老先生常说：端坐高台观虎斗，静卧桥头看水流。

一直以来，我对股市中的所谓消息是嗤之以鼻的。探听消息、跟消息，然后跟风买进卖出追涨杀跌，是一种典型的投机心态，也是一种偷懒的心态。听消息的人总是想从别人传播的消息中找到某些点来证实自己是多么高明，如果错了，则可以为自己找借口。

作长期投资或者说价值投资，一定要摒弃听消息的习惯和做法。市场上流传的各种消息，或者直接叫作谣言，无论它的来源是什么，一定是这个传播者最想让你听到的，而且是对他最有利的。这些人传播消息的动机一定不是让听到消息的人赚钱，而恰恰是想赚这些听到消息的人的钱。所以这些所谓的消息，实际上是别人手里的一根绞索并想方设法套在你的脖子上，而听信消息的人却自己要拿这根绞索把头钻进去。

2023 年 9 月 15 日

茅台"揪心"巧克力

吵吵嚷嚷、热热闹闹的酱香拿铁还没有折腾完，眼看着茅台巧克力又要粉墨登场，掀起一番网红的热浪。不知道这茅台巧克力过后还有什么窍门来博下一波眼球？

话说回来，茅台巧克力也不是首创。记得还是拿着小板凳在坝子里看黑白电影的年代，有一次正片开始以前有一个黑白的新闻简报，专门报道过上海的一家糖果厂制作茅台巧克力的过程。一位工人一手拿着茅台酒瓶，另外一只手拿着一个滴管一样的仪器，在每一颗糖的中间滴上两滴茅台酒，过了一会儿，一颗外形像窝窝头的茅台酒心巧克力就制作完成。纪录片的最后还教大家怎样吃这个茅台酒心巧克力，说先咬掉最上面那个尖儿，然后喝掉里面的酒，然后再一口吃掉外壳。这个纪录片我不止一次看过，当时每一次我都是咽着口水看完的，因为在那个年

代，不仅是巧克力，就连一般的水果糖我们都很难见到，偶尔家里买了一斤冰糖，我会偷偷地敲一块放在口袋里，可以舔一个星期。

茅台酒心巧克力会掀起什么样的热浪？我们拭目以待。

2023 年 9 月 26 日

价值投资无须关注每日的股价变化

价值投资，关注企业内生性价值增长带来的资产增值，而不是每日的股价变化。股价涨跌只是市场中交易者情绪变化和不理性的表现而已。今年股价比三年前低，难道是今年的产能、产量、利润、分红等比那时少吗？显然不是。持股如果每天盯着成交量、股价以及交投活跃的程度等与价值无关的所谓数据，那这不应该是价值投资者的认知和水平。

2023 年 10 月 12 日

茅台的投资价值与年轻人不喝茅台的答疑

我们一直以来都在说，茅台酒是一个非常特殊的东西。迄今为止，几乎没有任何经济学的理论可以完整地解释茅台酒现象。茅台酒本身有如下特性。

第一，茅台酒是食品饮料，属于快速消费品。喜欢和习惯于消费茅台酒的群体，需要不停地高频次地重复买入。

第二，茅台酒具有精神消费品的特性，能给人带来愉悦感和满足感，而且是人与人沟通的最佳媒介。

第三，茅台酒具有奢侈品的特性和定价权。价格的提升反而会促进销售和消费的提升。在真正的茅台消费群体中，价格敏感性低。

第四，和个人的生命周期相比，茅台酒保质期无限长，并且随着库存时间增长，茅台酒本身的质量会不断提高。

第五，基于第四点，茅台酒库存产品的价值，可以随着存放时间延长几乎无限增值。

第六，基于第五点，茅台酒具有金融品投资品的特性，具有保值和增值的功能。

第七，茅台酒具有货币的某些特征，可以在市场上快速流通和变现。

第八，在所有食品饮料和消费品中，茅台酒几乎是唯一一个具有强烈的地域色彩的产品。离开茅台酒的核心产区，全世界没有任何一个地方可以酿造茅台酒。

第九，茅台酒的产能、产量与市场需求的关系，几乎是永久性的供不应求。

第十，在所有的中国人和海外华人心目中，茅台酒是图腾一样的存在。如果能得到，没有任何成年人会拒绝拥有或品尝或消费茅台酒……

其实还有许多条。这些特性构成了茅台护城河和未来长期确定性的一部分。同时也使得茅台建立了区别于所有其他任何商品的独特生意模式。这也是为什么茅台酒社会真实价格独立于经济运行规律，也是为什么茅台酒的官方指导零售价形同虚设的原因。

在投资上，对茅台股份这么特立独行的一个公司，只有做特立独行的投资人才会长期持有茅台，以享受它价值的不断增长。

茅台的商业模式好，独一无二，这是长久以来的认知。这样的认知一旦形成，就尽情地享受它带来的收益，而无须自寻烦恼。

就每一次的买入来说，我是糟糕的买入者。2023年9月初，儿子的新开账户建仓，买入价为1853元/股。和我过去22年的每一次买入

或加仓一样，买入便下跌。儿子问为什么不等茅台跌下来再买，我对他说，我们是闲钱投资，永久持股，我无法判断将来什么时候会涨还是会跌，也无法判断什么时候是高点或低点，我只知道我们有闲钱，茅台将来会一直创造价值，这就够了。每次买入都下跌被套牢，不妨碍价值的增长，也没有耽误靠投资实现财务自由。如果我知道某股票将来的十个最高点和最低点，那我就可能是世界首富。

年轻人不喝酒？关键得看消费茅台酒的群体是哪些人。大家公认的，茅台酒消费群体有如下特点：第一，要有经济实力，简单说要有满足了舒适生活后的钱；第二，要有一定的生活阅历，经过一些大小事；第三，要有适当的社会生活圈层和人脉；第四，要有通过消费提升生活水平、获得精神满足的愿望。

再看看白酒产量减少，主要是在哪个层次减少；茅台的主要消费群体，是否以 25 岁以前人群为主。把这些想通了，答案就有了。

当然对家里随时需要用的钱，即非闲钱，任何时候都不建议用来炒股或投资。因为以往我 30 年的经验表明，股市总在你需要用钱的时候大幅下跌，所以急需用的钱没有谁等得起。

有人问：巴菲特说买入持有伟大公司就能富有，为啥没人做？因为大家觉得这方法太简单了，没有技术含量，所以是否不可信？

我答：这句话说得不完整，应该是买入并长期持有伟大的公司，慢慢地就会变得富有。为什么没人愿意做，也不是大家都不信，也不是说他们没有钱，而是绝大多数的人宁愿投入金钱这个成本却不愿意投入时间成本，在长期投资、价值投资中，时间成本有时候起到的作用比货币成本更加重要。慢慢地变富，这是无数人穷尽一生也没有想清楚的事情。这也是赌场和彩票站的生意那么好的原因。

2023年10月19日

茅台股价与业绩

下午三点多钟，一位朋友跟我说，今天股市大跌，茅台酒更是跌了百分之五点几是怎么回事儿？拿出手机打开 App 一看果然如此。晚上翻翻微博，很多人都在说，有可能是因为茅台酒第四季度的业绩不太好。

茅台酒是个很神奇的存在。5年前生产的酒，今年如果卖出去，会为公司带来大量的利润。5年前产的酒，如果今年不卖出去，那就进入老酒库存明年卖、后年卖，或者大后年卖，它的价格和利润会更高。所以这个利润兑现的过程只是早一天晚一天，早一年晚一年，利润率更高一点而已，前提是要能等。况且2023年业绩增长20%上下，相信是稳了的。想买一两箱飞天茅台酒，预约了好长时间都没货。看样子今年都不一定买得上。对一个买都买不到的稀缺产品，担心第四季度的业绩会不好，这不是杞人忧天，自找烦恼吗？只要分红每年都在增加，股价，随他去。

2023年10月30日

红酒、洋酒与茅台酒的不同感受

我曾有过较长一段时间试过红酒，疫情期间也试了洋酒，无论红酒还是洋酒，我喝了都上头。这些年喝过的酒也不少，只有茅台酒，无论喝多还是喝少，不会上头，不会难受，不会宿醉，第二天早上起来身上没有酒味，不会影响第二天的工作。而且就红酒本身来说，全世界可以种葡萄和其他一些水果的地方都可以酿红酒。我一直认为红酒的品牌效应来自故事，而白酒的品牌效应来自酒质，然后才有故事。没有质量，

编再多好听离奇的故事也没有用。至于红酒、洋酒、白酒以及茅台酒怎样进行选择，我觉得有机会有条件的话每一种喝几瓶，自己亲身体验一下，就知道怎么选择了。

我在国外旅行时碰到朋友或者是以前的同学，他们都请我喝红酒或洋酒，我问他们为什么不喝茅台，他们说，你是在问吃不饱饭用野菜、树皮充饥的人为什么不吃肉吗？

2023 年 11 月 1 日

一次不太靠谱的预测

上次预测说茅台酒 2024 年底之前都不会涨出厂价，但是将来一定会涨，而且不止一次。今天一则公告再次表明，预测一件事发生的具体时间是多么不靠谱。茅台第四季度业绩增长 30% 多，2024 年业绩增长 35% 应该是大概率事件。

我猜，下次公告，会是再一次的特别分红。

2023 年 11 月 4 日

给投资群群友的忠告

任何人做投资都不是为了做网红，也不是为了四处去炫耀，真正的网红其实没有几个是做得好投资的，他们赚取的是流量变现的钱。投资更不是要去跟任何人进行比较。这就跟练武功一样，山外有山，人外有人。我设立这几个投资交流群也是为了同道中人，在价值投资的路上不孤独，大家有一个交流的平台。所以希望所有人用文明的语言理性沟通交流。

做投资也不需要去崇拜谁，无论是巴菲特、芒格还是其他"大V"。崇拜再多的牛人也不如做好一个自己。言必称巴菲特、芒格或任何人，并不会增加自己的财富，就像念叨洪七公并不会让你一下就会了打狗棍法，言必称张三丰，你也不会太极神功。功夫还得自己修炼。投资得做自己的功课，看准拿稳，用一生去守候自己的信念，最终一定会达成自己的目标。如果朝三暮四心猿意马，最终也会一事无成。毕竟巴菲特、芒格或者任何"大V"都不会将他的丁点财富分与那些成天念叨他们名字的人。

2023年11月7日

茅台的消费场景——回复一位来自证券行业的"茅友"

问：最近我们调研，发现茅台金融属性变弱速度加快，我看您也发了相似的东西。我们也比较担心。您在以前经历过这样的事情吗？

答：这个问题我几乎从未关注过。如何调研？样本是否有效？我怀疑其可靠性，况且我买酒都是为了喝，不是用作抵押贷款或升值后卖出，所以不太关注它的所谓金融属性。前几天请朋友喝酒时开了一瓶2018年的，然后开了一瓶2023年的，发现2018年的酒比2023年的酒味道更加醇厚，更加好喝。这才是茅台酒最重要的属性。存放茅台酒，从而产生的其他附属的属性，基本上都基于这个最重要的属性。只要茅台酒的这个属性不消失，其他的属性就会永远存在，而且时间越长这个属性就会越强。

问：茅台的金融属性在渠道端，不在消费端，需求是没有什么问题的，金融属性弱化只是短期的，只是短期内还没有办法评估多长。

答：对于茅台，一切短期的指标都无效。茅台酒的生产周期是 5 年，最低年份酒是 15 年。基于月、年、季度的指标都是短期焦虑而长期无效的数字。对茅台酒或者茅台股份，一定要高高地站，远远地看。越低越近越模糊，越高越远越清晰。茅台是一个非常特殊的商品，在快消品的所有特征外，还具有奢侈品的精神消费特征，也有某些金融品的升值保值的特征（很多金融品不一定会增值保值）。所谓的渠道库存，是一种伪命题。因为一是难以获取真实数据；二是即便偶尔获取一两次数据，对于每年数万吨销售的庞大基数来说，样本的有效性也存疑；三是茅台酒不同于其他的产品，有些所谓的渠道库存往往会直接转化为消费，而茅台酒消费的方式非常多，比如马上喝掉；存起来，以后再喝，甚至孩子出生时就买了存起来，等升学或结婚时喝；当礼物送朋友家人，孝敬长辈；自己放起来当展示品，每天看看偷着乐，或在亲朋好友甚至邻居面前炫耀；像曹德旺先生，买一栋别墅后用茅台酒塞满，没有具体的目的或说得出的用途，就喜欢……

在这种情况下，你如何评估茅台酒的金融特征呢？又如何评估它属于哪一年的开瓶率？又是否属于以营利为目的的渠道库存或民间库存？这个数字又有谁能说清楚是多少？

所以无论是茅台酒还是茅台股份，是很独特的产品和现象，研究和持有它们一定要采取极简主义，越简单越成功。

2023 年 11 月 9 日

再论投资加杠杆

贪婪之心是人的本性。不融资、不借钱炒股，是为了压抑这样的本性。这跟数量和比例无关。加杠杆炒股和加杠杆买自住房完全是两个不同的概念。自住房产是属于不动产，而股票是属于价格和价值都有可能巨幅波动的资产。任何股票和标的，都有可能在短时间内上涨若干倍或者跌去99%。我曾见过一只优质蓝筹股票，在短时间先跌95%，再跌99%，把哪怕只加了5%杠杆的投机者清理出市场。有兴趣的，可以去查一下花旗银行的情况，股票代码是一个"C"，这是美国股市最标准最优质的蓝筹股。现在的股价是经过十股缩为一股以后的结果，哪怕只加1%的杠杆，也会爆仓。千万不要赌，这种事情不会在中国发生，不会发生在茅台的身上。其实中国股市股价跌掉99%的股票有一大把，只是可能你我幸运躲过了而已。别忘了茅台酒股价在历史上最多曾经跌去70%。

有人问：单一持仓茅台，或大于五成持仓茅台，算不算赌？

答：算不算赌要取决于自己的认知和所持标的的未来长期确定性。所持标的，如果不是基于自己的认知，或超出了自己的能力圈，无论你持有的是茅台还是其他，无论持有1%还是100%，都是赌。

2023 年 11 月 21 日

2023年特别分红后的猜测

看到茅台特别分红19元/股的公告，好多人都说我上次猜得特别准。其实凡是猜，都是瞎猫和死耗子之间的关系。这次碰到了，下次还能不能碰到我也不知道。

我猜：

第一，2023年年度报告，业绩增长22%~24%，年度分红率会依然保持在51.9%。每股分红为30~33元（实际分红30.875元/股）。

第二，2024年年底将不会再有特别分红，而是将年度利润的25%~35%，在年底作为一种常态的分红方式，分给所有股东。所以从2024年开始，茅台的分红方式应该改为年度报告分红51.9%，年底分红25%~35%。我们常说，事不过三，一次特别，两次特别，三次就是常态化。

第三，这种常态化的二次分红方式会成为A股的标杆。以后任何人做茅台一把手，都不敢再改回去。否则大股东不干，小股东更不干。

2023年11月23日

关于茅台回购

茅台240亿元的特别分红快来了，一段时间以来有很多人都在希望茅台拿出现金来回购股份以提振股价，好像美国的好公司在这样做，中国的茅台不这样做就不是好公司。其实这是对两国股市本质的不了解。

在美国股市确实有很多业绩良好有现金储备的公司，在股价低迷的时候都会采用回购的方式来提振股价，而不是直接分红。这是因为美国短期投资分红利得税最高可达37%。根据各州情况的不同，有少数州的长期资本利得税为0，大部分州即便是长期持股的利得税，也有15%或者是30%。但是上市公司用现金回购来提升股价，只要持股人不卖出股份，他就不用上税；许多基金如果净值有很大的提升也不用上税，这就会被看成所谓的利好。而中国股市正好相反，只要持股超过一年，分红的所得税为0。

茅台可以拿出两三百亿元甚至更多来特别分红。但是如果回购，不会有任何实质性效果，股价可能会短暂上涨一段时间，而大小股东需要钱时，再卖出自己手上的持股，实际上在总股份中所占比例就变小了。

假设一直持续，最终需要用钱的股东，会逐渐将自己的股份全部卖完。所以说别说大股东，如果投票茅台回购，我自己一定会一直投反对票。

2023 年 11 月 30 日

茅台股息率的计算方法

茅台的特别分红报告出来以后，有文章说每股分红 19.106 元，分红率只有百分之一点零几，即便加上年度分红，也只有 2.5%。群友也在讨论，把工商银行的分红股息率和茅台进行比较，究竟哪一个更高。其实非常简单，也很容易算，以 5 年或者是 10 年的时间为一个统一的时点，以买入的成本为基数来计算当年的股息率，以及过去 5 年或者是 10 年收到的总的分红来计算股息率，而不是以一直变动着的当前股价为基数来计算股息率，结果就非常简单了。当然无论买入的是工商银行还是贵州茅台，都没有对错之分。只要自己喜欢就好。这样算一算，只是让自己的持股心情更好罢了。

2023 年 12 月 3 日

两种人

我发现有两种人很有意思，而且有相似的特点。

第一种是不持有茅台却关注茅台的人。他们因为某些原因错过了茅台，然而又特别关注，总是担心茅台的所谓社会库存太多，或产能太大；或今后年轻人不喝茅台了，开瓶率低，茅台卖不出去；或股价太

高，分红股息太低，不如银行煤炭股，等等。总之，他们没买过茅台股票，不持有茅台，但是一直在担心着，怕现在持有茅台的股东亏钱。他们在各种自媒体或微博上散布他们操心茅台的焦虑感。

第二种是许多开着燃油车的人，担心着电动新能源车。我周围好多这样的人，他们担心新能源电动车贬值快，卖的时候卖不出高价；又担心车上的电池衰减速度快，买了半年、一年就会开不动，停在高速公路上等救援；再担心电池燃烧不安全。在他们的心目中，买了新能源车或电动车的人都在后悔当初草率的冲动。因为我身边有这样的人，我劝他去试试新能源汽车，他一口拒绝，表示只要还有加油站，他就不会买电动车，哪怕混动或增程式都不会考虑。他们一直在为开着新能源车的人操着无穷无尽的心。

2023 年 12 月 10 日

茅台股份分红总额与募集资金总额的倍数误导

上个星期在茅台股份的业绩说明会上，董秘说茅台股份上市募集资金 22 亿元，而分红达到 2086.53 亿元，分红金额是募集资金的 90 多倍。分红金额与募集资金两个数额是对的，但是分红总金额，作为分子来除以募集资金额得出的这 90 多倍，是一种误导。

2001 年茅台招股上市时，茅台集团占股 64.68%，茅台劳动服务公司为 4%，社会公众为 28%，其余为战略投资者。上市募集的 22 亿元全部来自社会公众的 28%。2008 年股改时，大股东向所有中小股东转让股份，每 10 股转让 1.2 股。转让结束以后，茅台集团所占股份为 62% 左右。前几年茅台集团将 8% 的股份分两次转给贵州省国资委。贵州省国资委减持掉 4%，还剩下 4%。现在国有股一共占 60.85%。

所以从茅台股份上市的 2001 年到 2008 年间历次分红，小股东每年分走 28% 的分红。股改以后，出资小股东占股变为 28% × 1.12 = 31.36%，一直至今。所以茅台股份上市 22 年来，有 7 年的时间，发行时出资 22 亿元的中小股东，拿到的分红占总分红额的 28%；有 15 年的时间，拿到的分红为 31.36%。而现在在每次业绩通报会中，都把全部的分红算在出资 22 亿元的小股东身上。尤其这次业绩说明会上，董秘把 2086.53 亿元的分红额全部作为分子来除以 22 亿元，于是得出分红额是募资额的 90 多倍。

然而，正确的计算方法应该是总的分红额减去大股东所持股份以及大股东减持部分的分红，余额再除以 22 亿元。就算前 7 年忽略不计，小股东占股 31.36% 从上市第一天开始算起。

小股东拿到的全部分红，应该是 2086.53 × 0.3136 = 654.335808 亿元。分红与募资的比例倍数为：654.335808 ÷ 22 = 29.7425 倍，而不应该是业绩说明会中的 90 多倍。

当然在上市 22 年的时间中，分红额是募资总金额的 29 倍多，在 A 股或者是全世界来说，都已经是优等生了。但是作为茅台股份上市第 3 天开始持有的股东，我希望把这个账捋清楚，而不是误导大家。

2023 年 12 月 31 日

三言两语总结 2023 年

2023 年的最后一天，我的总结迟迟未发。我想看看这完整的 365 天，究竟还有什么好事要发生。

2023 年感觉就像是从雾霾的混沌天气走向神清气爽的蓝天白云。前几年就像一匹马被挂住四蹄，而 2023 年可以放开肆意狂奔。

2023年，终于迎来了一次久违的茅台出厂价小幅上涨。虽然茅台出厂价向市场化靠拢是确定的事情，官方指导价依然是1499元，离真正的市场化市场价还有巨大的空间，但是这一小步，却又一次一扫过去几年几任留下的郁闷之气。

2023年是我全仓持有茅台以后的第22个年头。虽然过去的三年家庭投资金融总资产没有增加，22年的复合增长率也下降到了30.95%，但是2023年却是收获最丰厚的一年。收到的两次分红，是2001年买入茅台股份总成本的10倍。像当初种下的一棵树，每年都会回报越来越丰硕的果实。22年来茅台从未缺席。

2023年6次回茅台镇，两次参加股东大会。无论去多少次，那里总有我看不够的风景。

昨天晚上我一个人看了电影《满江红》。里面的某些情节，感觉这好像是一部不十分严肃的娱乐电影。但在最后，当全军将士一起吟诵岳飞的《满江红》时，气冲霄汉的雄壮之气让我血脉贲张，热泪盈眶。对中国，对中国人，悠悠5000年，从没有迈不过的坎，从没有爬不过去的山。

2024年，未来会更好。

2024 年

2024 年

2024 年 1 月 4 日

茅台股价和市值涨跌的意义

对长期持股靠分红来赚取收益的股东来说，短期股价或市值的变化和涨跌真的没有什么太大的意义。对管理层来讲，市值管理就是要把公司经营好、把业绩提上去，而不是单纯地针对股价的涨跌发布没用的消息进行所谓的市值管理。2020 年初到 2023 年底，艰难的 4 年时间，茅台股份的产能、产量、销售、业绩、利润、分红，尤其是 2022 年和 2023 年两次特别分红，所有的指标都是上行的，可是股价从 2600 多元，最低跌到 1300 多元，现在才 1600 多元。就这 4 年的情况来看，股价根本就无法体现公司的经营情况，所以一天到晚盯着股价只能是自寻烦恼。持有茅台最正确的方法就是用闲钱买入锁进抽屉，卸载 App，过若干年回头来看，自己一定是最牛的。

做投资，没有神仙皇帝，没有救世主，一切要靠自己。田野山坡上开满了鲜花香草，却偏偏要捡狗屎牛粪来捧在手上，那就只能怪自己了。

2024 年 1 月 20 日

关于片仔癀与大盘涨跌

有人问怎么看待片仔癀？我认为片仔癀是一家不错的公司，但它的生意模式比起茅台犹如云泥之别。单看原材料，片仔癀原料成本占总成本超过 90%，且供应量少，不易获得。而且作为药品，没有社交属性，从来没人请客吃药，也不会有人炫耀：我得了病，要一辈子服用片仔癀

或其他药……再加上体量小，所以永远不可能复制茅台。

最近大盘一直下跌，好多人不淡定了。看好你手里的茅台就行了。至于大盘如何、个股如何，没有人可以左右，但是我们持有的茅台长期确定性没有任何改变，这就是定心丸。大盘也好，股价也好，时间上总是跌多涨少。

确定的东西，才让人内心安宁。但对投机者，尤其加杠杆的投机者，我很难共情。我们做投资，要的不是一次两次的小胜与得意，而是终生不败！加杠杆就是饮鸩止渴。

2024 年 3 月 16 日

关于高股息股票

有人发了一个链接，里面有 10 多只股票都有高股息，买入以后，可以放心持有很多年。做投资着眼于股息和分红，其实是很正确的，比成天盯着股价追涨杀跌不知道好多少倍。但是对高股息高分红的公司也要擦亮眼睛仔细辨别。如果不理会公司的基本面、生意模式、发展的可持续性等，单纯追求高股息并不可取。

茅台上市 22 年半，这么多年以来，即便是加上 2023 年的特别分红，茅台的股息率和其他的高股息股比起来并不高。但是如果持有茅台超过 10 年、15 年，那么跟买入成本相比，每次拿到的股息就非常高。股市里有许多这样的公司，所谓的高股息对应的是相对较低的股价。如果这种高股息是持续若干年的，长期可持续的，是健康的，那追求这样的高股息就像手里拿的是超级债券一样，丝毫没问题。可是在 A 股市场，以前不止一次地出现过某些 ST 公司已经靠贷款运营了，还要派发高股息，这是一种不可持续的忽悠人的派息方式。对这类公司一定不要贪图它的高股息，股东贪图它的高股息，而它要的是股东的本金来抬高股价，然后把后进的股东死死套在里头。这样的例子还真不少。

2024年4月23日

关于投资资本增值

有群友说，身边所有老股民几乎全退了，资金也都撤离了。没有挣钱效应的市场，早晚会被抛弃。

我认为，做投资永远不要期望去赚市场（其实是别人）的钱，而要随着投资标的的增值，自己的投资资本也增值。这种增值包含两个部分：标的物的价值上升和标的物产生的利润或分红。这才应该是投资的目的。

2024年4月27日

昙花一现的酱香拿铁、茅台冰淇淋和酒心巧克力

今天路过一家瑞幸咖啡店，突发奇想，我进去问营业员有没有酱香拿铁可以订，他说最近已经好久没有人订过酱香拿铁了。瑞幸店里其他的产品一直都在卖。酱香拿铁，居然连水牌都没有上。从2023年的5月到2024年4月，不到一年的时间，从刚上市所有的店里卖断货的明星、号称一天销售一个亿的网红产品，到如今却无人问津、销声匿迹，这是一个值得深思和研究的问题，也是关于茅台酒创新的问题。

众所周知，茅台酒作为一种传统的食品饮料，对生产者来说，最重

坚守的力量——价值投资之道

要的是崇本守道。在基本工艺和产品上要守住传统，谨慎创新。甚至对茅台酒这样的产品来说，无须创新。这几年一系列产品上的创新，对茅台酒来说，并不是一个加分项，而是对茅台产品商誉的损害。因为这些产品的创新忘记了食品生产和供应上非常重要的一个因素——人的味觉记忆。

相信很多人都喝过茅台，也有很多人都喝过咖啡。无论是咖啡还是茅台，对味道的极致追求都是"纯"和"醇"，即口味的纯正，气味的醇香。凡是味道纯净的食品或者是饮料，人的味觉上都不容易产生记忆。比如没有加入任何调料的白米饭和白水煮面条，这两种主食是纯净的，所以我们百吃不腻。一旦加入其他的调味品，比如说做成炒饭或者是鸡蛋拌面，连续吃一段时间以后，我们就想换口味，也许鸡蛋炒饭就想换成蔬菜炒饭，炸酱面就想变成牛肉面。

口味纯正的咖啡和茅台酒本身，本来是不会让人产生味觉记忆的，但是如果将这两种饮料合二为一，它所产生的这种不纯粹不醇和的味道，极易让人产生味觉记忆，并且持续非常长的时间。这种不纯粹的味道甚至会让人产生长时间的味觉厌恶感，从而避免再次购买或消费同一产品。而且这种味觉记忆和厌恶感会以口耳相传的方式传递给其他人，以致这些人在购买时会刻意避免购买这种容易产生味觉记忆和厌恶感的食品饮料。

酱香拿铁以后，酱香热饮巧克力从一开始便无人问津。因为消费者知道一杯高糖高热量含酒精的饮品，真算不上是一杯健康的饮料。

有人说在酱香拿铁以前上市的茅台冰淇淋，在市场上不也还在卖吗？难道这不会产生味觉记忆？这款产品全部进入茅台的自营店、专卖店和经销商渠道。后来在这些渠道，冰淇淋就成了一个强行搭售或者是免费赠送的鸡肋。可以说茅台冰淇淋是一个市场定位极其不清楚的产品。

茅台酒心巧克力一出来就注定是一款失败的产品。巧克力的填充物被做成糊状,而非原酒加糖浆形态,失去了茅台酒的神韵;再加上高昂的定价,无论对于哪一个年龄层次的消费者,茅台酒心巧克力都不具有任何吸引力。

作为企业的决策者,在进行产品创新的时候,一定要作深入的研究。何况贵州茅台是一个可以永续经营的产品,继任者只需要在正确的方向上稳稳地前行,而无须另辟蹊径。

对茅台酒来讲,"守陈"和"守成",才是核心。

2024 年 5 月 9 日

无法实现的百家姓酒与拆股

(一)百家姓酒

有人建议茅台生产百家姓酒。我看这不是一个好的主意,会在许多消费场景带来困扰。比如在婚宴上,是喝男方的姓氏酒还是女方的姓氏酒?喝了一方的姓氏酒,另外一方是否觉得被忽视,或者是在亲戚朋友面前丢失了脸面?不喝姓氏酒,是否又有人认为婚礼主办方没有本事,买不到茅台酒的姓氏酒。最后的结果也许就是不喝茅台酒而改用其他酒。所以具有消费品特性的食品饮料产品,切忌为了迎合特定人群而打上专属标签,否则迎合了极小部分人,会忽视或得罪了极大部分人,并且引起的情感厌恶会波及周边。

无论是普通的飞天还是五星茅台,或者是茅台生肖酒以及其他文创产品酒,社交和礼品属性都是极其重要的。而茅台百家姓酒一旦推出,则这一重要属性会消失。

中国人姓氏一共有 23000 多个,常见姓氏也有 300 多个,是否每一

种姓氏都要生产一定数量的酒？某一种姓氏生产的比较多或者比较少，或者没有，是否会对某一姓氏或其他姓氏形成一种歧视？是不是会引发某一种姓氏和其他姓氏的投诉或者是法律诉讼呢？所以这个营销的点子会埋下很多的问题，甚至祸端。

茅台酒，本来是具有广泛社交属性和金融属性的快速消费奢侈品。一旦打上特定小众人群的标签，无异于自建藩篱，自缚手脚。所以茅台文创酒是个好主意，但是不能滥用。

（二）关于拆股

价值投资和长期投资者是否买入一个标的并长期持有，不仅基于这个标的的股价，更多是基于投资者自身对标的内在长期价值的认知。历史上茅台股份的股价最低曾经到过20元，即便如此，绝大多数人也不屑一顾。茅台股票即便是1拆100到17元一股（这样反而让茅台股份失去了在资本市场自带的光环），投机者依然会热衷于炒一两块、三五块的垃圾股。任何一个国家的股市都有一个最高价股，这个最高价股不是价格的虚高，而是其自身价值的体现。茅台股份享有此殊荣，当之无愧！

投资者的认知范围和能力圈才是决定他是否买入并长期持有投资标的的决定性因素。认知不够或能力圈不达标的短炒者，即便是偶然买入，一番短炒以后，还是会迅速离开。

作为个人投资者，如果将茅台股份的股票作为传承后代的资产，每年就坐等分红，拆不拆股其实根本就无所谓。

在美国或其他股市，有些公司拆股以后就上涨了。其实这些公司本来就应该上涨，因为它的业绩有支撑，或者有未来确定性，或某些所谓的概念。否则无论是把一股拆成10股还是100股，都没用。因为无论怎么拆股，最终股价的绳子总是牵在价值的手中，跑得再远，最终也要回来。

我并没有反对茅台股份拆股，只是无所谓而已。当然我乐见茅台酒价和股价高高在上的样子，觉得心情顺畅。

上市23年，茅台股份不是天生就1000多元/股、2000多元/股的。上市时32元/股，最低20元/股，经历了从低到高的20多年的过程。任何股票是否买入、持有，最终不是取决于高低波动的股价，而是认知能力。

许多没有买入并持有茅台的人，他们关注的是2023年的茅台业绩60多元/股，分红30多元/股。当一拆十，业绩变成6元/股，分红变成3元/股时，他还是要花150元/股来买入。或者更有甚者，当15元/股、业绩0.6元/股、分红0.3元/股时，我相信还是一样，不买的还是不买。

别指望一拆十甚至一拆百后，每股还有60元的业绩和30元的分红，所有人还会趋之若鹜，那不现实。

2024年5月11日

参加股东大会的目的与买酒

已经订好酒店参加5月29日的股东大会。我参加股东大会的目的有两个——见新管家，会老朋友。

无论有没有机会提问，核心要求有两项：一是推进主流飞天和五星茅台酒的出厂价和官方建议零售价市场化。作为股东和茅台酒的消费者，不希望茅台酒在市场上有平价和高价之分，而是希望所有人都可以以正常的市场价买到真茅台酒。二是茅台股份应该响应管理层倡议和股东诉求，常态化提高分红率，或二次分红，甚至季度化分红，将分红率提高至年度纯利润的85%甚至90%以上，而不是让所有人去猜，而且是从年头猜到年尾。

至于说提高分红与长期主义相悖，是对长期主义的曲解和误导。所谓的长期主义，是说无论经营还是投资，应该关注长期持续的生意模式和价值成长，永续经营，长期甚至永久持股，以获取企业资产及投资股本的永续成长。如果说提高一家公司年度分红就没有了长期价值，或就不是长期主义，那就说明这个公司已经开始丧失其投资价值。

我成功提交了参加年度股东大会的信息，并在跳出的窗口中提交了三个核心问题，希望在股东大会时能够给予回复：

第一，是出厂价和零售价的市场化改革。取缔价格双轨制和多轨制，回收流失的本属于股份公司的千亿元利润和国家税收。

第二，提升年度分红率至 85% 或以上，并进行正式的公司公告，或者以公司章程的形式固定下来。

第三，停止并在将来避免大股东及其他集团公司的成员与股份公司进行同业竞争，遵守《公司法》以及大股东在股份公司上市时关于避免同业竞争的承诺。

以上三点能做到的话，茅台股份将轻易成为含金量极高的、实实在在的世界 500 强中的食品饮料及酒类第一强。

5 月 22 号晚上 10:05 收到了茅台股份 2023 年股东大会参会的确认短信，同时也收到了很多不能去参会的"茅友"和群友后台发的信息，说希望进言管理层股东每年可以买酒的权利。但是我肯定不会提这样的建议。

作为茅台酒的消费者，我肯定希望能够在市场上买到真正的茅台酒，当然我也不希望以高出市场价的价格而且从来历不明的渠道买酒。似乎股东专供酒是一个不错的建议。但是作为茅台股份的股东，我更关注的是茅台股份本身的经营管理。

作为茅台股份持股近 23 年的股东，我的核心诉求如果能够满足，相信茅台股份在今后若干年还会有巨大的飞跃，再创造更多的辉煌。相对而言，股东可以买几瓶平价酒的特权简直微不足道。

2024年6月3日

"坤沙"还是"浑沙"

传播一个小知识。茅台酿造工艺里用到小粒红缨子糯高粱不全部粉碎蒸煮的工艺，会用到"坤沙"，也称为"浑沙"。

这"浑"（kún）字，在黔北、遵义地区以及云南、川南、重庆方言里，表示完整的意思。比如我们小时候过生日，老奶奶总要煮一个"浑"（kún）鸡蛋；产妇生了孩子，要炖浑（kún）子鸡。

2024年6月14日

持股茅台要"悟悟悟"

昨天接到一位朋友的电话，说这段时间茅台股价跌了，我一看果然是，而且昨天的收盘价很有意思——1555元。

什么是金融属性？其实茅台酒从来没说过自己有什么金融属性。作为食品饮料和商品的茅台酒，一直以来都只有一个最重要的属性，万众瞩目也追捧的就是这一属性——那本来就好喝的茅台酒，放的时间越长越好喝。于是就有很多人买了茅台酒舍不得喝，一年一年放下去，就变得更加好喝了，于是便衍生出了所谓的茅台酒金融属性。茅台酒越放越好喝，这一属性在我看来，其实是时间的属性。无论是种庄稼种树，还是囤茅台酒，最重要的就是要投入时间这一关键因素。只要投入了时间，其实无论是股价还是酒价短暂上涨还是下跌就变得不重要了。

我们投资茅台，最看重的是其未来长期确定性，甚至未来永久确定性。这个确定性绝非指它的股价，而是它的酒质、业绩、产能、产量、

利润和分红。而且我们总是把未来长期放在确定性的前面,那是因为确定性需要长时间的加持才有意义。

昨天的收盘价,也许就是要告诉我,茅台,要"悟悟悟"(1555)。投资茅台,要花时间来懂它,然后花更多的时间捂着再捂着。问我茅台需要捂多久,向天再借五百年!

2024 年 6 月 15 日

投资与投机

投资与投机,本来是两个中性的名词,代表着两种行为方式。在金融和资本市场以及商品市场,这两种行为方式都是不可缺少的存在。投资和投机可以单独或同时存在于同一个体、同一个机构,并在特定的时间和条件下可能相互转化。因此人们往往难以分辨它们的区别和差异。现从三个不同的维度解读一下在股市投机与投资的异同。

第一,从思维的维度看,投资是股权思维,而投机是股价思维。

当投资人投入本金买入一家公司的股权成为股东,其目的是随着这家公司经营改善、生产优化、品质提升、市场拓展、销售增加、利润源源不断产生以推动公司内生性价值增长,从而该投资人投入的资本和持有的股权也不断增值。我们可以称为股权思维的投资行为。

股权思维,最重要的关注点是投资标的的质量、生意模式以及其确定性。对短期的因素,包括市场波动、经营短暂波动以及人事变动等,只要没有改变持股标的的生意模式和长期确定性,股权思维的股东都不会受其影响。总之股权思维关注的是公司的长期确定性、护城河以及业绩分红等关键因素。其收益来源于公司价值的提升和股权分红。股权思维还有最重要的一点,投资股权的标的,需要经过透彻的研究,其质地必须优良，并确定能产生增值。

无论中外，都有不少股权思维的投资家或投资者。比如股神巴菲特在1988年开始买入并持有可口可乐股份至今，便是典型的股权思维。

股价思维，也可以称为趋势交易思维。其特点是股市的参与者买入一家公司的股票后，其目的是随着公司股价的波动，低买高卖，以获取买卖价差作为其交易利润的行为。

股价思维通常的关注点是标的的实时股价以及与之相关的其他变体，如市盈率、估值、股息率、市净率等。而每日观察和研究的对象是由过去的或实时的股价和交易规模甚至参与者情绪而衍生出来的各种曲线、指标而推导出的现实情形和未来趋势，从而做出买卖的行为。这些曲线、指标与无数的因素及市场交易者的情绪、宏观大势以及真真假假的传闻消息等相关。对于同一个标的，不同的交易者利用不同的系统和思维方式，往往会得到不同的结论，同时处于同一市场的交易者会产生完全不同的情绪，以导致相互对立的买卖操作。

股价思维的交易者相比股权思维，在市场上占据绝对多数。股价思维的市场参与者需要更强的情绪控制力、观察力、即时逻辑判断力和行动力。但是这些能力产生的结果未必与最终盈利能力相关。

股权思维和股价思维对于某些人或在某些时间可能相互转换。比如有些股价思维的投机买入者，经过长时间的摸索却无法得出一个满意的结果，他或许会经过长期思考转化为股权思维。

第二，从概率的维度看，投资投的是确定性，投机投的是可能性。

确定性是无论在任何条件和情况下一定会发生的事件，比如说自然界每日太阳的东升西降、四季变换、日夜更替。简言之，确定性是常识可以解释的，是显而易见的、必定发生的事件。

在投资领域，长期研究一个标的商业模式、经营管理、市场地位、生产的产品特性等，得出一个合乎逻辑的推断，其结果必然发生。这便是投资的确定性。比如自2001年上市后，茅台股份在任一年份的产能、

产量一旦确定,经过四年的窖藏后,其第五年的销售数量可以推断出来,并判断出生产年份后第五年的最低销售业绩、利润,甚至分红额。投资者可以依据这些显而易见的数据作出投资判断。当然这些数据都是模糊正确的,而非精确的数值。

价值投资的长期确定性,与股价、估值、市盈率、市净率和股息率等因素无关。

可能性也可以称为不确定性,是指也许会发生或不会发生某事件的概率。可能性的概率就像杠杆的支点在1%和100%之间变动。这支点究竟在什么位置是不确定的变量,随之而带来的便是风险。投机,有时候会成功,而更多的时候是不成功,便是由于支点的游离不定和不确定性所造成的。

在股市,投机者通常依据过去股价和交易额产生的某种联系,推导出某种可能性的概率,也会把正在发生的情形与以前发生过的某些类似情形进行比较,并以结果推导出该事件重复发生的概率来指导现在的判断和买卖行为。

但是即使正在发生的事件与过去发生过的事件具有一定的相似性,但是其结果并非必然一致。于是投机者会产生错误的判断,甚至情绪会受到影响,进而导致行为失误甚至失控。这是许多投机交易者追涨杀跌,产生更多损失甚至血本无归的原因。

确定性和可能性,它们是一对天然的冤家。观察一个标的时,它要么是确定性的,要么是非确定性的,同时它们又是一对可以相互转换的孪生兄弟。当对一个特定的投资标的,认知范围和能力圈一旦形成,以前的可能性便转为了确定性。但是有许多人,他们过度看重可能性而忽视了确定性。

确定性和可能性是由个人的认知范围和能力圈决定的。关注确定性的投资人,他们的认知范围和能力圈往往都比较狭窄,所以他们关注的投资标的就非常有限。而追逐可能性的投机者,投机标的五花八门,无所不包，甚至认为可以用曲线、图形、交易数据或其他一些技术指标来解释所有的股票。一旦失败，关注可能性的交易者往往会将原因归咎于运气或其他外在因素。

第三，从投资与投资时间的维度。

许多人关注某些"大V"或者巴菲特等投资大家的建仓，或者是买入某一只股票的时候，这只股票市盈率（PE）或者是市净率（PB）是多少倍，到现在资产又增值了多少倍，而很少有人会提及时间这个成本。1988年巴菲特买入可口可乐，到今天已经持有36年。不知道我们周围有几个人会买入一只股票后，持有36年而无视这个过程中各种市场和国际形势的变化。

在股市中存在一种谬误，即价值投资就是以好价钱买入某只便宜又优质的股票。然而价值投资最重要的外在要素有三个：第一是本金，第二是好公司，第三是长时间持有。这三个要素是缺一不可的。在这三个要素中，其实最容易做到的是第一个和第二个，最难的是第三个——时间。因为时间就是人的生命。

经常听到做趋势投机交易追涨杀跌的人说他虽然亏了一点钱，但是他没有亏时间。因为投机交易者只关注股价的短期涨跌变化及各种消息带来的波动，目的是追逐低买高卖的差额作为利润。他们愿意损失本金，却不愿意投入时间研究其买入的标的，更不愿意投入数年数十年的时间陪着公司成长和价值提升。

所以一个结论就是：即便投入了本金，即便是找到了好公司，如茅台，买到了好价钱，如果不想投入时间这个成本，那么一定是投机，拉长时间看，成功的概率都是微乎其微的。

成功的价值投资者，无一不是具有股权思维、只投资标的的确定性的长期主义者。

人生和投资路上的航标

人生和投资路上的航标

2023 年 10 月 2 日

致姑姑胡元霞老师

我的姑姑是一名高中英语老师,她一生善良、平和、坚韧又自强不息。教书育人数十年,桃李满天下。她,是我人生道路至暗时刻的指路明灯。

表弟华杉和小妹跟我说,在姑姑 80 岁的晚宴上我要说两句。我想,我说两句哪儿够啊?哪怕 200 句、2000 句,也难表我此时的心情。

表弟说我的前半生就是一个传奇,我也觉得好像是那么回事儿。如果说我的前半生是一部传奇,那这部传奇的开篇,便是由我的姑姑和姑父来书写的。我没有上过高中,中学肄业以后进入遵义的一所技校学习,三年后再进入工厂车间工作了 5 年。记得是 1986 年下半年的一天,姑姑姑父在遵义转车,落脚在我家。我跟姑父说:"我想考大学,不晓得行不行?"姑父轻描淡写地回答我:"想考大学,那就考嘛,有啥子不行的呢?"可是说实在的,我对自己一点信心都没有。因为我的整个小学、中学都是在"文革"中或者后"文革"时代度过的,基础非常差。比方说,我的英语就只认识 4 个字母,A(尖)、J(勾)、Q(框)、K(老凯)。中学的毕业考试,数学考了两分,英语考了 5 分(都是百分制)。但是和姑父的这次简短对话点燃了我心里希望的火苗,姑姑也知道了我有考大学的想法。

于是不久,我就办理了停职留薪的手续(因为工作出色,车间主任特批我半年的带薪假期备考)。在这以前,其实我已经参加了两次电视大学的入学考试,但是因为成绩太差而名落孙山。经过两个多月的匆忙准备,我参加了 1987 年的高考预选考试。记得当时的预选分数线是 400 分,而我的分数是 200 分,自然就没有了参加高考的资格。当时姑姑姑父已经到了水城矿务局中学做高中英语和数学老师。我打了一个长

途电话给姑姑，说我的预选考试只考了 200 分，没有参加高考的资格，心情倍感失落。这时姑姑给我分析说："你 200 分的预选成绩，即便是参加高考，也不可能考出一个好的成绩，更不可能到一个好的大学，还不如好好准备，明年再参加高考。干脆你到水城来吧，来我们这里学习。"我没有犹豫，向车间主任请了长假，背着简单的行囊，辗转来到了水城姑姑家。姑姑家里狭小的三个房间，住了姑姑姑父及包括两个表弟在内的 5 个孩子和我。姑姑姑父每天要忙着在学校上课，还要给一大家人做一日三餐。那时的生活虽然清苦，可是家里充满了欢声笑语和朗朗的读书声。

到了水城以后，我插入水城矿中的高二文科班学习。可是上了一个多星期的课以后我才发现，课堂上每一科的所有内容对我来讲都像天书一样，尤其是英语和数学，简直就像不可逾越的天梯。于是我跟姑姑姑父说，我不想再去上课了，我根本就听不懂任何东西。我的英语基础是刚刚认识 26 个字母、48 个音标及几个简单的单词。数学最高水平就是能解一元一次方程。这种水平想要考上大学简直是天方夜谭。姑姑姑父不停地鼓励我说："努力，你可以的！只要用功，只要学习，哪有做不到的事？"姑姑姑父给我找来了从初一到高二的全部英语和数学教材、教师用书和初一到高三的各种考试模拟试卷。姑姑姑父独创了一套英语和数学的自学方法，让我先看教材，再看教师用书上面的讲解，然后再做所有的题，每天或者是每周我都要做若干套各种考试题。于是我每天在家开始了疯狂的学习。白天学习时，有不懂的地方标记下来，晚上再来问姑姑姑父。不仅每天要学习英语和数学，还要兼顾初一到高三的语文、政治、地理和历史各科。因为任何一科落下都意味着我不能进入大学的校门。从 4 月下旬到 8 月，我在姑姑姑父的指导下，学完了初一到高中二年级所有的数学和英语课程，模拟高考考试的试卷逐渐可以做到 80 分左右。同时其他 4 门功课也通读了 6 年的教材大概两三遍。模拟高考试卷总分可以做到 400 来分。尤其是英语，因为原来基础差，显得进步特别大。

有一天晚饭后姑姑问我:"你今后上大学想读什么专业,想去哪个大学?"我丝毫没有概念,在我的心里,我哪有资格去挑选什么大学,只要能够上一个最普通的大学,哪怕一个大专甚至中专,都是我踮起脚尖改变我命运的一个阶梯。我坦诚地对姑姑说:"我从来没有想过这个问题,只要能上学就行。"姑姑分析说:"看你这几个月的学习,英语的进步特别大,建议去考大学的英语专业。"姑姑细致地对我分析了我考英语专业的优势和劣势,并且上哪一所大学都给出了详细的建议。我笃信姑姑的建议,于是向这个目标一步一步迈进。有了这5个月在水城姑姑姑父的教导下打下的数学和英语基础,我于当年的9月回到了遵义,进入遵义四中的高考补习班学习。1988年的寒假,我又回到水城在姑姑家补习了1个月的英语和数学。以后再回到遵义四中高考补习班。这在当地是一个学霸班,都是上年考上了大学但因为志愿的原因没去上大学的学生。我的成绩可以一直保持在这个班上110名学生中的前3至5名。经历前后14个月的艰苦学习,1988年的7月6日、7日、8日,我参加了高考,并且取得了475分的成绩。之后进入了北京语言学院外语系的英语专业。在所有的6门功课中,英语考了82分(据高考以后的统计数据,当年英语80分以上的考生全贵州大约是230人),数学考了99分。这个成绩于在座的各位学霸兄弟姐妹们来说可能不算什么好成绩,但是改变了我的人生。当年北京大学外语系英语专业在贵州的录取分数线是473分,而且只招收两人,只有一人以第一志愿报考了北京大学。那个年代是先填志愿再考大学,以我的基础,我无论如何也没有勇气赌一把填北大为第一志愿。

在那以后的30多年,虽然在外漂泊,姑姑一直都在关心着我的学习、工作、生活以及子女教育的各个方面。姑姑姑父对我的教诲,不仅改变了我自己的命运,而且必定会惠及我的后代。在此我要对姑姑说:"姑姑,感谢您对我的教诲,我也没有辜负您和姑父的期望,我一直在

努力地学习、工作和生活。今天是您生日，我祝您福如东海，寿比南山，健康快乐，长命百岁！"

同时我也想在此代表两位表弟和我自己，向各位亲朋好友郑重地发出邀请，邀请你们20年后的今天，2043年农历八月十一，我们再次聚首，来见证和庆祝我的姑姑——胡老师的百岁华诞！

谢谢大家！

2024 年 4 月 5 日

纪念我的父亲

清明节又到了，每年的清明节，我都会特别思念我生命中最重要的两个人——我的奶奶和我的父亲。2024年是我父亲仙逝的第5年。在这清明来临之际，无法亲临扫墓，谨以此文缅怀天国的父亲大人。

我的父亲是一个很普通的人，但是他又是一个传奇。父亲于1937年的正月十一出生在黔北一个叫作松坎的小镇，这是从重庆方向进入贵州的黔北第一镇。老家的小村子叫水通坝，现在因为修高速公路在两年前已全部搬迁，不复存在。

父亲没有显赫的家世，出生时家里不算大富，却也衣食不愁。但是天有不测风云，在1945年父亲8岁时，我的爷爷和大伯，因为劳累过度，积劳成疾，在半年之内相继过世，留下了奶奶和包括父亲在内的5个年幼的孩子，最小的姑姑当时还不满一岁。我的父亲成了家里的长子。奶奶在半年内失去了丈夫、长子和她的母亲，因为悲伤过度哭瞎了双眼。幸运的是后来在一个江湖郎中的精湛医术下，奶奶的眼睛恢复了视力。从那以后作为长子的父亲也承担起了部分家庭的责任。

即使是在如此艰难的条件以下，奶奶坚持把我父亲以及叔叔和姑姑们送入私塾学校。在相当于高小毕业的时候，为了让其他兄弟和姑姑们能够继续学业，父亲只好辍学和奶奶一起，艰难地撑起那个家。直到后来入伍后父亲才有机会继续学习。

父亲刚满15岁时的1952年，抗美援朝战争正在激烈进行。父亲瞒着奶奶，和家里的几位叔伯兄弟一起修改了自己的年龄，参加了中国人民志愿军，被编入志愿军部队的汽车兵。告别了奶奶和兄弟姐妹，父亲来到甘肃兰州志愿军汽车学校，学习汽车驾驶和修理技术。1953年，父亲的部队开到天水整训，准备入朝时，朝鲜战争结束，于是父亲转为中国人民解放军铁道兵，到江西福建一带修建鹰厦线铁路。

1957年鹰厦线铁路完工之际，为了帮助奶奶承担抚养弟弟妹妹的责任和重担，20岁的父亲放弃了在部队发展提干的机会，毅然回到遵义，进入一家机械厂，做了这家工厂的第一名汽车司机。当时经济建设方兴未艾，百废待兴，父亲精湛的汽车驾驶和修理技术正是经济建设中非常紧缺的技艺。父亲在这家工厂工作近30年，为工厂的建设作出了很大的贡献，也为这家工厂建立了汽车队，培养了许多新一代汽车司机。20世纪80年代初，因为工作需要父亲调入遵义行署，直到退休。父亲手握方向盘为国家的建设工作近50年。他的足迹踏遍了大江南北，更是走遍了贵州每一寸山山水水。

自从我的爷爷和大伯过世以后，奶奶家过得非常艰难，但是对孩子们的教育极其严格。父亲的一生为人正直、善良、上进、坚韧、慷慨、乐于助人。在工厂时，许多工友都把父亲当成一个可以信赖的兄弟。当时的交通条件、医疗条件都不好，工友家里任何人有大小事情，生病的时候，无论多深的夜晚，无论刮风下雨下雪，无论白天劳作多么劳累，只要父亲知道，他都会说，快送你们去医院。几十年如一日，无私帮助周围的人。只有心存善良、宽厚待人的人才做得到。这对我们后代的影响极深。

作为家中长子，父亲真正做到了长兄为父。从部队复员回到地方

后,父亲将奶奶、叔叔和两位姑姑从松坎水通坝那个小山村全都接到遵义,供养叔叔和姑姑们上学。即使父亲入伍和后来工作离开了故乡,他也会经常会回到自己的家乡看一看,关心家乡亲人们的生活,哪家哪户有困难时,他总会慷慨地伸出援手。

父亲极为孝顺。爷爷和大伯过世时,我奶奶刚30岁。从那时起,奶奶便独自一个人撑起了一个家,抚养5个年幼的子女成人。父亲深知奶奶极为艰辛不易,这也是父亲放弃在部队提干发展的最根本的原因。回到家乡,父亲事母至孝,直至1995年奶奶无疾而终。

父亲具有非常端正的人品,认识他的人对他都交口称赞。作为他的子女,我们也很骄傲。

父亲深知学习文化的重要性。也不知道手握方向盘和扳手的他,是如何练出了一手漂亮的硬笔字。15岁当兵以后,他每月将自己的津贴全部寄回给奶奶作家用和弟弟妹妹的学费。在求学的过程中,我也时常得到父亲的鞭策,他不讲什么太多的大道理,重复又重复说的是"学好数理化,走遍天下都不怕"。我在中学毕业后进入父亲工作的机械厂的技工学校,学习三年以后,接着工作了五年。有一天我想考大学,父亲知道以后异常高兴,也不管我的基础有多差,能不能考上大学,只是不停地鼓励我说:"儿子,你一定行!"站在父亲坚实的肩上,我行!

父亲各个方面对我的言传身教,影响尤其深远。我在以后的岁月中有了积累能够投资茅台股份的股票,最初启蒙就是我父亲传授给我的关于茅台酒的一些基本知识。父亲职业是司机,一直滴酒不沾。但是他对酒很有兴趣,会利用出差的机会买回贵州各地的名酒,在家放一段时间,然后拿来请客或送人。茅台酒是国酒,这是父亲亲口告诉我的,并在我的心里烙下不可磨灭的印象。这也促成了我在看到茅台股份上市以后,倾尽可以动用的全部现金全仓买入,直到今天。我发自内心地感谢父亲对我的教育。

我父亲的一生平平淡淡，好似一滴水，却是我的英雄，我的偶像，我人生的指路明灯和楷模。2016年春节后，父亲在他79岁生日的前三天，飘然驾鹤西去，并且在他79年前出生来到这个世界的同一天，正月十一，化作了泥土回归大地，离开这个世界。父亲永远活在我的心中。

亲爱的父亲，天国的你和奶奶爷爷大伯还好吗？想你们！

2018年7月15日

我的大学——逆转命运的旅程

（一）考入技校

一年一度的高考结束了，各地陆续发榜，学子们在忙着填志愿。恰逢我上大学30周年，来北京与同学和老师聚会，一起缅怀30年逝去的时光，重温过去的青葱岁月。此时此刻，一个想法在头脑里萦绕着。对我来说，如果只讲茅台，故事是不完整的，今天来填补这个断层——我的大学。这不是自传，更不是小说，只是我人生中的片段。

一直以来，我最不愿意回答的一个关于教育的问题是："你是从遵义四中考上大学的吗？"（四中是遵义地区最好的重点高中，是我曾经仰望的殿堂。）

答："不是。"

再问："那你是哪个高中？"

答："我……没……上过高中……"

我的小学是在1976年完成的。我现在依然清楚地记得小学时的一些情景。在学校，上课时间经常用来开会。我父亲常常对我说："学好数理化，走遍天下都不怕。"还跟我说要尊敬老师。我的小学叫工农小

学。窗户没有玻璃,冬天靠每个学生捐出的牛皮纸糊起来抵御彻骨寒风,寒冬那种冷,刻骨铭心。

进入中学时,百废待兴。教育亦然,因为小学5年的荒废,我的学业基础极其薄弱。三年初中在浑浑噩噩中结束了。以5科总计75分(百分制)结业。那年,邓小平同志在南海边画了一个圈,这个圈便是现在的深圳。

父亲那时坚持让我去复读初三,然后考高中,不许我去做学徒,并希望我今后能上大学。但是大学只是我一个遥不可及的梦而已。我所住的工厂厂区,职工400多人,把家属加在一起,有2000多人,只有两个大学生。有时在路上偶尔遇到他们,我只能远远地行着注目礼。这个工厂从20世纪50年代建厂到80年代中后期,从来没有出过一个正规大学生,像是一个被遗忘的角落。以前从没想过有朝一日我会从这里去上大学。

经过一年初三复读,我于1980年参加了中考,以6科200分的总成绩内招考入所在工厂技校。我记得,数学2分,英语5分,都是百分制。这一年,最流行的歌曲是《年轻的朋友来相会》,歌里充满了对未来的向往和希望,我仿佛看到一丝希望之光,起码心里有了对未来的向往和萌动。

(二) 参加电视大学考试

技校,是我开始谋生的地方。我在这里学会了机械制图、看图,学会了机械原理,会操作工厂里几乎所有的精加工设备。3年技校转眼即逝,满18岁那年,我正式成为工厂的一名机床操作实习工,每月实习工资21元人民币,半年后实习结束,涨到27元,成为工厂的正式工人。

因为我肯动脑钻研,因而技术过硬,并且在生产中做出一些技术革新和改进。尤其是对一个高难度小加工件的革新,让原来4分半钟的额定加工工时缩短到平均8秒钟，使生产效率提高了30多倍。好多原本加工复杂且费时的零件，在我手上能够轻松完成，经常一个月的活，一两天我就完成了。这样的例子有好多，所以在工作一年后，19岁那年，我被提升为精工车间铣床班的生产班长，是全厂有史以来最年轻的生产班组长，前途好像是有些光亮的。

这时改革开放进入第六个年头，全中国都像从梦中醒来，对知识的渴求席卷华夏，那时电视上最热门的一个教学节目叫作"Follow Me"——跟我学。但我家还没有足够的钱去买一台黑白电视机。有一次经过新华书店，看到人们在抢购自考教材，全国掀起了自考、电大、成大等的教育热潮。我所上的技校招生时有高中班和初中班之分，高中班有些同学基础相对比较好，已经有人开始复习准备考大学或电大。

转眼到了20世纪80年代中期，刚满20岁的我，一直在痛苦中挣扎着，不甘于现状却又无力无能去改变。后来有一件事让我痛下决心。那是一个周六下午4点多钟，工友们都在准备下班回家过周日，这时，车间主任带着一辆小货车拉的毛坯件来找我，说这是一批外来加工的零件，要得很急，让我安排人，务必周日连轴转赶工完成，星期一一大早交货。可是辛苦了一个星期的工友都要回家，没人愿意周日加班。我只好独自一个人留下，夜以继日、无休无眠，直到星期一早上工厂开工前，才将最后一件产品卸下机台。躲在车间一角眯了一会，又开始了一天的劳作。这次加班，得到20元钱的奖励（此时的月工资已经涨到了42元人民币），相当于半个月的工资。最重要的是，这次加班彻底让我下定决心，一定要和命运抗争。不是因为那种辛苦，而是为了不再忍受茫茫无边黑夜里的那种无助、孤独与绝望。

就从加班后的那个星期开始，我报名参加了电视大学的入学考试补习班。每天8小时的强体力劳动后，再进入夜校课堂，学那些对我来说艰深的数学、物理、英语和其他功课，这似乎是不可能完成的任务。就说英语，26个字母我都读不完整；而数学，二元一次方程、一元二次

方程和平面几何是我会的最高难度的题。就这样我参加了1986年的电视大学入学考试。结果可想而知。

(三) 高考预选失利

前段时间读过一篇文章，哈佛大学的社会学教授研究，人如果活到75～80岁，平均会有7次重要的改变命运的机会。第一次和第二次在20岁前，第六次和第七次在60岁以后，其他三次在21～59岁。前两次因为年幼懵懂，机会稍纵即逝，没抓住；后两次，人生已到古稀之年，机会早已是可有可无。另外的三次，因为种种原因会错过一次或两次甚至三次。所以大多数人的一生也许只有一次或两次机会改变他的命运。而且有很多人一次机会都没有抓住，命运全被蹉跎掉了，碌碌无为过完一生。

我是幸运的，至少抓住了两次改变命运的机会。

第一次考电大失利后，继续在工作之余上补习班。1987年初，又参加了第二次考试，有两人考上了。我心里对他们是羡慕加崇拜。总不确定梦在我的身上会不会变为现实，但又一直不愿放弃。

这年初，我大哥从新疆退伍后，去武汉学习两年回到家乡。对我来说，他是一个见过世面的人。大哥和我有一次长谈，这次长谈促成了我第一次改变命运的机会。

大哥分析了我当时的处境和状况：两次考电大，考不上，因为基础实在太差。再考一年，还考不上怎么办？只有回工厂继续做工人，也许有一天，会提升，做一个车间调度或主任。初中毕业生上技工学校的文化水平，能有多大作为？只有结婚生子，终老一生，但是又不甘于命运，怎么办？再考电大。估计电大还是考不上。那就不考电大了，直接考大学。反正都考不上，试一试，起码到老不后悔。

于是，第二天，我报名参加了高考补习班。我要考大学，这在当时的工厂里成了一个左邻右舍茶余饭后的笑话和谈资。人们形容一件不可能的事情时，都会说，怕你是像张亚群想考大学哟！在家里，大哥第一个支持。奶奶也说："考嘛！考出去多学点文化。"尤其是父亲倍感鼓舞和支持，他们都相信我一定能考上大学。于是，我开始了艰难的备考，首先从26个字母开始学英语，从初一第一本书开始学数学，从原始人开始学历史，从中国地图开始学地理。

我还是挺幸运的，有位姑父是数学老师，有位堂叔是英语老师。姑父听说我想考大学，说了一句话："好嘞，我给你补数学！"堂叔帮我补英语，见我基础实在太差，于是，先教我认26个字母和"上""中""下""人""口""手"这些简单的单词。认识了大概不到100个词汇时，堂叔直接教我音标。大多数英语都是在零基础上自学。因为进度跟不上补习班，其他科目我也只好以自学为主，每天下班后就去补一两个小时数学或英语。1987年4月，经过两个月备考，我参加了第一次高考预选考试。记得预选分数线大概是375分，我的成绩是310分左右（年代太久远，实在记不太清楚具体分数），没有参加高考的资格。

（四）辞职考大学

1987年高考预选考试失利，在意料之中，毕竟只准备了两个月，其他考生是用6年来备考，而且从初一到高三，中间没有间断地在课堂上循序渐进地学习，有着相对于我无法比拟的基础和优势。没有高考资格，对我也是一个打击，我多么想要有一个机会走进那个考场，我觉得如果我能参加考试，还有近3个月的时间准备，我会创造一个奇迹。

我的姑妈在水城一所高中教高三英语，姑父教高三数学。姑姑可以说是我人生最重要的领路人。当知道我的考试成绩后，立即和我联系，让我正视现实。她说以我当时的水平，即使参加高考，也不可能取得好成绩考上大学，还不如抓紧时间学习，准备下年考试。

我回到工厂，告诉车间主任，我要辞职考大学。于是又一次在厂里引起了轰动。主任再三挽留。见我一直坚持，最后决定，发我半年工

资，半年后只发 70%，直到第二年预考和高考结束，条件是：我必须保证如果没有考上大学回到工厂、车间，再也不想大学的事专心工作，并说我是他接班人的最佳人选。

办完留薪停职手续，带着简单的行李，1987 年 4 月中下旬，我到水城姑姑的学校。姑姑是优秀英语教师，姑父是教导主任，他们的很多学生考上了全国各地甚至世界各地的大学，可以说桃李满天下。这所学校是当地的学霸产区，曾经有几乎整班学生考进重点大学的成绩。我插入高三毕业班学习，但数学、英语、高中地理和历史，我全都听不懂，稍微能跟上的是语文和政治。

姑姑家里有两个寄宿的外地来的高三学生，加上大表弟，都在高三准备当年的高考，可以说有非常好的学习氛围。在这里我看到了自己的差距。别无选择，只能破釜沉舟，拼！

这时我一共有 14 个月的时间来准备下年的考试。上了一周插班课后，鉴于我跟不上课堂进度，和姑姑商量后，她同意我不再去上课，由姑父、姑姑辅导，我在家自学初一至高三 6 年的 6 门功课。

从 1987 年五一后，在接近零基础上，我开始了自学。这是一条异常艰辛的道路，回头看，我自己都无法相信我是怎么走过来的。

姑姑和姑父找来了从初一到高三的所有英语、数学测验和考试题，以及课本和教师用参考书。我每天从早上开始读课文，不懂的地方看教师用书，然后做能找到的所有习题。每天姑姑和姑父回到家总会检查我的学习情况。记得有一次，姑姑问我学习有没有什么问题要问？我的问题太多了，问不完，我干脆说没问题。为了达到没问题的目标，我夜以继日地苦学。

（五）补习班编外学生

14 个月的时间来准备高考，而且所有的科目都接近零基础，想考上大学几乎是不可能完成的任务。而我，别无选择。

人生和投资路上的航标

在不到两个月的时间里，在姑姑的辅导下，我学完了初一至高三的英语教材，做了大量的习题。姑姑找来历年的高考模拟考题和所有能找到的真题及高考卷。我一遍遍做题，从30分、40分，到后来能做到80分以上。数学对我来说，也是老大难。同样的办法，每天狂学、做题。

姑姑见我的英语进步神速，建议我考外语类院校，还有接近一年的时间，备考充分的话，有可能成功。分析原因，我虽然基础差，但反倒成了一个优势，因为零基础、没负担，所以显得进步很大，而且一旦目标明确就可以全力以赴，有的放矢地学习。

转眼到了1987年8月初，学习遇到瓶颈，各科都停滞不前。经过几个月的学习，我把初一至高三的数学和英语各学了大概两三遍，历史、地理、政治各通读了两遍，语文进步最慢。我决定回遵义，想办法进遵义四中几个有经验的老师在外边办的高考补习班。没想到遇到了难题——他们不收我。

这个补习班全名叫"遵义四中农科所高考补习班"，由四中和其他几所高中最有经验的高三老师联合主办。他们只招收上年高考成绩超过本科分数线，但是因为志愿填报的原因未能录取的考生。在一个农科所大会议室办班，只从上线的考生中从高往低招收110名学生，多1名都不招，谁来说都铁面无私地拒绝。知道这个情况后，我父亲想办法买了几瓶茅台酒，托同事的儿子，当时是遵义地区教研室的干部（我叫他王大哥），去找负责招生的老师说情。我非常清楚地记得，负责的老师黑着脸，不容商量地拒绝。王大哥带着我去堵这老师，不收就不离开，缠着他，终于有条件地收了我：（1）只能算他们的编外学生；（2）考试时不能以他们学生的名义考，以免拉低他们的升学率，从而影响他们补习班的声誉；（3）只能坐在最后一排角落的一个座位，除非测试成绩能达标。

只要收我，什么条件我都答应。于是，我成了补习班编外的第111

名学生。仅此一次收第111人。我的座位离老师的讲台有一二十米远，每天上课黑压压坐了一会议室的人。经过一段时间的学习，我的视力急剧下降又没时间配眼镜，所以根本无法看清老师在黑板上写的字。讲课的声音传到我的位置时，只听见只言片语。课堂座次是按每周的模拟考试成绩排定，从高往低从前往后排。前三名坐第一排正中三个位置，其余的人再往两边和后面排，直到我的编外第111号座位。

暑假无休，从8月中旬开始上课，我真正理解了成语"头悬梁，锥刺股"的含义，夜以继日苦学，我要付出比别的学生若干倍的努力。欣慰的是，经过两次测验，我的座位居然排到了中间；又过了两个星期，我坐到了第三排。到9月底时，我可以争前10名之内的位置，然后上升到前5名以内。所有人这才开始对我刮目相看。常有人问我以前是哪个学校哪个班的学生，上年的考分是多少，填的志愿是哪里？没人相信我没正式上过一天的高中，连预选考试都没有通过，没参加过高考，而且连他们看不上眼的电大、职大都考不上。

（六）考上大学

一年的时光在苦学中飞逝，回头想想，就像某些电影的情节，平淡如水，又精彩纷呈。

1988年的7月6日、7日、8日三天，我参加了决定我一生命运的高考。我以总分478分的成绩达到了当年文科重点大学分数线，是当年遵义四中农科所高考补习文科班的第三名。各科成绩中，数学99分，英语82。这是一个不算太好却足以改变我命运的分数。当年北大外语系在贵州招收两人，录取分数线为475，但是先填志愿再考试，我无论如何都没有填北大的想法。

口语考试后不久，收到了大学录取通知书，从此改变了命运，开始了我的大学生活，也开始了我生命中的一段新旅程。

我是幸运的，抓住了改变命运的机会。我也是幸福的，身边有那么多人在为我助跑。

我要感谢这个时代，给了我磨砺生命的机会！

我要感谢一生辛劳的奶奶，她教我做人要自强不息，善良宽厚！

我要感谢母亲和天国里的父亲，他们博大的胸怀和坚毅的双肩为我托起未来的希望！

我要感谢两位远逝的姑父，他们的教诲让我受益终生！

我要感谢姑姑和堂叔，他们在我迷茫徘徊时，点亮了引领我前行的明灯！

我要感谢两位大哥，他们为我扯起了帆，我才能起航！

我也要感谢所有传授我知识的老师们和陪伴我的同学们！

没有你们，我只能是一头骨瘦如柴的孤狼！

没有你们，也就没有我的大学！

——此文献给上大学30周年。

2023年12月2日

我的大学（续）——第一次说英语

之前写了"我的大学"上半部分，一直想续写下半部分。但是整个大学四年，各种各样的事情都是以碎片的方式存在，不像第一部分，努力考大学是一个整体的事件，所以我的大学第二部分就以随笔的形式展现吧。

今天想说的一件事，是我真正地第一次说英语。1988年的高考结束以后，取得一个还算对得起自己努力的成绩，然后又参加了统一的英语口语考试。这个口语考试其实非常简单，有三个老师在前面坐着，学生进去以后被问几个简单的问题，大概都是"What's your name?"

坚守的力量——价值投资之道

"How old are you?""Where are you come from?"之类的。只要听过几天初中、高中英语磁带的人，大致都可以回答得出来。我得了一个90多的高分。不久后就收到了北京语言学院的录取通知书。

9月初坐上了火车，从遵义经过贵阳，到了北京，开始了4年的大学生活。北京语言学院挺小的，它是由矿业学院分出来的一小块校区建立的。最初设立是为了外国留学生到中国学习补习中文的学校，然后才改成了北京语言学院，直属国家教委。当时的学校里全部学生大概有3000人，而中国学生只有400人。所以对国内学生学外语来说，这是很好的地方。我们的宿舍楼旁边有一个小卖部，里面有很多当时在外面买不到的食物和商品，比如说每天限量供应的法国大磨坊的牛角面包和长棍面包；当时在外面市场上少见的瓶装水，在这里也是很普通的商品。因为刚刚到校，我对一切都感觉非常新奇。

记得是有个周日的上午，和同屋的两个同学一起去小卖部买牛角面包。旁边来了一个老外，对售货员说了一些什么，售货员没听懂，于是老外就转向我，用英语说了好多，我是一个字都没听懂。我只能结结巴巴地用能够想起的几个词说了一句："I don't know you。"留学生一头雾水。跟我一起的另外两个同屋，他们是学阿拉伯语的，但是他们的英语显然比我好很多。在他们的帮助下，留学生终于买到了他想要的东西。然后我这两个同学就对我说，你没听懂对方说什么，你不应该说"I don't know you。"那表示你不认识他，应该说"I beg your pardon。"或者说"sorry! I don't understand what you say。"我才知道为什么那个老外留学生一脸惊愕又无可奈何的表情，而我满是尴尬。

一切安顿下来以后就开始上课。我们这个班是一个特殊的班，由国家教委协同贵州省教委委托培养。18名学生都来自贵州。除了我自己，其他17人都是女孩子。她们都是由小学、初中、高中一步一步升上来的，英语基础比我好很多，而且女生通常都有比男生更好的语言天赋。一开始上课通常都有自我介绍。轮到我介绍自己时，我一开口便引来了一阵笑声。我想用英语努力地说，我的家乡有什么，当然说了茅台酒，还说贵州也有火腿，但是我说的火腿用的词是"fire leg"，把那位女老师吓了一跳。以后一段时间的上课，一到老师提问的时候，我都尽量不举手不开口，免得引来哄堂大笑。

北京语言学院当时有三个食堂。校园里有学生食堂，还有一个留学生食堂，在校外有一个教工食堂。学生食堂最便宜，人最多，一到吃饭的时候都很挤。教工食堂稍微好一点。而留学生食堂做的饭菜质量最高，饭菜也最贵。95%以上都是留学生去吃饭，中国学生也可以自由选择。为了找到一个和外国学生交流练习英语的机会，我每天的早餐和晚餐都会选择去留学生食堂吃饭。在这里只要一起吃饭的学生不是讲的中文，我就拼命地和他们套近乎以练习我的英语口语。有时候饭桌上有人说了一段话，其他人就开始哈哈大笑，我虽然没听懂，也傻乎乎地跟着哈哈大笑，仿佛我都懂了。为了争取主动练习英语口语，当别人都说完话以后，我也会说一段什么，说得可真是结结巴巴。满桌子的人都惊愕地看着我，也不知道我说了什么。我不管那么多，我就想反正我说的是英语，听不懂是你们的英语不好。哈哈！

这样过了一段时间，我的周围聚集了好些留学生。年轻的20来岁，年老的七八十岁。逐渐他们说的我都能听懂，我说的他们也能够理解了。在上大学以前，我学英语是从26个字母开始，花了一年半的时间，几乎靠自学考上大学的。英语口语和听力基础，到上大学时几乎是零，没想到这反而成了我的一个优势。因为我们贵州的高中是不可能有外教来上口语课的，都是本土的英语老师，他们的口音导致所教的英语口语不准确，学生也受到了很大的影响。所以我的同学们都需要努力忘记他们以前所学的英语口语，再来学习新的。而我没有这个负担，我一开始学英语口语和听力接触的都是很正宗的英式或者是美式英语。另外有些留学生是从德国、丹麦、意大利甚至冰岛来的，他们说的英语有一些口音，但还好。

当时我们的口语老师都是聘请的外教,有两个老师给我留下的印象最深。第一位是来自美国西部的乡村音乐歌手。他上课的时候总是背着一把吉他,给我们讲解很多美国乡村音乐的背景以及一些音乐方面的知识,然后就给我们唱歌。他浑厚的男中音加上吉他和好听的美国乡村音乐,让我们学到了很多东西,也是我们很喜欢上的一堂课。

第二位口语老师却是另外一个极端,是一个胖乎乎的美国小伙子。他上课经常坐在桌上,脚搭在椅子上,不好好讲课。过了一两个星期,同学们都表示不喜欢这个人,班长也给系主任反映过,但是学校没有什么具体的措施。有一天上课时,这个家伙可能知道我们去给系主任告状,一上课就大放厥词。于是我一拍桌子站起来,开始和他辩论。这半年多以来,我在课堂上从来不开口说话,这一次和老外吵架,飙出来的是几乎没有口音的美式英语。虽然用的有些词不是那么恰当,但也让这个美国小伙子大吃一惊。那天以后我的同学们都说,没想到你的英语口语这么好,你原来都是装的。其实原来和现在都是真的,我学英语从ABCD开始也才两年出头的时间。

2023 年 11 月 29 日

第一次出差

前两天看见一篇文章,作者说他在 20 世纪八九十年代出差的一次经历,也让我想起了我在工作中的第一次出差,早想把它记录下来,作为自己青春记忆的一部分。

那还是在 1984 年初。我刚刚从技工学校毕业,参加工作,当时工作的工厂是遵义拖拉机厂。这个工厂生产的拖拉机是 20 世纪 80 年代从罗马尼亚引进的两条生产线之一。一条是汽车生产线,因为种种原因,汽车生产线最后引进失败。而拖拉机的生产线便落户于我们当时的工厂。说是技术引进，其实就是零部件进口组装。当时的这个拖拉机和我们国内的产品比起来先进不少，体积小，马力大，效率高。当时国内还是在计划经济和市场经济衔接的过程中。生产出来的拖拉机，销售到全国各地。而唯一的运输方法便是走火车铁路运输。拖拉机算是价值比较高的产品，所以每一辆车，工厂都会派人押运，以防止零部件丢失被盗。

当时的销售科人数有限，所以就从各个生产车间抽调选派押运人员。我当时刚刚参加工作不到半年，每月工资是27元。而去押运拖拉机，每一天的补贴是5元。拖拉机交付以后，返程的过程中，每天的补贴是1.5元。其他的差旅费，如火车票、住宿费等都可以报销。当时从车间抽调的押运人员一般都到北方，最远会到海拉尔或者是漠河，算起来火车押运路程10～15天，返程3～4天。如果到北方，这个补贴会有七八十块钱。对当时月工资只有27块的我来说这是一笔巨款。

大概是春节以后的第1个星期，我就接到了销售科的通知，让我和另外一位同事一起押运两个车皮，共10台拖拉机，到连云港。而且要求马上做准备，第二天一大早要走。当时天气还冷，到销售科的库房领了一件军大衣、一捆油毛毡、几块木板加几捆稻草。另外还可以换20来斤全国粮票，再加上五六十元的备用金。

第二天一大早，我用一个袋子装上几件换洗的衣服，加上家里面准备的几个馒头、一个水壶，披上军大衣，抱着几捆稻草和木板就来到了火车站。看到我们要押运的这两节火车皮，竟然是两节平板车，每一节车皮上面装了四五台拖拉机。我们自己动手，用木板在每节车厢钉了一个小棚子，搭上油毛毡，铺上稻草，裹上军大衣，这便是我们从遵义到连云港十多天一路上全部的装备，路上的食物便是家里面带的几个馒头和一大壶水。

当天下午我们的这两节车皮离开了遵义南站，到了遵义的一个地

方,叫南宫山编组站,在这里两节车皮等待了差不多 12 个小时。第二天凌晨编好组,便沿着川黔铁路往重庆方向进发。当时的川黔铁路没有电气化,是内燃机车,走走停停,大概 10 多个小时到了重庆。前一两天的时候感觉一切都比较新鲜,在家里吃饱喝足出发的头一两天啃啃干馒头、喝点凉水好像也能过。

在重庆又等待一天编组,下一站到湖北襄樊,然后到安康。这一路是电气化铁路,车速特别快。听车尾值班的人说,当时的速度有 130～160 千米/小时。我们躲在用木板和稻草搭成的小棚子里头,没走多远,大风就把小棚子全部刮倒。在 2 月中旬的冬天一路风餐露宿,我和一起押运的那位同事,两个人一起紧紧地挤在平板车两头凸起的部分,一小块门板大概二三十厘米高。那件军大衣被一路的风雨吹得又硬又潮,外面再裹着稻草和油毛毡。因为是货车,不停靠客运站,停靠的货运站都没有卖东西的地方。一路的给养非常短缺。就靠这几个干馒头,每到一个站,就去找当地的值班室要一些热水。货车在站上的停靠不定时,有时停一两天,有时停几分钟,所以不敢去任何地方买东西。

离开安康以后,下一站是郑州。这一路由电气化铁路又改回到蒸汽机车。我们两节车厢正好被编组编到了火车头的后面。火车蒸汽机喷出的煤渣以及车上拉的煤炭渣滓被大风一吹,噼里啪啦地就打在了我们的身上、脸上、头发里。我和同事满脸满身都是黑的,只看得见眼睛、嘴和鼻子。离开家一个多星期,带的馒头也快吃完了,也没有地方补充,又冷又累又饿。这一个多星期,身上又脏又臭,不要说洗澡洗脸,连喝的水都不够。还好在我们的后面有一节从广西运甘蔗到北方的车。押车的人见我们这个狼狈的样子,就送了我们几节甘蔗。这几节甘蔗解决了我们的大问题。

在郑州编组的时候,因为是个大站,停留的时间比较长,大概停了有 24 个小时。我们俩轮流到车站外面找小店买点东西,补充路上的食物。需要计划着花借的备用金,也没有地方放,不敢买太多食物。在郑州编好组以后又停留了一段时间。下一站就到了徐州。这是我们经历的最后一次编组。徐州站停留时间不长,大概四五个小时。编好组以后,继续沿着陇海线到了连云港。

从我们离开遵义,最后到达连云港,路上一共经历了差不多12天时间。一路阴雨绵绵,到达连云港时,全身里里外外都是潮湿的。连云港的冬天刮着大风打在人的身上,冰冷生硬。销售科的同事见到我们俩时,完全不敢相认,又黑又瘦,又脏又臭。我们在路途中碰到几个盲流乞丐,想爬到我们的车上来。我们把他们撵下去时,他们还对我们说,大家都是一样的人,何必呢?

在连云港车站交货以后,销售科的同事带我们到一个小旅馆,洗澡换衣服吃饭。吃的是什么早已经忘了,但是毫无疑问,那是我吃得最香的一餐。

离开连云港以后,我们就一路返程,一路旅游,先到南京,再到无锡。游完苏州以后,坐船沿京杭大运河到了杭州。在杭州玩了几天,坐火车到上海。在上海逛了南京路、外滩等地方,和同事买了两张硬座车票,历时40多个小时回到了遵义。

在这以前我最远只从遵义到达过重庆,这是我的第一次远行。虽然历尽艰辛,但也不辱使命,将工厂的产品安全送到了目的地。以后的旅行也有过辛苦,但是和我这第一次出差经历比起来,都是幸福的坦途。人的一生会有各种各样的经历和旅程,所有的旅程都有一个终点,所有的终点又都是下一段旅行的起点。

致年轻朋友
——代后记

现在越来越多的年轻人刚走出校门走上社会，便以财务自由为目标，进入资本市场。这是一件非常好的事情，可是对年轻人来说，什么才是投资的正途呢？

首先，要确定什么是财务自由。不同的人在不同的年龄段有不同的解释，大多数人都认为有花不完的钱，就叫财务自由。这不能说不对，但是不全面。我认为财务自由是心灵、思想和行动自由的一个组成部分，也是起码的物质基础和基本条件。财务自由有不同的层次。

最低层次的财务自由，是指一个人的财务状况可以支撑他不做某些他不想做的事。而最高层次的财务自由，是在合法和不损害他人利益的前提下，一个人可以做任何他想做的事。最高层次的财务自由，对财务状况要求比较高。但是无论哪个层次，都需要有安全、稳定和持续的自由现金流。

其次，要追求安全、稳定和持续的自由现金流，年轻时就要有规划地改变和提升财务状况。这需要从年轻时持续做到两点：第一，努力工作挣钱；第二，延迟消费和延迟享受。延迟消费和延迟享受，并不是做吝啬鬼，或者不吃不穿不交朋友不旅行，而是控制自己的超前消费欲望，在保障身体健康的前提下，降低消费水平，将挣的钱尽量存起来，积少成多，作为人生的第一桶金。因为财务自由的目标，普通人基本上不可能靠工资收入达到，必然要走投资或者创业之路。这都需要本金的投入。

最后，达到财务自由的目标，需要具备一些基本的知识。无论大学学什么专业，毕业后从事什么职业，从年轻时，就要刻意培养自己的几个基本能力，学习几门功课。包括：（1）财务；（2）金融；（3）投资；（4）法律；（5）心理学；（6）一个可以长期坚持甚至让你上瘾的，每周可以做至少三次，每次两个小时以上的高强度体育运动。

先说后三点。

法律，让人知道行为的边界和底线，不至于误入歧途，也能保障自己身心和利益不受到任何侵害。

心理学可以帮助自己理解他人，与人有效沟通，遇到挫折时自我解困，并提高自己的情商。

规律和持续的体育运动，能让人保持健康的体魄和旺盛的精力，也是非常有效的与人沟通和社交的途径。

最重要的是前面三点。

学习财务知识，可以有效规划和管理自己挣的钱，不会造成月光甚至入不敷出的窘境。

学习金融知识，培养自己的理财观念，让节省下来的钱保值增值。

有了这两个基础，还需要培养投资理念。无论是谁，干什么工作，挣多少钱，存多少钱，都需要财务、金融、投资知识和能力，让自己的现金变成投资资产，在未来十倍、百倍甚至更多倍地增长，最终达到财务自由的目标。

对许多普通人来说，财务自由是最终的目标，但是这个目标不是人人可以达到的，更不可能短时间内快速达成，除非是"富二代"，或者是机缘巧合中大奖，必须经过积累—规划—投入—增值的完整过程。而绝大多数人只能在达到工作年限后退休，才能实现有限的财务自由的目标。

价值投资是漫长而艰辛的，是只有起点没有终点的旅程，一旦开启这段旅程，它将延续人的一生并惠及子孙后代。这个过程必然会有诱惑、痛苦、煎熬、反复，甚至折磨。在这条路上除了可以欣赏旖旎风光，更多的是经历狂风暴雨的暗夜，翻越荆棘丛生、崎岖难行的沟壑，常会独自负重前行。若干年后回望来路，价值投资就像一次修行，需要具有坚强的意志和正确的方向，目标明确笃定，知行合一。相信坚守的力量，永不放弃。然有志者事竟成。

张亚群

2024 年 10 月于贵阳